외국인이 본 한국말, 한국인이 본 한국말

어리둥절 한국말

김 완 (金 莞) 지음

일러두기

1. 인명에 대한 존칭은 일체 생략하였다.
2. 책 이름이나 문학 작품, 사전류, 법령, 신문, 논문 제목 등은 『 』안에 넣었다.
3. 고전한글소설과 신소설은 온라인에서 복사 가능한 자료에 국한하였다.
4. 『숙영낭자전』과 이광수의 『무정』은 온라인본이 없으므로, 현대어 해석본을 먼저 검색한 후, 해당부분만 단행본으로 발간된 원본과 비교하였다.

감사의 말

누리집에 올라온 자료와 온라인 사전이 이 책을 쓰는데 많은 도움이 되었다. 자료를 올리고 사전을 만든 이름 모를 분들께 무한히 고맙다.

머리말

아래 한문은 조선 말 실학자 다산 정약용(丁若鏞)이 지은 『아언각비』 서문의 일부이다. 번역문은 고승제의 『다산을 찾아서』(중앙일보사, 1995 년)로부터 가져왔다.

> 學者何。學也者。覺也。覺者何。覺也者。覺其非也。覺其非奈何。于雅言覺之爾。言之而喚鼠爲璞。俄而覺之曰是鼠耳。吾妄耳。言之而指鹿爲馬。俄而覺之曰是鹿耳。吾妄耳。既覺而愧焉悔焉改焉。斯之謂學。

배움이란 무엇인가? 배움이란 깨달음이다. 깨달음이란 무엇인가? 깨달음이란 그릇됨을 깨닫는 것이다. 그릇됨을 어떻게 깨달을 것인가? 평소 사용하는 말에서부터 그릇됨을 깨달아야 한다. 가령, 말을 하되 쥐를 불러 옥돌이라 하다가 그것을 깨달았다면 '그건 쥐였구나, 내가 망령되었다.' 할 것이며, 말을 하되 사슴을 가리켜 말이라 하다 문득 그것을 깨달았다면 '그건 사슴이었구나, 내 잘못이었구나.' 할 것이다. 이미 깨달았다면 그 그릇됨을 수치로 여겨 뉘우치며 고쳐야 한다. 이것이 배움을 이룬다는 것이다.

『아언각비』는 다산이 1819 년에 펴낸 책으로서, 당시에 일반적으로 널리 쓰이던 말 가운데, 잘못 쓰이는 450여 어휘를 골라 어원을 밝히고 용례를 들어, 그 참뜻을 합리적으로 설명한 것이다. 아언(雅言)으로, 즉, 바른 말로 각비(覺非), 즉, 그릇됨을 깨닫게 한다는 뜻이다. 굳이 요즈음 말로 하자면, '바른 말 그른 말' 정도라 할 수 있다.

이 책은 우리가 일상에서 거의 무의식적으로 잘못 쓰는 말에 관한 것이다. 잘못을 고치기 위해서는 먼저 잘못이 잘못인줄 알아야 한다. 이 책의 목적은 잘못 쓰는 수십 가지 한국말을 제시해, 그 그릇됨을 깨달아 바르게 하기 위함이다. 당연히 반론이 있을 수 있으며, 또 그래야만 한다. 아무쪼록, 『아언각비』 서문을 들먹인 것이 부끄럽지 않기를 바랄 뿐이다.

차례

감사의 말 iii
머리말 v
들어가는 말 1
언어분류기준에서 본 한국어 4

첫째 마당 외국인이 이해하기 불가능한 한국말 7
꼭지 1. 물을 먹을까? 마실까? 9
꼭지 2. 푸른 하늘 파란 잔디 15
꼭지 3. 틀리다 다르다 25

둘째 마당 외국인이 이해하기 힘든 한국말 33
꼭지 4. 만능동사 '하다' 35
꼭지 5. 보조동사 '주다' 43
꼭지 6. 나의 살던 고향은 49
꼭지 7. 수사와 단위명사 63

셋째 마당 높임말 71
꼭지 8. 부탁드립니다 73
꼭지 9. 여보시세요 83
꼭지 10. 사장? 사장님? 91

넷째 마당 한국말 제대로 쓰기 101

꼭지 11. 사라진 말, 줄어든 말 103

꼭지 12. 사이시옷 115

꼭지 13. 잊혀진? 잊힌? 125

꼭지 14. 괄호와 외래 단위 띄어쓰기 133

다섯째 마당 이상한 한국말 141

꼭지 15. 내 자리는 어디에 143

꼭지 16. 유감입니다 157

꼭지 17. 여름에 나무꾼? 163

여섯째 마당 이상한 말버릇 167

꼭지 18. 도록 하 169

꼭지 19. 것 같다 177

꼭지 20. 여기서 마치겠습니다 185

꼭지 21. 싶다 195

일곱째 마당 한자어 제대로 읽기 201

꼭지 22. 한자어 된소리 203

꼭지 23. 돌려주어야 할 한자어 본음 215

꼭지 24. 유럽이 왜 구라파인가? 227

여덟째 마당 외래어 235

꼭지 25. 영어 유래 외래어, 어떻게 표기할 것인가? 237

꼭지 26. 외래어를 표기된대로 발음하면 원어민이
　　　　 알아들을까? 251

꼭지 27. 우리만 아는 외래어, 콩글리쉬 265

꼭지 28. 파이팅 화이팅 269

아홉째 마당 영어발음 제대로 하기 273

꼭지 29. 한국말은 L과 R을 구별 못할까? 275

꼭지 30. 모음 음가가 들어있는 영어 자음 285

맺는 말 291

도움이 된 자료 295

도움이 된 누리집 299

찾아보기 301

들어가는 말

한글은 쉬운데, 한국어는 어렵다. 이는 한국어를 배우는 외국인이 공통적으로 하는 말이다. 실제로 그런지 의심스럽지만, 한국어의 우수한 점을 얘기하면서, 한글을 거론하는 것은 이치에 맞지 않다. 글자와 언어는 별개다. 한글은 한국어를 소리로 표기하기 위한 도구일 뿐이다. 이 책을 쓴 목적은 한국어의 좋고 나쁨을 가리는 것이 아니라, 현재 많은 사람들이 한국어를 잘못 사용하는 여러 가지 예를 들어, 한국어를 제대로 쓰는데 일조하기 위함이다.

한국어가 모국어인 우리는 너무 익숙하기 때문에, 한국어가 어떻게 잘못 사용되는지 잘 모를 수 있다. 오히려, 한국어를 배우는 외국인이 자기 모국어와 비교하면서, 이치에 어긋난 한국어를 더 잘 바라볼 수 있다. 이 책의 대부분은 그들이 한국어를 배우면서 상식적으로 이상하게 느낀 소감을 풀이하는 형식으로 구성되었다. 외국인한테 빌렸지만, 그 소감은 필자가 평소에 의아해 하던 혹은 바로잡아야 한다고 생각하던 주제들과 일치한다. 그런 말들을 제시하여, 우리가 우리의 무슨 말들을 어떻게 그르게 쓰는지를 깨닫는 기회를 제공하고자 한다. 몇십 년 전에는 안 쓰이던 그른 말들이 근래에 많이 쓰이는데, 이런 현상이 우리의 사고방식에서 비롯된 것인지, 아니면, 그런 말을 쓰다 보니 우리의 사고방식이 바뀐 것인지를 분석할 의도는 하나도 없고, 그럴 능력도 없다. 이 책은 그냥 가벼운 문제 제기라고 여겨주길 바란다.

　말은 넓은 의미이든, 좁은 의미이든, 정보를 얻는 수단들 중 절대적으로 많이 쓰이는 수단이다. 많은 사람들을 대상으로 하는 대중매체(mass media)로서, 귀로 듣는 방송은 정보 획득의 속도와 양에 있어 거의 절대적이다. 근래에, 통신 장비의 엄청난 발달로 인해, 말로 전해지는 정보는 거의 실시간으로 대중에 노출된다. 심지어, 눈으로 보던 소설도 귀로 듣는 시대가 되었다. 따라서, 방송에서 사용되는 말은 대중의 말씨에 지대한 영향을 끼친다. 설사, 어떤 말이 그르더라도 반복적으로 들으면, 마치 예전부터 써왔던 것처럼 자연스럽게, 그리고, 전염병처럼 광범위하게 대중의 말씨가 된다. 이런 이유로, 바른 방송말씨의 중요성은 아무리 강조해도 지나치지 않는다. 문어체 말을 주로 사용하는 편성물, 예를 들어, 뉴스에서는 그른 말을 쓰는 빈도가 낮으나, 구어체 말을 주로 사용하는 편성물에서는 그른 말이 거의 걸러지지 않아, 대중의 그른 말 사용에 방송이 일조를 한다고 감히 말할 수 있다. 근래 1인 방송이 급격히 증가함에 따라, 그른 말들이 홍수처럼 넘친다. 방송에 비할 바는 못 되지만, 이 같은 점은 눈으로 보는 신문이나 잡지 등의 종이 매체에서도 마찬가지다.

　우리의 몸이 정상적으로 기능하기 위해서는, 약 십만 개의 유전자들이 각각 잘 기능해야 한다. 십만 개의 유전자들을 총칭해서 유전체라 한다. 독특한 기능을 가진 유전자가 제 고유의 기능을 잃거나 변질되면, 우리의 몸이 정상적으로 기능하지 못 할 수 있다. 이런 생물학적 현상을 언어에 비유하면, 낱말은 유전자이고, 언어는 유전체다. 유전체라는 말이 익숙하지 않을지 모르니, 그냥 유전자라고 하자. 언어는 사회적 유전자중의 하나다. 언어는 모계혈통 사회적 유전자다. 그래서, 제 1 언어를 모국어라 하는 이유이고, 어떤 민족은 모국어가 같으면, 피부 색깔에 관계없이 같은 민족으로서의 동질성과 정체성을 인정하는 이유이다. 낱말의 뜻은 다름없이, 그리고, 틀림없이 다음 세대로 유전되어야 언어의 동질성과 정체성이 유지된다. 이를 위해서는, 집안에서 어머니의 역할이 무엇보다도 중요하다. 사회화 이전의 아이들은 일상생활에서 어머니의 말을 반복해서 듣고 따라하면서, 자기 자신의 언어 습관을 형성한다.

요즈음, 어머니 역할만큼 중요한 아이들의 언어 학습 원천은 TV이다. TV는 이후 거의 평생 동안 언어 습관에 지대한 영향을 미친다. 사회화가 시작되면, 또래들의 말, 더 시간이 지나면, 활자에 의해서도 일정 부분 영향을 받는다. 이런 점에서, 한 사회의 올바른 언어 습관 형성을 위해서 대중매체가 자각하여 노력하고, 사회는 대중매체가 그 길에서 벗어나지 않도록 감시해야 한다. 하지만, 이 모든 것에 앞서 선행되어야 할 것은, 어머니나 대중 매체나 사회에서 무엇이 올바른 언어 습관인지 알아야 한다. 알면 해결할 수 있지만, 모르면 시도조차 할 수 없다.

언어분류기준에서 본 한국어

 이 책은 물론 언어학에 관한 책이 아니다. 하지만, 세계의 무수한 언어 가운데, 한국어가 언어학적인 면에서 어떤 위치에 있는지를 알면, 이 책의 내용을 이해하는데 도움이 될 것으로 여겨, 책머리에 둔다.

 사람이라는 생물종을 다른 종과 구별하는 특징 중 하나만 꼽으라면, 언어일 것이다. 지구상에는 수천 개 언어가 있다. 이것들을 이리저리 비교하여, 어떤 형태로든 비슷한 무리로 나누는 일은 거의 본능적이다. 말을 나눌 때, 형태에 따라, 그리고, 계통에 따라, 크게 두 가지로 나눈다. 전자를 유형론적 분류라 하며, 언어의 구조적 특징에 바탕을 둔다. 후자를 계통론적 분류라 하며, 언어의 기원과 역사에 바탕을 둔다. 그러나, 대부분 언어의 기원과 역사를 모르니, 어순, 형태론적 특징, 소리의 유사성, 단어의 유사성 등에 의존한다.

 흔히, 한국어는 알타이어족이며 교착어라고 한다. 다시 말해, 한국어는 계통론적 분류에 의하면 알타이어족이고, 유형론적 분류에 의하면 교착어다. 어족(語族)은 하나의 공통된 조상어(祖上語)에서 갈라나왔다고 추정되는 여러 언어들을 통틀어 일컫는 말이다. 지구상의 언어는 여러 어족으로 나뉘지만, 알타이어족과 인도유럽어족이 다수를 차지한다. 알타이어족의 특징은 교착되는 언어이며, 인도유럽어족의 특징은 굴절어다. 편의상, 교착어와 굴절어에 대해 먼저 서술한다.

교착어 (agglutinative language)

교착어(膠着語)란, 풀(아교, glue)을 붙이는 것처럼 하나의 낱말(엄밀하게는 하나의 어절)이 하나의 어근(root) 혹은 어간(stem)과 각각 단일한 기능을 가지는 하나 이상의 접사로 이루어져 있는 언어를 말한다. 교착어의 전형적인 특징은 어미변화와 조사다. 교착어는 첨가어(affixing language)라고도 불린다. 대표적으로 한국어, 일본어, 터키어, 만주어, 몽골어, 헝가리어, 핀란드어, 페르시아어를 들 수 있다.

굴절어 (inflected language)

굴절어(屈折語)는 문장 속의 문법적 기능에 따라 단어의 형태가 변화하는 언어이다. 언어 특징을 표현하는 단어로서 '휘다'라는 의미의 굴절은 적당하지 않아 보인다. 굴절은 변화를 뜻한다. 영어 do의 동사변화는 do, does, did, done, doing 등으로 이루어지는데, 이런 변화가 굴절이다. 대표적으로, 싼스크리트어, 그리스어, 라틴어, 러시아어, 독일어, 아랍어를 들 수 있다. 이들 언어에 비하면, 영어의 굴절은 장난이다.

알타이어족 (Altaic languages)

알타이는 몽골어나 튀르크어로 황금을 뜻한다. 알타이어족은 이들 언어를 사용하던 민족이 분열하기 전의 원주지가 알타이산맥 부근이었다는 가설에서 유래한 것이다. 투르크어·몽고어·만주-퉁구스어의 세 어군으로 구성된다. 알타이어족의 언어학적 특징은 교착어이며, 문장구성은 주어(subject), 목적어(object), 동사(verb) 순서로 구성되며 (SOV 어순), 관계대명사나 접속사가 없고, 모음조화가 있으며, 서술어의 어미가 다양하며, 수식어는 피수식어 앞에 위치한다.

인도유럽어족 (Indo-European languages)

인도유럽어족은 유럽과 서아시아, 남아시아에 살고 있는 인도유럽인 민족들의 언어가 속하는 어족이다. 수백 개의 언어가 있으며, 사용 인구는 세계 인구의 47%인 32억 명이다. 인도유럽어족의 언어학적 공통점 중에서 가장 명확한 것은 형태소의 굴절이다. 어순은 주로 SVO 구조이나, SOV 구조를 가진 언어도 있다. 인도유럽어족의 중간 조상어로 간주되는 싼스크리트어와 현대 힌디어는 SOV 구조 언어다. 관계대명사와 접속사가 발달했으며, 수식어는 피수식어를 뒤에서 꾸며 준다.

첫째 마당

외국인이 이해하기 불가능한 한국말

꼭지 1. 물을 먹을까? 마실까?

'come, do, get, give, go, have, keep, make, put, take 동사 10 개를 완전히 알면 영어 회화는 끝난다.'라는 말이 있다. 이들 동사에 전치사, 다른 명사, 형용사 등을 조합하면, 일상생활에서 쓰는 말은 조금 과장해서 다 만들 수 있기 때문이다. 이 동사들을 '수퍼동사'라고 부른다. 우리말에서 이런 동사를 들라하면, 그 중의 하나는 반드시 '먹다'일 것이다.

『우리말샘』에 나오는 '먹다'의 뜻은 다음과 같다.

(1) 귀나 코가 막혀서 제 기능을 하지 못하게 되다. 또는 그렇게 되게 하다.
(2) 음식 따위를 입을 통하여 배 속에 들여보내다.
(3) 담배나 아편 따위를 피우다.
(4) 연기나 가스 따위를 들이마시다.
(5) 어떤 마음이나 감정을 품다.
(6) 일정한 나이에 이르거나 나이를 더하다.
(7) 겁, 충격 따위를 느끼게 되다.
(8) 욕, 핀잔 따위를 듣거나 당하다.
(9) (속되게) 뇌물을 받아 가지다.
(10) 수익이나 이문을 차지하여 가지다.
(11) 물이나 습기 따위를 빨아들이다.
(12) 어떤 등급을 차지하거나 점수를 따다.
(13) 구기 경기에서, 점수를 잃다.
(14) (속되게) 여자의 정조를 짓밟다.
(15) 매 따위를 맞다.

(16) 남의 재물을 다루거나 맡은 사람이 그 재물을 부당하게 자기의
  것으로 만들다.
17) 날이 있는 도구가 소재를 깎거나 자르거나 갈거나 하는 작용을 하다.
(18) 바르는 물질이 배어들거나 고루 퍼지다.
(19) 벌레, 균 따위가 파 들어가거나 퍼지다.
(20) 돈이나 물자 따위가 들거나 쓰이다.
(21) 앞말이 뜻하는 행동을 강조하는 말. 주로 그 행동이나 그 행동과
  관련된 상황이 마음에 들지 않을 때 쓴다.

먹다가 들어간 말은 정말 많다. 다 열거한 것이지는 알 수 없지만, 나름 조사해 본 바, 아래와 같다.

약 먹다, 물먹다, 더위 먹다, 귀먹다, 욕먹다, 까먹다, 빼먹다, 떼어먹다, 써먹다, 애먹다, 따먹다, 알아먹다, 마음먹다, 담배 먹다, 나이 먹다, 해먹다, 편먹다, 붙어먹다, 골탕 먹다, 겁먹다, 맞먹다, 들어먹다, 녹먹다, 핀잔먹다, 고쳐먹다, 팔아먹다, 말아먹다, 돈을 먹다, 거저먹다, 굴러먹다, 찜 쪄 먹다, 한 방 먹다, 꿀밤 먹다, 벗겨 먹다, 돼먹다

옛날에 먹을 것이 없어서 뭐든지 먹기만 하면 좋아서 그랬는지, 먹는 거에 한이 맺혀서 그랬는지 몰라도, 입이든 귀든 몸이든 마음이든 주머니든 하여간 들어오는 것은 모두 우리에게 '먹다'로 통한다. '먹다'로 끝나는 단어의 뜻이 중복되지 않으면서 사전적 정의 수보다 훨씬 많은 것은 '먹다'라는 말이 사전적으로 더 정의되어야 함을 의미한다. 외국인이 '먹다'를 제대로 활용할 줄 알면, 그야말로, 고급 한국어 회화를 구사하는 사람이 될 것이다.

여담으로, 오래 살려면 무엇을 먹어야 할까? 당근, 토마토, 강

황, 과일, 맥주효소, 로얄젤리, 베타글루칸, 면역증강제, 바이타민, 해조류, 인삼, 산삼, 동충하초, 버섯? 그도 아니면 밥? 어느 것을 골라도 틀리지 않지만, 원하는 답은 '나이'다. 나이를 많이 먹어야, 오래 산다. 대부분의 사람들은 나이 먹는 것은 싫어하면서, 역설적으로, 오래 살기 원한다.

우리가 일반적으로 알고 있는 '먹다'의 정의는 (2) 번, 즉, '음식 따위를 입을 통하여 배 속에 들여보낸다.'일 것이다. 음식 따위를 입을 통하여 배 속에 들여보내는 방법은 크게 4 가지다. 우선, 마시든지 삼키든지 할 것이다. 한자어 '飮食'의 뜻이 바로 마실 '飮' 먹을 '食'이다. 엄밀하게 말하면, '먹다'의 (2) 번 정의는 잘못되었다. 우리말 '마시다'의 뜻은 '(1) 물이나 술 따위의 액체를 목구멍으로 넘기다'로 '먹다'와는 별도의 행위다. 삼키는 방법은 2 가지로, 밥이나 반찬처럼 씹어서 삼키든지 알약처럼 씹지 않고 삼키는 방법이 있고, 마시는 방법도 2 가지로, 물처럼 벌컥벌컥 마시기도 하고, 인삼액처럼 쪽쪽 빨아 마시는 방법도 있다. 영어 단어로도 이 4 가지를 구분한다. 앞에서부터 순서대로, eat, take 혹은 administrate, drink, sip이다. 우리말은 아무거나 입에 들어가는 것은 '먹다'로 통하는데, 영어는 이 4 가지를 반드시 구분한다. 복용(administration)이나 빨아 마심(sipping)은 우리말에서나 영어에서나 특수한 경우에 해당되므로, 목구멍으로 넘기는 행위는 보통 'eat' 혹은 'drink'를 말한다.

우리말 '먹다'를 일반적으로 '씹어 삼킴 (eating)'이나 '마심 (drinking)' 두 가지 의미로 사용하는데서, 한국어 사용자와 영어 사용자 사이에 소통의 문제가 생긴다. 영어 'eat'은 'put (food) into the mouth and chew and swallow it'로 정의된다. '입에 넣어 씹고 삼킨다.'는 뜻이다. 검(gum)처럼 씹기만 하는 것은 먹는다고 안한다. 영어 'drink'는 'take (a liquid) into the mouth and swallow'로 정의된다. '먹다 eat'과 '마시다 drink'는 고체와 액체의 문제로, 분명히 서로 다른 행위이고, 서로 다른 동사이다. 그러니, '물을 먹는다', '술을 먹는다'라는 말을 들은 영어 사용자들이 어리둥절할 수밖에 없다. 하물며, 30 가지가 넘는 '먹다'의 뜻이 있다는 것을 알면, 기절할 노릇일 것이다. 아마도, '먹다'는 우리말 단어 중에서 외국인이 익히기 제일 어려운 단어일 것이다.

서양에서 eat과 drink를 구분하듯, 중국과 일본도 각각 '마시다'를 '喝 (hē)'과 '飲む(のむ)', '먹다'를 '吃 (chī)'와 '食べる(たべる)'로 구분하고 섞어 쓰지 않는다. '먹다'와 '마시다'의 구분은 씹을 것이 있느냐 없느냐에 달려 있다. 예를 들어, 같은 숩(soup)이라도 빵조각이 들어 있으면, 먹는다고 하고, 아무 것도 안 들어 있으면, 마신다고 한다. 일본에서는 알약을 복용할 때, '약을 마시다 (薬を飲む)'라는 말을 쓰는데, 알약과 함께 마시는 물을 기준하기 때문이다.

국립국어원 『온라인가나다』에 많이 올라오는 질문중의 하나가 '물을 먹다'나 '술을 먹다'라는 표현에 관한 것이다. 국립국어원은 사전적 정의에 충실하게, '물을 먹다', '물을 마시다' 모두 쓸 수 있다고 답한다. 일반적으로, '마시다'는 '먹다'의 일부로 보아, '마시다'를 '먹다'로 써도 괜찮지만, 그 거꾸로는, 예를 들어, '밥을 마시다'는 안 된다. 그렇다면, '차를 마시다' 대신 '차를 먹다'라는 말을 해도 이상하지 않아야 한다. '국물을 마시다' 대신 '국물을 먹다'라는 말을 해도 이상하지 않아야 한다. '물이나 술 따위를 목구멍으로 마구 넘기다'라는 뜻의 '들이마시다' 대신 '들이먹다'도 이상하지 않아야 한다.

우리 실생활에서 음식은 씹어서 삼킬 수 있는 '먹을 것'을 뜻한다. 글자로는 마실 것이 들어 있으나, 실제로, 마실 것은 포함되지 않는다. 음식 솜씨가 좋다는 말은 먹을 요리 솜씨가 좋다는 말이다. 이런 뜻은 영어나 중국어나 일본어나 마찬가지다. 영어 food는 'a substance that can be consumed by organisms, especially by eating, in order to sustain life'로 drink의 의미는 없다. 중국어 '食物 [shíwù]'나 일본어 '食べ物 [たべもの]'는 글자까지 같고, 역시 마실 것은 포함되지 않는다. 동북아 3국 가운데, 한국만이 '식(食)'으로 하지 않고 형식적으로 마실 것을 집어넣어 '飮食'으로, 그것도 '食飮'이 아닌 '飮食'으로 했을까?

우리 선조들은 밥 먹는 것을 단순한 행위 이상으로, 무언가 먼저 마시고 (밥을) 먹는 행위 전체를 하나의 의식처럼 여기고, 재료 전체를 음식이라고 칭했을지도 모른다. 마실 것이 많은 요즈음에도, 식사하기 전에 마실 것이라야 물 아니면 술일진대, 옛날에도 마찬가지이었을 것이다. 물이야 목마를 때 아무 때나 마시지만, 술은 마신다면, 식사 전일 것이다. 어찌되었든, 제사 지낼 때 술부터 올리는 것을 보면 '食飮'이 될 수 없다.

'飮食'의 '飮'은 왼쪽의 밥 식(食)과 오른쪽의 하품 흠(欠)으로 이루어진 글자이다. 이 이유로, '食'이 만들어진 후에 '欠'이 첨가되어 '飮'이 만들어진 글자로 알기 쉬우나, 실은, 어원이 다르다. 김언종의 '한자의 뿌리'에 의하면, 둘 다 갑골문에 기록될 만큼, 한자 생성 초기에 만들어진 글자이다. '食'은 '뚜껑이 있는 밥그릇'의 상형인 반면, '飮'의 왼쪽 食은 밥그릇과 상관이 없는 '술동이(酉)'의 상형이다. 흠(欠)도 '입 벌리고 하품하는 사람'의 상형이 아니라, '술동이에 고개 처박고 술을 마시는 사람'의 상형이다. 따라서, '飮'은 원래 뜻은 술고래다. 술의 역사는 밥만큼이나 오래 된 듯하고, 희한하게 동북아 3 국 중에서 우리나라에서만 술과 밥이 붙어 다닌다. 고구려의 동맹, 동예의 무천, 부여의 영고와 같은 제천 의례에서 술은 없어서는 안 되는, 말 그대로, 음식의 한 축이었다.

꼭지 2. 푸른 하늘, 파란 잔디

비가 온 뒤 운 좋아야 볼 수 있는 아름다운 무지개의 색깔 중, 우리는 몇 가지 색깔을 구별할 수 있을까? 맨눈으로 소위 빨주노초파남보를 일일이 구별하기는 어렵고, 대체로, 뭉뚱그려 빨강, 노랑, 초록, 뭉뚱그려 파랑 정도를 구별할 수 있을 것이다. 이 중, 빨강, 노랑, 파랑은 다섯 방향을 의미하는 오방색(五方色) 또는 오색에 포함될 정도로, 우리 민족에게는 중요한 색깔이다. 아마도, 갑골문을 만들기 이전부터 쓰던 말인 듯하다. '푸르다'는 그 어원이 풀인 것으로 보아, 매우 오래된 말로 보이나, 초록이라는 한자말 명사만 존재한다 (만약에 비한자어가 있었다면 푸릉?). 아마도, 푸른색은 우리 민족의 일상생활에서 오방색만큼 중요하게 쓰이지는 않은 듯하다. 그러나, '파랗다'와 '푸르다'를 아주 오래 전부터 맑은 하늘색과 새싹이나 여름철 풀 색깔로 구별한 것은 분명하다.

그러면 우리에게 익숙한 다음 단어들부터 살펴보자.

청군: 운동 경기 따위에서, 빛깔에 따라 편을 여럿으로 갈랐을 때, 푸른 쪽의 편.
청단 : 화투에서, 한 사람이나 한 편이 푸른 띠가 그려진 모란·국화·단풍의 다섯 끗짜리 석 장을 맞추어서 이루는 단.
청등 : 푸른빛을 내는 등.
청룡: 사신(四神)의 하나. 동쪽 방위를 지키는 신령을 상징하는 짐승이다.

용 모양으로 무덤 속과 관의 왼쪽에 그렸다.

청바지 : 능직으로 짠 질긴 무명으로 만든, 푸른색 바지.

청사진 : 건축이나 기계 따위의 도면(圖面)을 복사하는 데 쓰는 사진. 푸른 바탕의 종이 위에 원도면(原圖面)이 흰 줄로 나타난다.

청사초롱: 푸른 천과 붉은 천으로 상, 하단을 두른 초롱.

청산가리 : '사이안화 칼륨'을 일상적으로 이르는 말. '청산 칼리'의 음역어이다. 화학식은 KCN.

청색 리트머스: 리트머스의 약염기성 용액. 또는 그것을 묻힌 시험지. 산성 용액에 담그면 붉게 변한다.

청실 : 빛깔이 푸른 실.

청일점 : 많은 여자 사이에 끼어 있는 한 사람의 남자를 비유적으로 이르는 말.

청포 : 조선 시대에, 사품·오품·육품의 벼슬아치가 공복(公服)으로 입던 푸른 도포.

청화 백자 : 흰 바탕에 푸른 물감으로 그림을 그린 자기.

위 단어들에서 '靑'이라는 글자의 의미가 무엇이냐고 묻는다면, 해괴하지만, '파랗다 그리고 푸르다'라고 대답해야 맞을 것이다.

일설에 의하면, '靑'은 '生 (생)'과 '丹 (단)'으로 이루어진 글자이다. 屮 (풀)과 土 (흙)이 합쳐져 '生'이 되었다. '生'은 푸른 새싹을 의미한다. '丹'은 막힌 갱도에 있는 광물(丶)을 뜻한다. 일반적으로, 붉은 색을 띠는 광물이나, 나중에는, 그냥 모든 광물의 뜻으로 바뀌었다. '靑'은 푸른 광물의 뜻으로 출발해, 나중에는 푸른 색의 의미가 되었다. 그래서, 靑은 하늘색처럼 파랑이 아닌 봄날 초목의 어린 싹에서 볼 수 있는 그런 초록의 풀 색깔을 말한다.

무지개 일곱 색깔을 중국어로는 赤(chì), 橙(chéng), 黃(huáng), 綠(lù), 靑(qīng), 藍(lán), 紫(zǐ)인 것으로 보아, 적어도 무지개 색깔을 말할 때, 중국어로 靑은 파란색을 의미한다. 중국 사람들은 파란 하늘을 靑天(qīngtiān)이 아니라, 靑보다도 더 파란 남(람)천 (藍天, lántiān)이라 한다. 남색은 우리말로는 '쪽'이라는 식물의 색깔인 쪽빛이고, 영어로는 indigo라는 식물의 색깔인 indigo이다. 한편, 중국에서 靑春(qīngchūn)이라는 말도 쓰는 것을 보아, 중국에서도 靑을 '파랗다 그리고 푸르다'라는 의미로 쓰이는 듯하다. 일본의 경우도, 파란 하늘을 청공(靑空, 아오조라 あおぞら)으로, 깊은 산을 청산(靑山, 아오야마 あおやま)으로 쓰는 것을 보아, 일본 역시 靑을 '파랗다'와 '푸르다'로 섞어 쓰는 듯하다. 이렇게, 동북아 3 국에서는 靑의 의미는 공히 '파랗다'와 '푸르다'이다.

국어사전에 의하면, '파랗다'의 뜻은 '맑은 가을 하늘이나 깊은 바다, 새싹과 같이 밝고 선명하게 푸르다'이고, '푸르다'의 뜻은 '맑은 가을 하늘이나 깊은 바다, 풀의 빛깔과 같이 밝고 선명하다'로 기술되어 있다. 하늘색과 풀색이 같고, '파랗다'의 뜻과 '푸르다'의 뜻이 같다니, 이게 무슨 말인가? 이렇듯, 현재 국어사전에서조차 '파랗다'와 '푸르다'를 구별하지 못 할 정도로, 우리는 '파랗다'와 '푸르다'를 섞어 쓰고 있다. 푸른 하늘과 파란 잔디가 전혀 이상하지 않다. green sky와 blue grass가 있는 지구는 어떤 모습일까?

 그렇다면, 우리는 왜 '파랗다'와 '푸르다'를 구별하지 못하고 섞어 쓸까? 여기서, '靑과 綠중 어느 것이 먼저 만들어졌나?' 혹은 '언제 어떻게 푸를 靑이 파랄 靑으로도 쓰이게끔 의미가 변했는가?'를 학문적으로 추론할 생각은 없다. 다만, 개인적인 생각으로, '푸르다'와 '파랗다'가 우리에게 주는 색상의 느낌이 한자어 靑이 주는 그것보다 훨씬 뚜렷함에도 불구하고, '푸르다'와 '파랗다'를 섞어 쓰는지 의문이다.

 위 질문에 대한 답은 대중교육을 통한 세뇌이다. 대중교육 중에서도 그 으뜸은 음악교육일 것이다. 우선 다음 노래의 가사를 살펴보자.

> 1. 푸른 하늘 은하수 하얀 쪽배에
> 계수나무 한 나무 토끼 한 마리
> 돛대도 아니 달고 삿대도 없이
> 가기도 잘도 간다 서쪽 나라로
>
> 2. 은하수를 건너서 구름 나라로
> 구름 나라 지나선 어디로 가나
> 멀리서 반짝반짝 비치이는 건
> 샛별이 등대란다 길을 찾아라

 윤극영이 작사 작곡하여 1924년에 발표한 『반달』이라는 어린이 노래 가사이다. 참으로 아름다운 노래말이다. 『반달』은 우리나라 창작동요의 효시로서, 일본 강점기에는 작곡가의 의도대로 나름 희망을 주는 노래였고, 해방 이후에는 남녀노소 가릴 것 없이, 모두 좋아하고 즐겨 불렀던 동요이다. 장년층 이상에게 가장 기억에 남는 동요를 꼽으라면, 첫째 둘째에 들 것이다.

  사실, 이 노래는 여러 상황이 비과학적이다. 쪽배 모양의 반달은 상현달일 것이다. 상현달이 은하수를 건너는 것을 볼 수 있는 시기는 9월 이틀 정도 한 밤중이다. 샛별은 새벽에 동쪽에서 새롭게 빛나는 금성이므로, 이 때 은하수를 볼 수 없을뿐더러, 서쪽 나라에 샛별이 등대일 수 없다. 어린이 노래를 가지고 뭘 그렇게 따지느냐고 반문할지도 모르지만, 아직 과학을 모르는 어린이를 대상으로 한 노래라 해서, 비과학이 받아들여져서는 안 된다.

  과학 비과학을 떠나,『반달』노래말에서 한국 사람의 말버릇에 지대한 영향을 미친 단어가 '푸른 하늘'이다. 수많은 별이 빛나는 밤하늘의 색깔이 푸른지, 파란지, 잿빛인지, 검은지, 검푸른지, 아니면, 다른 색깔인지는, 보는 사람에 따라 다를 것이다. 옛 사람들이 평소에 자연스럽게, 맑은 낮 하늘을 푸른 하늘이라 불렀을 가능성은 상당히 크고, 윤극영도 무심코 이 말을 사용했으리라 짐작된다. 그것도 맑은 밤하늘에. 이런 말버릇이 한 개인에 국한되면 큰 문제가 아니나, 동요가사에 쓰여, 판단이 미숙한 아마도 거의 전부의 어린이들에게까지 넓혀져 세뇌 수준에 이른다면,

보통 심각한 문제가 아니다. 밤낮을 가릴 겨를도 없이, 하늘의 색깔이 푸른색이어도 이상하다 생각하지 않게 된 것이다. 파란 하늘색이 푸른 하늘색으로 변했다.

또 다른 어린이 노래말을 살펴보자

> 우리들 마음에 빛이 있다면
> 여름엔 여름엔 파랄 거예요
> 산도 들도 나무도 파란 잎으로
> 파랗게 파랗게 덮인 속에서
> 파아란 하늘 보고 자라니까요

1956년에 발표된 어효선 작사, 한용희 작곡의 『파란 마음 하얀 마음』이란 동요의 1절이다. 이 동요도 장년층 이상에게 가장 기억에 남는 동요 중의 하나일 것이다. 산도 들도 나무도 파란 잎으로? 푸른 나무잎이 파란 나무잎으로 변했다. 파란 하늘을 푸른 하늘이라 하지 않아 다행이다.

이런 현상은 동요에 그치지 않고 어른 노래도 마찬가지다. 다음 노래말을 보자.

> 눈이 부시게 푸르른 날은
> 그리운 사람을 그리워하자
> 저기 저기 저 가을 꽃 자리
> 초록이 지쳐 단풍 드는데
> ....

1968년 발표된 미당 서정주의 시『푸르른 날』이다. 송창식이 1983년 노래로 만들어 불렀다. 맑은 가을 새파란 하늘이 푸른 하늘로 되었다.

또 다른 노래말을 보자

　　　　1. 하얀 모래 위에 시냇물이 흐르고
　　　　　 파란 하늘 높이 흰 구름이 나리네
　　　　　　　　………

　　　　2. 하얀 꽃잎따라 벌나비가 나르고
　　　　　 파란 잔디 위엔 꽃바람이 흐르네
　　　　　　　　……

김세환이 1978년 부른『옛친구』라는 노래의 가사의 일부이다. 푸른 잎이 파란 잎이 되듯이, 푸른 잔디가 파란 잔디로 되었다. '하얀'과 '파란'을 대조하기 위해, 푸른 잔디를 억지로 파란 잔디로 고친 것이 아니라, 우리는 실생활에서 그렇게 사용한다. 파란 잔디를 주제어로 네이버나 다음을 검색하면, 그 목록의 길이가 상당하다.

즐겨 부르고 즐겨 듣는 노래의 노래말이 한 국민의 말씨를 길들이는데 엄청난 영향을 끼친다. 일단 세상에 나오면, 바로 잡기가 난망하다. 개인적으로 동의하지 않지만, 어른을 위한 싯귀나 노래 가사에 수사법상 불가피한 비과학이 용납될 수 있을지 모르겠으나, 어린이들을 위한 싯귀나 노래 가사는 절대로 그래서는 안 된다. 우리는 작사가에게 어디까지 심사숙고하라고 요구할 수 있을까?

창공에 빛난별 물 위에 어리어 바람은 고요히 불어오누나 ...
산타루치아 산타루치아.

이탈리아 나폴리 민요 『산타루치아』를 우리말로 개사해서 중학교 음악 교과서에 싣기도 했다. 'Sul mare luccica L'astro d'argento (은색별이 바다 위에 빛나고)'가 '창공에 빛난 별 물 위에 어리어'로 번안되었다. 창공 (蒼空; azure sky)은 보통의 파란 색보다 더 짙은 아주 파란 하늘을 가리킨다. azure 색은 이탈리아 국가대표 축구단 상징 색깔로서, 이런 이유로, 이탈리아 국가대표 축구단을 아주리 군단이라 한다. 만약, 창공의 뜻을 제대로 알았더라면, 새파란 하늘에 빛나는 별이라는 가사를 쓸 수 없었을 것이다. 다행히, 창공을 넓은 하늘로 아는 사람이 대부분일 것이다.

위에 든 예는, 아마도, '파란'과 '푸른'이 뒤바뀐 수많은 경우 가운데 일부일 것이다. 이 '파푸' 뒤바꿈에 활자매체도 엄청난 기여(?)를 한다. 울산 프로 축구단이나 수원 축구단의 상징 색깔은 파란 색이다. 하지만, 스포츠 기사에서 거의 예외 없이, 이들 축구단을 가리켜 '푸른 심장의 팀'이라고 한다. 그리고, 여행 기사에서도 동해안의 파란 하늘 사진을 올리며, '시리도록 푸르다'라는 표현을 한다. 지구를 푸른 행성이라 하는데, 지구는 엄연히 파란 행성(blue planet)이다. 길을 건너도 된다는 신호등은 파란 신호등이 아니라, 푸른 신호등이다. 파란 불이 아니라 푸른 불이다. 이와 같이, 우리말에는 '파랗다'라는 언어유전자와 '푸르다'라는 언어유전자가 대중없이 서로 섞여있다. 어떤 사람들은 '우리가 오랫동안 '파푸'를 섞어 아무 불편 없이 써왔는데 무슨 문제냐?'라고 되묻는다. 문제를 모르면, 문제가 안 된다. 아빠를 오빠라 불러도, 아무 문제가 안 되면 말이다. 마땅한 말이 있는데, 다른 뜻을 가진 말을 섞어 쓰면 사고방식도 뒤섞인다. '빨주노초파남보'를 '빨주노파초남보'라고 해도 괜찮은가?

'파푸' 섞어씀의 또 한 가지 문제점은 한국어를 제 2 외국어로 배우는 사람들이 말을 할 때나 들을 때 '파푸'를 만나면, 그들의 언어회로는 아주 짧은 순간 멈칫한다. 이런 현상은 항상 불편하다. 말이 없으면 모를까, 있는데 왜 섞어 쓰는지, 이해가 안 될 것이다. 그들이 이해 못 한다는 것이 '파푸'를 제대로 써야 하는 이유가 되는 것은 물론 아니다. 우리들 중에도 '파푸' 섞어씀을 불편해 하는 사람들이 많다.

꼭지 3. 틀리다 다르다

요즈음 TV를 시청하다 보면, 출연자들이 '틀리다'라는 말을 하면, 화면 하단 자막으로 '틀리다'는 '다르다'고 친절하게 부언하는 영상을 가끔 본다. 예를 들어, '나는 너랑 틀려'라고 말을 하면, '나는 너랑 달라'라는 자막이 뜨는 경우이다. 화자가 말하는 '틀려'라는 말은 틀린 말이고, 맞는 말은 '달라'라는 말이라는 것이다. 말인즉슨, '다르다'를 '틀리다'로 잘못 사용한다는 것이다.

『표준국어대사전』에 '틀리다'와 '다르다'가 어떻게 정의되어 있는지 알아보자.

'틀리다'는 동사와 형용사로 쓰이며 동사로 쓰일 때 3가지 의미를 가지며 형용사로 쓰일 때 '다르다'라는 의미를 가진다.

(1) 동사

① (…을) 셈이나 사실 따위가 그르게 되거나 어긋나다.
- 답이 틀리다.
- 계산이 틀리다.
- 그 양반의 이야기에 어디 틀린 대목이 있습디까? <<박태순, 어느 사학도의 젊은 시절>>
- 아무리 좋은 기사가 실린 신문이라도 교정이 틀려 있다면 틀린 신문입니다. << 이병주, 행복어 사전>>
- 대사를 하나도 안 틀리고 줄줄 외다.
- 문제까지 알려 줬는데도 답을 틀리다니 이해할 수가 없구나.

② 바라거나 하려는 일이 순조롭게 되지 못하다.
- 오늘 이 일을 마치기는 틀린 것 같다.

- 그는 새벽 5시가 되자 잠자기는 다 틀렸다면서 라디오를 튼다.
- 우리도 그이 얼굴을 한번 볼까 했더니 틀렸구먼.<<송기숙, 녹두장군>>

③ 마음이나 행동 따위가 올바르지 못하고 비뚤어지다.
- 그는 인간이 틀렸어.
- 그 사람은 외모는 출중한데 성격이 틀렸어.

(2) 형용사
→ 다르다.

'다르다'는 형용사이며 2가지 의미를 가진다.

① (…과) ('…과'가 나타나지 않을 때에는 여럿임을 뜻하는 말이 주어로 온다) 비교가 되는 두 대상이 서로 같지 아니하다. 「반대말」 같다.
- 아들이 아버지와 얼굴이 다르다.
- 나는 너와 다르다.
- 군자와 소인은 다르다.
- 나이가 드니까 몸이 예전과 다르다.
- 쌍둥이도 서로 성격이 다르다.
- 칠월이 되자 날씨가 하루가 다르다 더워진다.
- 형제가 달라도 너무 다르다.

② 보통의 것보다 두드러진 데가 있다.
- 고장 난 문을 감쪽같이 고치다니 기술자는 역시 달라.
- 역시 신문 기자의 센스는 다르구먼. <<이병주, 행복어 사전>>

이 꼭지의 원래 목적은 우리도 익히 알지만 잘못 사용하는, 그리고, 한국어를 배우는 외국인이 혼란스러워 하는 '틀리다'와 '다르다'를 지적하는 것이다. 하지만, 사전적 정의가 혼란을 더욱 부추길 가능성이 있어, '틀리다'의 동사 ① 형과 형용사, 그리고 형용사 '다르다'의 ① 형에 대해 언급할 필요가 있다.

모르긴 몰라도, '틀리다와 다르다'는 국립국어원 『온라인가나다』에서 가장 뜨거운 질문중의 하나일 것이다. 답변에 의하면, 『표준국어대사전』에서 '→'은 '표준어 뜻풀이 참고' 표시이니 '틀리다'가 형용사로 쓰일 때 비표준어이니, 표준어인 '다르다' ① 형의 뜻풀이를 참고하란다. 계속해서, '틀리다'의 형용사형이 '다르다'라는 의미가 아니라, '다르다'를 쓸 자리에 잘못 알고 '틀리다'를 쓰는 경우가 있는데, '다르다'와 '틀리다'의 구분이 어렵다면, '형용사'를 쓸 자리인지를 파악하고 '형용사'를 쓸 자리에는 '틀리다'가 아닌 '다르다'를 쓸 수 있다고 알려준다.

동사 ① 형 '틀리다'는 영어 형용사 'wrong'에 해당하는 말로서, 당연히 형용사일 것이라는 어림과 달리, 동사라는 정의는 사실 의외다. 이런 관계는 동사 '틀리다'의 반대말인 동사 '맞다'와 그것에 해당하는 영어 형용사 'right'에서도 볼 수 있다. 그 반대의 경우도 있다. 이 꼭지의 또 다른 주제어인 '다르다'는 한국어에서 형용사이지만, 영어에서는 'differ'라는 동사에 해당되기도 하고, 'differ'의 파생어인 형용사 'different'에 해당되기도 한다.

한국어와 영어의 품사 불일치 자체는, 근본적으로, 한국어와 영어가 동사와 형용사를 어떻게 바라보느냐의 차이에서 오는 것으로, 대조언어학적 분야에서는 흥미로운 주제이나, 일반인이 '답이 틀리다' 혹은 '계산이 틀리다'의 '틀리다'가 동사인지 형용사인지 구별하기는 쉽지 않다. 예를 들어, '아들이 아버지와 얼굴이 틀리다'에서 '틀리다'가 형용사이니 이 말이 틀렸다고 판단하고, 그 대신, '다르다'를 써야 한다지만, '틀리다'가 동사라고 우겨도 반박할 수 있을지 의문이다. '아들이 아버지와 얼굴이 틀리다'라는 말은 '틀리다'의 동사/형용사 구분 이전에 이미 틀려 있다. 하도 많은 사람들이 '다르다'를 '틀리다'로 잘못 사용해서, 그것을 설명하느라 사전에서 마치 '틀리다'의 형용사형이 있는 것처럼 기술한 고육지책을 이해하지만, 이 항목이 오히려 혼란을 초래할 바에야, 차라리 없애는 것이 낫다. 잘못 사용하면, 무엇을 참고할 필요도 없이, 동사/형용사 구분할 필요도 없이, 무조건 고쳐야 한다. 물론, 단시일 내에 이루어질 일이 아니거니와, 많은 노력이 필요함은 물론이다.

우리말에서 언제부터 '틀리다'가 '다르다'를 대체해 왔는지 알아보는 것은 자못 흥미롭다. 『나무위키』는 '틀리다'에 관해 3편의 조선 후기 한글 소설에 보이는 혼용의 예를 들어 다음과 같이 적고 있다. <과거 용법이 현재처럼 명확히 구별되지 않았으며, 현재도 혼용하는 것과 마찬가지로 '다르다'를 써야 하는 자리에 '틀리다'를 쓴 것이 확인된다. 이때는 '틀리다'를 '달라지다'의 뜻으로도 쓴 듯하다. 언어학 연구상 한국 언중의 두 단어의 의미 분화가 명확해진 때는 18~19 세기경이다.>

3 편의 한글 소설은 『숙향전』, 『옹고집전』, 『콩쥐팥쥐전』으로서, '틀리다'와 '다르다' 혼용의 예는 다음과 같다.

숙향전: 초왕에게 그 족자를 보이고 오랑캐 출신의 종과 비교하여 보였더니. 그 그림과 종의 얼굴이 조금도 틀리지 않았으니
옹고집전: 이것도 염문하와 하나라도 틀리오.
콩쥐팥쥐전: 젓가락 짝이 틀린 것은 그렇게 똑똑히 아시는 양반이 사람 짝이 틀린 것은 어째서 그토록 모르시나요?

인용한 소설 3 편 모두 작자와 연대는 모른다. 1754 년 (영조 30 년), 유진한(柳振漢, 1711~1791)이 200 구의 한시로 지은 『춘향가』 (春香歌)에 『숙향전』이 언급된 것으로 보아, 『숙향전』이 지어진 연대는 1754 년 이전이다. 『옹고집전』은 판소리 계열 고대소설이며, 『콩쥐팥쥐전』은 조선 영조 정조 연간에 지어진 것으로 짐작된다. 결론적으로, '틀리다'와 '다르다'는 1754 년 이전에도 혼용되었으나, 언제부터인지는 알 방법이 난망하다. 다만, 1618 년에 발표된 『홍길동전』에 '틀리다' 계통의 말은 하나도 안 나오고, '다르다' 계통의 말은 3 개가 나오는데 혼용은 안 되었다.

위의 『나무위키』 '과거 용법이 현재처럼 명확히 구별되지 않았으며 ..중략.. 언어학 연구상 한국 언중의 두 단어의 의미 분화가 명확해진 때는 18~19 세기경이다.'라는 기술은 오해의 소지가 있다. 위 3 편의 소설에 인용한 바와 같이, 아마도, 18~19 세기 이전에는 의미 분화가 불명확, 즉, 혼용이 흔하게 일어났다는

말인지, 아니면, '다르다'의 의미는 완전히 '틀리다'로만 쓰이다가 18~19세기경에 의미 분화가 이루어져, 지금의 '다르다'가 나타났다는 말인지 불분명하다.

'틀리다'와 '다르다'는 분명히 다른 의미임을 훈민정음 창제 당시 문헌에서 찾을 수 있다. 1446년에 발간된 『훈민정음언해본』 서문의 '나라말이 중국과 달라', 1447년에 간행된 『용비어천가』 24장 '남은 뜻이 다르거늘……아우는 뜻이 다르거늘', 1459년에 편찬된 『월인석보』 13권 28절 '나와 네가 곧 다르지 아니하니' 등에서 '다르다'의 예가, 동일한 28절 '더욱 마음을 써 일 틀림이 없게 하라'에서 '틀리다'의 예가 보인다. 따라서, 두 단어의 의미는 15세기 이전에 이미 분화되었다. 다만, 15세기 이전의 실생활에서 '틀리다'와 '다르다'가 글이 아닌 말로서 혼용하였을 가능성은 여전히 남아 있다. 어쨌든, 18세기쯤에는 전체적으로 그 수가 많지 않은 소설에서도 보일 정도로, '다르다' 대체 현상은 실생활에서 구어체로 쓰임에 거부감이 없었으며, 그 후로, 두 단어의 의미 분화가 명확해지기는커녕, 21세기에 사는 우리는 아직도 '다르다'를 쓸 자리에 '틀리다'를 쓰고 있다.

우리가 '다르다'를 쓸 자리에 '틀리다'를 쓰는 이유로, 한국 사회의 강한 동질의식을 드는 사람도 있다. 동질의식은 다른 것을 차별하는 성향으로 이어지고, 이러한 성향이 언어의 쓰임새에 영향을 미친다고 주장한다. 소위 '사고가 언어를 지배한다'라는 가설과 관계된다. '우리'라는 말 자체가 우리나라 사람들의 동질의식 또는 집단의식으로부터 비롯된다고 본다. 우리와는 다른 많은 것들, 예를 들어, 언어, 종교, 이념, 외모, 성별, 견해, 지역, 인종, 성애, 취향 등을 배척하게 되고, 우리 것은 맞고 다른 것은 틀렸다는 관념이 생기고, 결국은 말까지 바꾸게 되었다는 견해이다. 한 무리에서 우리를 우리라 부를 수 있는 결정적인 잣대는 대부분 머리수다. '틀린' 소수는 '맞는' 다수의 횡포에 항상 노출된다.

한편, 무슨 이유인지 몰라도 '다르다'를 쓸 자리에 '틀리다'를 사용함으로써, 사람들이 획일적, 독선적, 차별적, 억압적, 심하면 폭력적으로 변하여, 그 결과로, 다른 언어, 종교, 이념, 외모, 성별, 견해, 지역, 인종, 성애, 취향 등을 가진 사람들을 용납하지 못한다는 견해도 있다. 이른바, '언어가 사고를 지배한다'라는 가설과 관계된다. 얼핏 생각하기에, 어느 한 개인이 특정한 어휘 선택으로 말미암은 특정한 심리를 가지기에는 많은 시간이 필요할 것이고, 개인의 심리가 일반화 또는 사회화하는데 또 많은 시간이 필요할 것이다.

여기서, '틀리다'의 심리언어학과 언어심리학을 논할 생각은 전혀 없다. 다만, '다르다'를 '틀리다'로 바꿈으로 인해 편견과 차별이 생길 수 있음을 염려할 뿐이다. 어휘선택이 유발할 수 있는 차별의 예가 오른손 왼손이다. 오른손이 옳은(=바른) 일만, 왼손은 왼(=그른) 일만 해서, 오른(바른)손 왼손으로 불리는지, 아니면, 오른 손으로 옳은 일을, 왼손으로 왼 일을 하다 보니, 오른손 왼손으로 불리는지 알 수 없지만, 동서양을 막론하고 왼손잡이에 대한 편견이 존재한다. 중국어에서 우족은 적자 계통을, 좌족은 서자 계통을 뜻한다. 인도 사람들은 밥을 먹을 때는 오른손을, 뒤를 닦을 때는 왼손을 사용한다. 대부분 이슬람권에서는 오른손은 행운과 선을, 왼손은 불행과 악을 의미한다. 서양에서 왼손잡이를 뜻하는 라틴어 '시니스터(sinister)'는 '불행' 또는 '불길' 등을 뜻하는 반면, 오른손잡이를 의미하는 '덱스터(dexter)'는 '옳다' '능숙하다'의 의미이다. 영어 'right hand'의 'right'은 '바로 선' '곧은'의 의미로 쓰이는 반면, 'left hand'의 'left'는 '약한' 또는 '바보 같은'을 의미한다.

우리나라 사람들은 '다르다'을 연상할 때 '틀리다'를 연상하지 않는 반면, '틀리다'을 연상할 때 '다르다'를 동시에 연상하게 되니 연상을 억지로 막을 수 없다든지, '틀리다'의 어원상 '다르다'의 뜻을 내포하기 때문에 '다르다' 대신에 '틀리다'를 사용할 수도 있다는 근거 없는 주장을 하는 이들도 있다. 설사, 혼용되는 말이 있더라도 혼동을 피하기 위해 일부러 의미를 분화시킬 판에, 이미 의미가 분화된 말들을 혼용해도 어쩔 수 없다거나 괜찮다는 주장은 궤변이다. 다수의 의미를 가진 소수의 어휘보다 소수의 의미를 가진 다수의 어휘가 소통하는데 훨씬 효과적이고, 사물이나 현상에 대한 개념도 명확하다.

둘째 마당

외국인이 이해하기 힘든 한국말

꼭지 4. 만능동사 '하다'

그 사람은 '나는 마땅히 해야 할 일을 했을 뿐이다'라고 했다.

이 문장에서 기본형 '하다'에서 파생된 단어는 '해야', '할', '했을', '했다'이다. 이 문장을 영어로 옮기면, '하다'와 관련되어 언어학적으로 재미있는 현상을 발견할 수 있다. 즉, 'He said, "I just did what I had to do."'라는 문장과 비교하면, '해야'와 '했을'은 'do', '할'은 'have to (혹은 should)', '했다'는 상황에 따라 여러 가지 동사로 옮길 수 있지만, 넓은 범위의 '말했다'를 뜻한다면 'say'의 뜻을 가진다. 의미상 전혀 서로 상관이 없는 영어 'do' 'have to', 'say'의 3개 동사가 한국어에서는 '하다' 하나로 해결된다.

앞서 언급했듯이, 영어 동사 가운데 이들 동사에 전치사, 다른 명사, 형용사 등을 조합하면, 일상생활에서 쓰는 말을 많이 만들 수 있는 동사들을 수퍼동사라고도 부른다. 'come, do, get, give, go, have, keep, make, put, take'가 이에 해당한다. 한국어에도 동사 가운데, 여러 의미를 가진 만능동사들이 있는데, '가다, 나다, 되다, 들다, 만들다, 먹다, 보다, 오다, 하다' 등이 많은 예 중의 일부이다. 다만, 영어 수퍼동사는 동사 역할만 하는 반면, 한국어 만능동사는 낱말에 따라 다양한 의미의 형용사로도 쓰일 수 있기 때문에, 한국어 만능동사의 쓰임새는 영어 수퍼동사보다 훨씬 더 복잡하다. 예를 들어, '하다'의 경우 '운동을 하다'에서는 동사로, '생선이 참 싱싱하기도 하다'에서는 형용사로 쓰인다.

한국어 만능동사들 가운데, '하다'는 만능동사 중의 만능동사라 할 수 있다. 국립국어원『표준국어대사전』에는 의하면, '하다'는 동사로서 34 가지, 보조동사로서 9 가지, 보조형용사로서 2 가지 등, 모두 45 가지의 용례를 가진다. 이 용례들 하나하나 모두 고개를 끄덕이게 하지만, 사전에 기술되지 않은 2 가지 사용법이 더 있다. 하나는 명사의 동사화보조어이고, 다른 하나는 다른 동사의 생략형으로서, 이 꼭지의 주제어이다.

동사로서 34 가지 용례 중 명사의 목적격 '…을(를)' 다음에 위치함으로써 12 가지의 의미를 가지는데, 그 중, 2 가지는 다음과 같다. 사전에 기술된 예를 함께 제시한다.

1) 사람이나 동물, 물체 따위가 행동이나 작용을 이루다.
- 운동을 하다.
- 사랑을 하다.
- 공부를 하다.
- 말을 하다.
- 일을 하다.
- 싸움을 하다.
- 생각을 하다.

- 편지를 하다.
- 넌 내일 무엇을 할 계획이니?

2) 먹을 것, 입을 것, 땔감 따위를 만들거나 장만하다.
- 나무를 하다.
- 밥을 하다.
- 새 옷을 한 벌 했다.

위 예들에서, 목적격 조사를 '…을(를)'을 생략하고 '하다'를 바로 붙여 보자. 아래의 예에서 볼 수 있듯이, '거의' 모든 예에서 우리가 일상생활에서 쓰는 자연스러운 말로 변한다. '나는 생각을 한다'와 '나는 생각한다'의 경우처럼 말이다. 이런 현상을 가리키는 전문용어가 있는지는 모르겠지만, 타동사 '하다'가 명사를 동사화시키는 보조어로 쓰이며, 동사의 어미가 된다.

1)
- 운동하다.
- 사랑하다.
- 공부하다.
- 말하다.
- 일하다.
- 싸움하다.
- 생각하다.
- 편지하다.
- 넌 내일 무엇 할 계획이니?

2)
- 나무하다.
- 밥하다.
- 새 옷 한 벌 했다.

위에서, '거의'라는 말을 사용한 이유는 제시한 예들 중 2 개가 어긋나기 때문이다. 하나는 '무엇 할 계획'으로서 '무엇'에 '하다'를 바로 붙여 쓰면 내키지 않거나 무안한 느낌을 알맞게 형용하기 어렵거나, 그것을 표현할 말이 생각나지 않을 때, 암시적으로 둘러서 쓰는 형용사가 된다. '무엇하다'가 '…이'나 '-기가' 뒤에 오면, 사전의 예처럼, 주로, '거북하다', '곤란하다', '난처하다', '딱하다', '미안하다', '싫다', '수줍다', '쑥스럽다' 따위의 느낌을 나타낸다.

- 나는 그 일이 조금 무엇해서 그만두었다.
- 좀 무엇한 질문을 드리려고 합니다만.
- 정 무엇하다면 학력 테스트를 해서 판정할 수도 있는 일이 아니겠느냐….

따라서, '무엇을 하다'에서 '하다'는 '…을'을 생략하더라도 바로 붙여 명사의 동사화 보조어로 쓸 수 없고, 명사와 떨어진 채 타동사 그대로 남는다.

다른 하나는 '새 옷 한 벌 했다'로서, 조금 더 특수하다. 이 말은 어법에 맞게 쓰자면, '한 벌의 새 옷을 했다'이다. 즉, '하다'의 목적어는 옷이다. 하지만, 다른 예에서처럼, '…을'을 생략하고 '하다'를 바로 붙여 '옷하다'라는 말은 사용하지 않는다. 다시 말해, 명사와 떨어진 채 타동사 그대로 남는다. 사실, 이 때 '하다'는 다른 동사의 생략형으로서, '마련하다', '맞추다', '사다', '만들다'

등, 상황에 따라 여러 의미로 해석될 수 있다. 이 꼭지의 두 번째 주제어인 이러한 '하다'의 기능에 대해서는 아래에서 구체적으로 다룬다.

명사의 목적격 조사 '…을'과 동반된 '하다'는 당연히 타동사이다. 하지만, '하다'가 명사의 동사화보조어로 쓰이면 해당 동사는 상당 수 자동사로 변한다. 그럼에도 불구하고, 위의 예에서 '…을 사랑하다', '…을 생각하다', '…을 말하다'의 경우, 여전히 타동사로 남는다. 이 경우, '…을' 대신에 '…에 대하여'가 쓰이기도 하는데, 이 때, 동사는 자동사이다. '생각하다'와 '말하다'가 이에 해당하는 반면, '사랑하다'는 그렇지 않다.

- 그녀에 대해 생각을 하다. → 그녀를 생각하다. → 그녀에 대해 생각하다.
- 느낌에 대해 말을 하다. → 느낌을 말하다. → 느낌에 대해 말하다.
- 그녀에 대해 사랑을 하다. ?? → 그녀를 사랑하다. → 그녀에 대해 사랑하다. ??

자, 이제 이 꼭지의 주제어 동사의 생략형 '하다'에 대해서 알아보자. 꼭지 도입 예문 '그 사람은 '나는 마땅히 해야 할 일을 했을 뿐이다'라고 했다.'에서, '했다'가 넓은 범위 '말했다'의 '말'이 생략된 형태라고 언급했다. 영어, 일본어, 중국어로 위 예문을 번역하면 다음과 같다.

영어: He said, 'I just did what I had to do.'
일본어: 彼は「私はやる然すべきことをしただけだ」と言った。
중국어: 那个人說'我只是做了自己應該做的事'。

우리말 기본형 '하다'를 영어에서는 'say', 일본어에서는 '言う', 중국어에서는 '說(說)'로 세 언어 모두 행위를 구체적으로 기술한다.

잘 알다시피, 영어에는 'do'로 대표되는 대동사(代動詞, proverb)라는 것이 있어, 동일한 동사의 반복을 피하기 위하여 대신 쓰인다. 우리말에도 '하다'라는 대동사가 있다. '아버지의 아버지를 할아버지라 부르고, 아버지의 어머니를 할머니, 어머니의 아버지를 외할아버지, 어머니의 어머니를 외할머니라 한다.'에서, '하다'는 '부르다'라는 동사를 대신해서 쓰였다. 문장이나 대화 중, 대동사가 어떤 동사를 대신하는지 정확하게 알 수 있다.

하지만, 앞뒤 상황에 따라서 얼마든지 의미가 전혀 다른 동사 '대답했다, 언급했다, 대꾸했다, 강조했다' 등에서 어근이 생략된 형태일 수도 있다. 동사의 어근이 생략되고 어미만으로 뜻이 통한다? 모르긴 몰라도, 이런 언어는 이 세상에 한국말밖에 없을 듯하다. 이하에서, 동사 어근 생략형 '하다'를 줄여서, 생략형 동사라고 칭한다. 생략형 동사가 쓰였을 때, 글인 경우, 앞의 문맥을 살피면, 그리고, 말인 경우, 대화의 흐름상 대부분 그 뜻을 알 수 있다. 다음의 예를 보자.

> 우리가 다음 주 합창대회에서 잘 할 수 있을까?
> 글쎄. 연습을 많이 했으니까 좋은 결과가 있을 거야.
> 이번 주말에도 해야겠지?
> 그럼. 한 사람도 빠지지 말고 해야지.

여기서, '하다'는 '연습하다'에서 '연습'이 생략된 동사임을 알 수 있다. 말하는 사람이나 듣는 사람이나 모두 안다. 글인 경우, 제 3 자도 알 수 있다.

생략형 동사는 분명히 어떤 동사를 대신하므로, 대동사의 범주에 들어가지만, 이 꼭지의 도입 예문에서 볼 수 있듯이, '하다'가 대신하는 동사가 정확하지 않을 때도 있어, 이런 특징이 생략형 동사 '하다'를 문법적 대동사 '하다'와 구별한다. 생략형 동사를 대화중에 불쑥 쓰면, 듣는 사람 입장에서 상대방이 의도하는 동사가 정확히 무엇인지 모를 경우, 당황하게 된다. 이 때, 상대방이 뜻하는 동사를 알아내는데 잠시의 시간이 필요하며, 대화가 이어지지 않는다. 생략형 동사는 주로 성(性)에 관계된 동사를 말하는 사람이 직시하기 곤란하거나, 일부러 모호하게 의도하는 경우에 쓰인다. 여자 친구와 밤을 보낸 친구에게 '너 어제 밤에 여자 친구랑 했니?' 라고 묻는다면, '함께 공부했니?', '함께 걸었니?', '함께 영화 봤니?', '함께 시간을 잘 보냈니?' 등을 알기 위해서 묻는 말은 아닐 것이다. 적어도 진한 입맞춤이나 어우름('어우르다'가 기본형으로 영어의 'make love', 흔히 'sex'의 순우리말. '어우른 사람' 혹은 '어우른 이'에서 수식어만 취해 '어른'이 유래했다)을 기대하고 묻는 말일게다. 이에, 두 가지 상황을 상정할 수 있다. 하나는 '정말로 궁금해서'이고, 다른 하나는 생략형 동사의 특성을 교묘하게 이용하여, '듣는 사람을 당황하게 만들' 목적이다. 입가에 알 듯 말 듯한 웃음과 함께… 이런 경우, 순진하게 당하지 않기 위하여, 상대방의 의중을 읽어내는 독심술도 필요하다.

『wordrow』(https://wordrow.kr/)에 의하면 '하다'로 끝나는 낱말은 거의 동사와 형용사로서, 모두 49,614 개이다. 이는 『표준국어대사전』에 등재된 동사와 형용사 약 70,000 개의 70%에 이른다. 어마어마한 숫자이다. 한편 동사와 형용사의 비율이 5:1인 것을 감안하면, '하다'를 어미로 하는 동사의 수는 약 40,000 개이다. 이 또한 어마어마한 숫자이다. '하다'를 보면, 한국말의 동사와 형용사가 동시에 보인다. '하다'에 익숙하면, 한국말의 동사와 형용사, 특히 동사에 익숙하다고 말할 수 있다.

꼭지 5. 보조동사 '주다'

　가게에 드나들 때, 문 손잡이 위에 '문을 밀어 주세요', '문을 당겨 주세요', '문을 닫아 주세요' 같은 문구를 볼 수 있다. 친절하게도, 대상을 지적해 '문을'이라는 말을 거의 빼놓지 않는다. 어떤 때는 더 친절하게, 방향까지 제시한 '문을 안으로 밀어 주세요.'라는 문구도 볼 수 있다. 적는 김에 아예 감사 표시도 해, '문을 안으로 밀어 주시면 감사하겠습니다.'라는 문구도 있다. 미국에서는 'Push', 'Pull', 'Close the door.'라는 플라스틱 꼬리표를 사서 붙인다. 그것으로 끝이다. '밀어 주세요'는 'Push', '당겨 주세요'는 'Pull', '닫아 주세요'는 'Close'인데, 우리는 왜 '미세요', '당기세요', '닫으세요'에 '주다'라는 말을 덧붙일까?

　위에서 '주다'는 문법용어로 보조동사다. 보조동사란 도와주는 동사이므로, 당연히 도움을 받는 동사가 있어야 하며, 그런 동사를 본동사라 한다. 보조동사는 홀로 쓰이지 못하고, 어미가 변화된 (아/게/지/고) 본동사에 연결되어, 본동사의 행위를 확장 혹은 제한하는 동사이다. 동사와 마찬가지로, 기본형이 있고, 어간과 어미가 있다. 당연히, 어미는 변화한다. 본동사로부터 띄어 쓰는 것을 원칙으로 하되, 붙여 쓰는 것을 허용한다. '원칙은 있되, 안 지켜도 된다.'란 원칙이 적용되는 또 다른 예다.

말뜻으로만 보면, 영어의 조동사(Auxiliary verb)에 해당되나, 둘의 성격이 다르며, 언어학적으로 보조동사는 교착어의 특징이다. 한국어의 거의 모든 보조동사는 우선 본동사로 쓰이면서, 때로는 문장 내에서 보조동사 역할을 한다. 이렇게 보조동사 역할을 할 수 있는 동사는 한국어에 수십여 개가 있다. '가다, 놓다, 두다, 말다, 버리다, 보다, 않다, 오다, 있다, 주다, 하다'가 그 예다.

여기서, 한 두 마디로 간단하게 지시하거나 상황을 알리는 말을 '쪽말'이라 이른다. '주세요'를 붙이는 것에 대해 두 가지 시각이 있을 수 있다. 하나는, 쪽말은 짧으면 짧을수록 좋기 때문에, '주세요'는 전혀 불필요한 말이라는 시각과, 다른 하나는, 쪽말은 명령처럼 들리기 때문에, 거부감이 있다는 시각이다.

쪽말은 신속한 전달이 필요할 때, 즉, 위급할 때 혹은 경고할 때, 아주 효과적이다. 불났을 때, 영어로 'Fire!', 도움을 청할 때, 'Help!'하고 외친다. 한국어로는 급한 와중에 서술어를 만들어 '불이야!', '도와주세요!'라고 한다. 한국에서 제일 간단한 쪽말은 '불조심', '차조심', '개조심' 등 '조심'이 들어간 말이다. 명사형을 쓴다. 지금은 잘 안 쓰지만, 예전에는 '둠', '섬' '멈춤'같은 말을 쓴 적이 있다. '둠'과 '섬'의 차이는 운전자가 차에 없느냐 있느냐에 있다. 한국에서 '둠'과 '섬'의 표시가 없는 지역 또는 도로에서는 차를 두거나 세우지 말라는 뜻이다. 정차의 개념이 없는 미국에서는 금지 표시 'No Parking'과 함께 길턱을 빨간색으로 칠한 구역만 아니면 주차가 허용된다. '조심', '둠', '섬', '멈춤' 등 쪽말에 명사형은 효과적이다. '차를 조심해 주세요'보다 '차조심'이, '개를 조심해 주세요'보다 '개조심'이 훨씬 강하게 와 닿는다. 그렇다면, '밈', '당김', '닫음'은 어떤가?

쪽말을 짧게 쓰는 또 한 가지 방법은 한자어 사용이다. 금지나 주의 표시를 할 때는 더욱 그렇다. '출입금지', '진입금지', '주차금지', '정차금지', '쓰레기 투기금지', '전방주시' 등, 예는 아주 많다. '금지'가 '마시오'이므로, '주차금지'는 '주차하지 마시오.', '정차금지'는 '차를 세워두지 마시오.', '쓰레기 투기금지'는 '쓰레기를 버리지 마시오.'가 된다. 쪽말 치고는 좀 길다. 이것까지는 괜찮은데, '주세요'를 집어넣어 '주차하지 말아 주세요.', '차를 세워두지 말아 주세요.', '쓰레기를 버리지 말아 주세요.' 정도면 좀 심하다. 하도 말을 안 들으니, 요청하는 식이 더 효과적일 수 있음을 기대하는 것이리라.

한국어의 쪽말은 명령처럼 들리기 때문에, 거부감이 있다는 시각에 대해 말해 보자. 위에서 예로 든 '미세요' 혹은 '미십시요', '당기세요' 혹은 '당기십시요', '닫으세요' 혹은 '닫으십시요'는 명령문이지만, '밀라' 혹은 '밀어라', '당겨라', '닫아라'보다 훨씬 부드럽다. 명령이지만, 정중하고 권유에 가까운 표현이다. 이런 느낌이 명령에 대한 한국 사람들의 느낌이다.

　보조동사 '주다'는 다른 사람을 위하여 본동사가 의미하는 어떤 행위를 하는 것을 뜻한다. 여기서 주목해야 하는 말이 '다른 사람을 위하여'란 말이다. 동사 '주다'의 뜻이 그대로 살아 있다. '밀어 주세요', '당겨 주세요', '닫아 주세요'는 각각 '다른 사람을 위하여 미세요', '다른 사람을 위하여 당기세요', '다른 사람을 위하여 닫으세요' 라는 뜻이다. 꼬리표를 단 사람의 입장에서는 부탁하는 느낌이 살짝 있고, 행위를 수행하는 사람 입장에서는 그 부탁을 들어 줌으로써 베푸는 느낌이 살짝 있고, 그 결과, 꼬리표를 단 사람의 입장에서는 은혜를 살짝 입은 느낌이 든다. 한국적 정(情)이 들어 있는 말이다.

　결국, 쪽말에 '주다'를, 그리고 더 나아가 '주다'의 높임말인 '주세요'를 쓸 것인가? 말 것인가? 안 쓰면 짧지만, 신속한 의사 전달이 효과적이고, 쓰면 길지만, 정중하고 주고받는 느낌을 받는다. 하지만, 후자의 경우 말을 짧게 매조지 못하는 근래 한국인 특유의 성향이 강하게 반영되어 있다고 말하면, 논리비약이라고 비난받을지도 모른다. 개인적으로, 쪽말은 간단할수록 좋다고 생각한다.

　이 꼭지의 주제와 상관없지만, 보조동사 '주다'를 공부하다가 아주 '이상한 단어'를 발견해서 몇 자 적어본다. 앞서 언급한 바와 같이, 보조동사 대부분은 일반동사다. 따라서, 보조동사로 쓰일 때 일반동사와 마찬가지로 기본형이 있고, 어간 어미가 있으며, 어미는 변화한다. '이상한 단어'란 '잊어 달라고, 있어 달라고, 와 달라고, 보내 달라고'의 '달라고'로서 어미가 변화한 보조동사다. 그렇다면, '달라고'의 기본형은 무엇일까? 얼핏 보아 '달라다'일 것 같다. 『표준국어대사전』에 의하면 '달라다'는 '달라고 하다'가 줄어든 말이라고 되어 있다. 이런 동사의 예는 본 적이 없다. 예를 들어, '1,000원만 달랬다.'는 '1,000원만 달라고 했다.'의 줄어든 말이고, 어미변화를 한다. 그렇다면, '나를 그만 잊어 달라.'는 문장은 '나를 그만 잊어 달라고 하라.'가 되어야 하는데, 말이 안 된다. 이런 보조동사의 예는 본 적이 없다.

생각을 달리 해서, '가지 말라고'의 '말라고'가 기본형 '말다'에서 변화한 형태와 마찬가지로, '달라고'의 기본형이 '달다'일 가능성은 있을까? 『표준국어대사전』에 의하면, '달다'는 일반동사와 보조동사로 쓰일 수 있다. 일반동사로서 '달다'는 '타지 않는 단단한 물체가 열로 몹시 뜨거워지다, 물건을 일정한 곳에 걸거나 매어 놓다, 저울로 무게를 헤아리다'의 뜻으로 흔히 쓰인다. 한편, 보조동사로서 '달다'는 일반동사의 뜻에서 유추할 수 없는 용도를 가지며, 다음과 같다.

(동사 뒤에서 '-어 달라', '-어 다오' 구성으로 쓰여) 말하는 이가 듣는 이에게 앞말이 뜻하는 행동을 해 줄 것을 요구하는 말.

- 일자리를 구해 달라고 부탁하다.
- 책을 빌려 달라고 간청하다.
- 친구에게 와 달라고 전화를 했다.
- 형 대신 이 일을 해 다오.

위의 '잊어 달라고'의 '달라고'와 일치한다.

일반적으로, 보조동사의 뜻은 일반동사와 밀접한 관계에 있으며, 어미변화 역시 일반동사와 같다. 이런 면에서, 요청의 뜻이 담긴 '달라고'의 기본형이 요청의 뜻이 전혀 없는 '달다'인 것은 상식적으로 생각하기 어렵다. 아무튼, '달다'는 희한한 보조동사다.

꼭지 6. 나의 살던 고향은

　70년대 초의 고등학교 국어교과서에 '이순신 장군이 전라도를 간 때가....'라는 글귀가 실린 적이 있었다. 작가가 누구인지는 기억나지 않는다. '전라도를 가다'의 조사 '를'이 문법적으로 맞는지에 대한 선생님의 답이 예상 밖이어서, 그 글귀를 아직도 기억하고 있다. 선생님의 답은 '문제가 없다'였다. 그 때, 선생님이 어떠한 문법적 근거를 제시했는지 기억이 없다. '가다'는 자동사일까? 타동사일까? '를'의 격은 무엇일까?

　조사(助詞)는 체언(명사, 대명사, 수사)의 뒤에 붙어 문법의 의미를 더하는 품사다. 『표준국어대사전』에 의하면 조사 '을/를'은 다음과 같이 정의되어 있다. 편의상 약간 수정했다.

　(1) 체언 뒤에 붙어
　① 동작이 미친 직접적 대상을 나타내는 격 조사.
　　• 꽃을 (화초를) 가꾸다.
　　• 책을 (시를) 읽다.
　　• 손을 (어깨를) 잡히다.
　② 행동의 간접적인 목적물이나 대상임을 나타내는 격 조사.
　　• 이 시계는 동생을 (친구를) 주어라.
　③ 어떤 재료나 수단이 되는 사물임을 나타내는 격 조사.
　　• 고철을 (폐휴지를) 이용한 생활용품전.
　　• 남은 음식을 (재료를) 이용해 찌개를 만들었다.
　④ '가다', '걷다', '뛰다' 따위의 이동을 표시하는 동사와 어울려서

동작이 이루어지는 장소를 나타내는 격 조사.
- 하루 종일 백화점을 (거리를) 돌아다녔다.

⑤ '가다', '오다', '떠나다' 따위의 동사들과 어울려 이동하고자 하는 곳을 나타내는 격 조사.
- 시장을 (백화점을) 가다.
- 직장을 (학교를) 다니다.

⑥ '가다', '오다' 따위와 함께 쓰여, 그 행동의 목적이 되는 일을 나타내는 격 조사.
- 등산을 (낚시를) 가다.
- 구경을 (꽃놀이를) 가다.

⑦ 행동의 출발점을 나타내는 격 조사.
- 그녀는 아침 일찍 서울을 (대구를) 떠났다.

⑧ 어떤 행동이 비롯되는 곳. 또는 그 일을 나타내는 격 조사.
- 정오를 (열두 시를) 기준으로 승패를 결정한다.

⑨ 동작 대상의 수량이나 동작의 순서를 나타내는 격 조사.
- 시계가 하루에 한 시간을 (오 초를) 빨리 간다.
- 한 시간에 두어 마장을 (수십 리를) 달립니다.
- 사과를 두 쪽을 (개를) 먹었다.

⑩ 동족 목적어가 행위의 목적이 됨을 나타내는 격 조사. '를'은 해당되지 않는다.
- 잠을 자다.
- 춤을 추다.
- 짐을 지다.

(2) '를'의 경우 조사 '에, 으로', 연결 어미 '-아, -게, -지, -고', 그리고 '을', '를' 모두 일부 부사 뒤에 붙어 강조하는 뜻을 나타내는 보조사.
- 너는 어쩌자고 혼자 시장에를 갔니?
- 아무리 해도 흥분이 가라앉지를 않았다.
- 한 시간도 놀지를 마라.
- 네가 먹고 싶은 대로 맘껏을 (얼마든지를) 마셔라.

위의 정의에 비추어보건대, '전라도를 가다'의 '를'은 (1)⑤ 용례에 부합하는 듯하다. 그렇다면, 동사 '가다'는 자동사인가? 타동사인가? 잘 알다시피, '자동사'는 동사가 나타내는 동작이나 작용이 주어에만 미치는 동사이고 '타동사'는 동작의 대상인 목적어를 요구하는 동사이다. 『표준국어대사전』에서 '가다'의 용례 가운데 '을/를'이 이동(移動)에 쓰이는 것만 옮겨본다.

(1) ④ 직업이나 학업, 복무 따위로 해서 다른 곳으로 옮기다.
- 조카가 벌써 학교를 갈 나이가 되었나?

(3) 일정한 목적을 가진 모임에 참석하기 위하여 이동하다.
- 나는 매년 불우 아동 돕기 단체에서 주최하는 송년 모임을 빠지지 않고 간다.

(8) 어떤 경로를 통하여 움직이다.
- 길을 가다.
- 밤길을 가다.
- 산길을 가다.

(9) ① 어떤 일을 하기 위하여 다른 곳으로 이동하다.
- 가족들과 함께 동물원에 구경을 갔다.
- 언니가 때릴까 봐 엄마에게 도망을 간다.
- 저녁을 먹은 후에 우리는 늘 공원으로 산책을 가곤 한다.

용례 (1)④와 (3)에서 '을/를'은 자동사와 함께 쓰이는 '에'로 대체가능하나, 용례 (8)과 (9)①에서는 그렇지 않다. 이상의 예로 보아, 동사 '가다'는 자동사이며 타동사인 것 같다. '같다'라는 단어를 쓴 이유는 아직도 확신을 못 하기 때문이다.

조사를 한 꼭지의 주제로 정한 이유는 '전라도를 가다'린 글귀가 수십 년이 지난 지금까지도 의문인 것이 첫째고, 얼마 전에 신문기사 제목 '누구에게 보고를 받은 건가'에서 '에게'가 제대로 쓰였는지 궁금했던 것이 둘째고, 주위의 외국인들이 한국어를 배울 때 어려운 점 중의 하나가 조사라고 하는 말을 자주 들었던 것이 셋째다.

조사 '에게'로 가보자. 얼핏 보기에, '누구에게 보고를 받은 건가'에서 '누구에게'는 틀리고, '누구로부터' 혹은 '누구에게서'가 맞는 듯 보인다. '26번 환자는 83번 환자에게 감염되었다', '국회의장에게 선물 받은 족자', '투수는 항상 야수들에게 도움을 받는다' 등, 이런 예는 많다. 『표준국어대사전』에서 조사 '에게'는 다음과 같이 정의되어 있다.

사람이나 동물 따위를 나타내는 체언 뒤에 붙어
① 일정하게 제한된 범위를 나타내는 격 조사. 어떤 물건의 소속이나 위치를 나타낸다.
- 철수에게 돈이 많다.
- 영희에게 무슨 일이 생겼을까?

② 어떤 행동이 미치는 대상을 나타내는 격 조사.
- 친구들에게 합격 사실을 알리다.
- 돼지에게 먹이를 주다.

③ 어떤 행동을 일으키는 대상임을 나타내는 격 조사.
- 남에게 놀림을 받다.
- 개에게 물리다.

위의 '누구에게', '환자에게', '야수에게'는 사전의 '에게' 용례 어떤 것에도 해당되지 않는다. 잘못된 것이다. 한편, 조사 '로부터'는 어떤 행동의 출발점이나 비롯되는 대상임을 나타내는 격조사로서, 조사 '로'와 보조사 '부터'가 결합한 말이다. 조사 '에게서'는 사람이나 동물 따위의 체언 뒤에 붙어, 어떤 행동의 출발점이나 비롯되는 대상임을 나타낸다. 다음이 그 예다.

- 아버지에게서 온 편지이다.
- 이 책이 그에게서 받은 것이다.
- 누구에게서 나온 이야기냐?

결론적으로, '누구에게', '환자에게', '야수에게'의 조사 '에게'는 '로부터' 혹은 '에게서'로 대체되어야 한다.

얼마 전에, 국립국어원 『온라인가나다』에 올라온 2건의 같은 질문과 답변을 그대로 옮겨본다.

질문 1 (2020년 9월)

'친구에게 선물을 받다'라는 표현이 맞는 표현인가요? '친구에게서 선물을 받다'가 자연스러운 것은 알겠는데 '친구에게 선물을 받다'라는 표현도 허용 가능한 것인지 알고 싶습니다. 검색을 해 보니 이런 표현도 맞다는 의견이 있어서요.

답변 1

동사 '받다'는 '…에서/에게서 …을 받다'의 문형으로 쓰는 것이 전형적인 쓰임이므로, 이러한 점을 고려한다면 '친구에게서 선물을 받다.'라고 표현하는 것이 더 자연스러운 표현이라고 할 수 있겠습니다.

다만 이때 '에게서'를 대신하여 '에게'를 쓴다면 전형적인 문형의 쓰임은 아니나 이를 틀린 표현이라고 하기는 어렵습니다. 어떤 행동을 일으키는 대상임을 나타내는 조사 '에게'를 써서 표현할 수도 있습니다.

질문 2 (2020 년 7 월)

---- 데이지는 보드카를 마셨다. ----. 그런데도 렉스에게 문자 메시지가 왔을 때는 약간 취기가 돌았다. ----. -------. 데이지는 렉스에게 '예스'를 뜻하는 'Y'를 보냈다.

위 글을 보면 문자를 보낸 사람은 렉스고 받은 사람은 데이지인데, 렉스에게 문자가 왔다고 적혀 있어서 렉스가 문자를 받았다는 의미가 됩니다. 제 생각에는 렉스에게서 문자가 왔다고 해야 되는 것 같은데요. 위와 같은 상황에서도 '~에게'를 쓸 수 있나요? '~한테'도 '~에게'와 똑같이 사용할 수 있는지도 궁금합니다.

답변 2

'로부터'의 뜻을 나타내는 경우에는 '에게서'가 쓰입니다. 따라서 생각하신 대로 '(렉스)에게서'로 표현합니다. 한편, '한테'가 쓰일 문맥은 '에게'가 쓰일 문맥과 차이가 없는데, 다만, '한테'가 '에게'보다 더 구어적입니다.

위의 두 질문은 2 달 차이다. 담당자가 그 사이에 다른 의견을 가진 사람으로 바뀐 모양이다. 하지만, 답변 1의 ''에게'를 써도 틀린 표현이라고 하기는 어렵다'는 설명이 틀린 것도 아니다. 왜냐하면, 사전에서 정의된 '에게'의 용례 ③에 '에게'는 어떤 행동을 일으키는 대상임을 나타내는 조사로도 쓰인다고 정의되어 있기 때문이다. '에게'의 용례 ③의 예문 '남에게 놀림을 받다'에서 분명히 '받다'인데, 주는 뜻의 조사가 쓰였다. 참으로 모호하다. 어학사전은 항간에서 쓰는 말을 모아 만든 것이 아니라, 비록 다루어야 할 말의 수가 엄청나더라도, 그 뜻을 분석하고 분류하고 바르게 정의해,서 언중(言衆)의 언어 사용에서 흔히 일어날 수 있는 혼동을 없애는데 도움을 주어야 한다. 조사를 조사하면서, 국어사전을 만드는 일이 얼마나 어려운 것인지, 얼마나 소중한 것인지, 그리고, 얼마나 고마운 것인지 새삼 느끼게 되었다.

우리나라 사람들이 조사를 잘못 쓰는 유형은 크게 세 가지다. 의미가 다른 조사로 대체되고, 쓸 데 없는 조사가 첨가되고, 필요한 조사가 생략된다. 그 가운데 쓸 데 없는 조사가 첨가되는 경우는 아주 드물다. 이 세 가지 경우의 어느 것에 해당되는지 모르겠지만, 조사 '의'의 쓰임이 종종 애매하다고 생각되어, 이 꼭지의 주제어 중의 하나로 올려본다.

나의 살던 고향은 꽃피는 산골
복숭아꽃 살구 꽃 아기진달래

애국가보다 많이 불린다는 노래『고향의 봄』은 이원수가 만 15세 때인 1926년에 지은 시에 홍난파가 1929년에 곡을 붙여 만든 노래이다. 여기서 고향은 창원으로, 그 당시에는 마산이 대처였다. 이 노래의 첫 소절 '나의 살던 고향'에 대해 두 가지 논란이 있다. 하나는 '의'의 격(格)이고, 다른 하나는 '살던'의 시제다. 여기서는 '의'만 언급한다.

'의'를 관형격 조사로 볼 것이냐, 아니면, 주격 조사로 볼 것이냐가 문제다. 『용비어천가』를 보면, '이'와 '의'는 뜻이 동일한 관형격 조사로 쓰인다. 이에, 세종 때부터 구한말에 이르기까지 시기별로 대표될 만한 문헌에 보인 '이'와 '의' 쓰임새를 살펴, 아래 표에 정리했다. 『춘향전』은 숙종 사후(死後)에 발간되었으므로, 『구운몽』 아래에 놓았다.

문헌 (발간년도)	'이' 쓰임새*	'의' 쓰임새
용비어천가 (1447)	의, 에, 이	의
석보상절 (1447)	의, 에, 이	의, 에, 이
월인천강지곡 (1447)	의, 에	의, 에서
번역소학 (1518)	의, 에, 이	의, 에, 에(게), 이
소학언해 (1587)	의, 에, 에(게), 이	의, 에, 에(게), 이
홍길동전 (1620?)	조사 없음	의, 에(게, 서), 이
구운몽 (1687)	에	의, 에 , 이
춘향전 (?)	의	의, 에, 에(게), 이
홍백화전 1744년 이전	조사 없음	의, 에, 이
독립신문 창간사 (1896)	글자 없음	의, 에(게)
혈의 누 (1906)	글자 없음	의, 에(게), 이

* 의 = 관형격. 에 (장소), 에서 (장소), 에게 (방향) = 부사격. 이 = 주격.

『소학언해』가 발간된 1587년까지, '이'와 '의'는 공히 관형격, 부사격, 주격 조사로 쓰인다. 둘 사이에 차이는 없다. 『홍길동전』을 보면, 조사로 쓰이는 '이'는 없으며, '의'만 여러 격으로 쓰인다. '이'의 관형격은 『구운몽』에서는 안 보이나, 『춘향전』에 다시 보인다. 한편, 1744년 이전에 발간되었으리라 추정되는 『홍백화전』에는 '이'가 딱 한번 나오며, 조사도 아니다. 이때쯤에, '이'가 조선말에서 사라지는 단계에 접어드는 듯하다. 『숙영낭자전』이나 『인현왕후전』에는 '이'라는 글자가 아예 안 보인다. 완전히 사라진 것이다. 한편, '의'는 세종 때에도 쓰이면서, 지금까지 살아 남았다. 지금에는 관형격 조사로만 쓰이지만, 20세기 초 까지만 해도 여러 가지 조사로 쓰였다.

다시, '나의 살던 고향'으로 돌아간다. '나의 살던 고향'의 바른 표현은 '내가 살던 고향'이고, '의'는 일본어 조사 '노(の)'의 영향을 받았다고 주장하는 사람들이 있다. 일본어에서 '노(の)'는 우리말의 관형격 조사 '의'로 쓰이지만, 특수하게 주격조사로 쓰이기도 한다. '나의 살던 고향'이나 '내가 살던 고향'이나 일본말로는 '私の住んでいた故郷'이다. 우리는 위의 표에서, '이'와 '의' 모두 주격조사로 쓰임을 보았다. 이는 일본어 조사 '노(の)'가 주격조사로 쓰일 때와 같다.

이제, 우리의 옛 문헌들을 살펴보자. 주격조사인 것 같으면서 관형격조사인, 관형격조사인 것 같으면서 주격조사인 '이'와 '의'의 쓰임이 보이는 글귀를 정리하면, 다음과 같다. 물론, 전부는 아니다.

석보상절	大衆의 가져온 香木 (23: 37-38)
	阿闍世王이 셰욘 塔앳 (24: 23-24)
번역소학	范益謙이 안잣논 올흔녁희 (번소 8:21)
	사룸의 써리는 거시라 (6: 24)

	主簿의 ᄒᆞ고져 ᄒᆞᄂᆞᆫ 이ᄅᆞᆯ (7: 24-25)
	伊尹의 먹던 ᄠᅳ들 (8:3)
	顔淵의 비호ᄂᆞᆫ 바ᄅᆞᆯ (번소 8:3)
소학언해	셩인의 ᄀᆞᄅᆞ치신 거시니라
	죵의 난 ᄌᆞ식
	부모(父母)의 ᄉᆞ랑ᄒᆞ시ᄂᆞᆫ바ᄅᆞᆯ
홍길동전	초낭의 작변하던 일
	나의 가르치는 대로
	내 몸의 죄를 지어
춘향전	조자룡의 월강하던 청총마
홍백화전	ᄉᆞ름의 흘 비 안이며
	두 ᄉᆞ름의 지은 쥴을
혈의누	사름의 제일 셔러ᄒᆞᄂᆞᆫ 일인디

결론적으로 얘기하면, '나의 살던 고향'이란 표현은 일본식 표기가 아닐 가능성이 크다. 단언하지 못하고 가능성이라고 언급한 이유는 위의 표에서 마지막 표식 작품인 『혈의누』의 작가가 이인직이기 때문이다. 그가 비록 1862년에 태어나 조선에서 언어 습득 시기를 보냈다 하나, 1900년 일본에 유학하여 도쿄 정치학교에서 약 3년간 수학했고, 한일 합방을 위해 조선 측 행동대장 역할을 한 골수 친일파인 사실이 꺼림칙하다. 다만, 이인직의 문체가 1896년에 발간된 『독립신문』 창간사보다 훨씬 구식이고, 『독립신문』에서 쓰인 '조션' 대신 그보다 옛말인 '죠션'을 쓴 것으로 보아, 이인직의 문체는 일본어의 영향을 받지 않았을 가능성이 크다. 적당한지 확신할 수 없지만, 일본어 조사 '노(の)' 비교를 위해, 1908년에 발표된 신채호의 『이순신전』이나 『을지문덕

전』을 원문으로 살펴볼 필요가 있다. 다른 한편으로, 일본어 조사 '노(の)'는 조선어 혹은 그 이전 한반도에서 쓰이던 말의 영향을 받았을 가능성도 배제할 수 없다. 개인적으로, 이 가정에 무게를 더 두고 싶다.

관형격 조사 '의'는 한국어에서 대표적으로 잘못 쓰이는 조사다. '의'는 여러 뜻으로 해석될 수 있으며, 지나칠 정도로 많이 쓰인다. 지금은 유일하게 관형의 의미를 가지지만, 위의 표에서 볼 수 있듯이, '의'는 태생적으로 여러 의미를 가진다. 예를 들어, '내(나의) 그림'은 '내가 소유한 그림' 또는 '내가 그린 그림'을 의미할 수 있다. 심지어, '나를 그린 그림'이라고 주장해도 할 말이 없다. '내 작품'은 '내가 만든 작품' 또는 '내가 소유한 작품'을 의미할 수 있다. 또한, 최근에, 영어 'of'의 번역투로, 논문이나 보고서에서 구(句)를 명사화할 때 '의'가 많이 쓰인다. 특히, 구의 명사화는 겹조사의 형태가 대부분으로, '~에의', '~로의' 등이 그 예다.

누리집에서 조사 오류를 검색하면, 대부분 'xx인 한국어 학습자의 조사 오류 연구'에 관한 내용들이다. xx인은 중국인, 태국인, 미국인 등 조사가 없는 언어가 모국어인 외국인은 다 해당된다. 그런 외국인들에게 조사는 엄청 어려울 수밖에 없으며, 또한, 어려운 게 당연하다. 앞서, '에게'를 잘못 사용한 예는 모두 우리나라에서 손에 꼽을만한 신문의 기사에서 인용한 것이다. 신문

기사가 이 정도 되면, '한국인 한국어 학습자의 조사 사용 오류'도 조사해서 해결 방안을 찾아야 할 것이다. 기사 마감 시간이 촉박한 관계로 미처 되짚어 볼 시간이 부족해서 일어난 실수였으면 좋겠다.

사실, 조사를 제대로 쓰는 것이 이상한 일이다. 『한국어기초사전』에 의하면 조사의 표제어수는 159개이며, 빈도가 아주 낮은 것을 제외해도 100개 가까이 된다. 더구나 조사 '을/를'처럼 조사 하나에도 쓰임새가 여러 개 있을 경우, 그런 것을 다 더한다면, 몇 백 개의 조사가 있는 것과 마찬가지이니, 그 많은 조사 중에서 상황에 따라 적당한 것을 순간적으로 고르는 일이 어찌 쉽겠는가? 언어를 사용할 때 뇌의 신경회로를 불빛으로 표시해 번쩍이는 정도를 정량화할 수 있다면, 한국어에 견줄 만한 다른 언어는 지구상에 몇 개밖에 없을 것이다. 명사와 동사의 한자말은 기본이요, 이 꼭지에서 살펴본 수많은 조사, 변화무쌍한 어미, 다양한 단위명사, 존댓말, 순우리말과 한자어의 알맞은 조합(예를 들어, 세 시 오분)까지 더하니, 그야말로, 머리에서 번개불이 생겨야 정상이다.

우리나라 사람들이야 오랜 기간 동안 연습을 통해 시나브로 익숙해져 모르지만, 그렇게 되기까지 수많은 시행착오를 겪어야 하는 것을 생각하면, 그런 한국어를 사용해야 하는 한국 사람들이 불쌍해 보이고, 그런 한국어를 배우는 외국인은 더 불쌍해 보인다. 우리나라에서 이삼 년 밖에 머물지 않았음에도 불구하고, 한국말을 잘 하는 외국인을 방송이나 유튜브에서 자주 보는데, 그런 사람들은 언어습득에 타고난 재질을 가졌음이 틀림없다. 다른 한편으로, 한국말은 수많은 선택이 있어 대충해도 통하므로, 오히려 쉬울 수도 있다는 자학적인 생각도 든다.

꼭지 7. 수사와 단위명사

'저기 사람 열하나가 있다.'
'저기 열한 사람이 있다.'
'저기 사람 열한 명이 있다.'
'저기 열한 명의 사람이 있다.'
'저기 사람 십일이 있다.'는 안 된다고 한다.
'저기 십일 사람이 있다.'도 안 된다고 한다.
'저기 사람 십일 명이 있다.'
'저기 십일 명의 사람이 있다.'

말이 되는 여섯 개의 문장을 영어로 바꾸면, 딱 한 문장이다.
'There are eleven people over there.'

한국어 배우기에 갓 들어간 외국인은 이렇게 물을 수 있다.
"같은 숫자 같은데 왜 두 가지를 쓰냐?"
"'열하나'와 '열한'은 왜 달리 쓰냐?"
"'저기 사람 열하나가 있다.'는 말이 되는데 '저기 사람 십일이 있다.'는 왜 안 되냐? 그리고 '십일 사람'은 또 왜 안 되냐?"
"'명'은 무엇이냐?"
"'의'는 또 무엇이냐?"

한국어에는 숫자를 고유어와 한자어 어쩌고 저쩌고, 명사로도 쓰일 수 있는 수사가 있고, 관형사로만 쓰이는 수사 어쩌고 저쩌고, '명'은 사람의 수를 나타내는 어쩌고 저쩌고 하면서 설명이 길어지다가, "'의'? 나도 잘 모르겠는데" 하면서 끝낸다. 머리에 땀이 다 난다. '의'가 어떤 경우에는 생략 가능한 반면, 다른 경우에는 안 된다. 예를 들어, '한 마리 새'는 되는데, '한 명 사람'은 안 된다. 이건 또 어떻게 설명해야 하나.

한국어를 좀 배운 외국인은 숫자에 대해서만 이렇게 물을 수 있다.
"'열일'은 안 되냐? '십하나'나 '십한'은 안 되냐?"
"'열하나'가 맞냐? '열 하나'가 맞냐?"
"'일십'이라 하지 않고 왜 그냥 '십'이라 하냐?"
"고유어로 '일백'은 무엇이냐? 또 '일천'은 무엇이냐?"

고유어 숫자와 한자어 숫자는 섞어 쓰지 않으며, 두 단어 이상의 숫자라도 띄어 쓰지 않으며, '일백'에는 '일'을 관습적으로 안 쓰며, '일천', '일만', '일억'도 마찬가지다. '백'의 고유어? 그런 말이 있나? 있더라도 더 이상 안 쓰고, 백 이상의 숫자는 모두 한자어를 쓴다. 애써 찾아보면, '백'은 '온', '천'은 '즈믄', '만'은 '골', '억'은 '잘'이라 한다. 얼굴이 화끈거린다.

위의 예에서 사람 대신 책상을 넣어보자.

'저기 책상 하나가 있다.'
'저기 한 책상이 있다.'

'저기 책상 한 개가 있다.'
'저기 한 개의 책상이 있다.'

두 번 째 문장 '저기 한 책상이 있다.'라는 말은 안 사용한다. "왜?"라고 물으면 할 말이 없다.

『한국어기초사전』에 의하면 수사의 수는 83 개로 고유어 47 개, 한자어 36 개로 구성되어 있다. 수사는 양을 나타내는 양수사 (量數詞) 혹은 기수사(基數詞))와 순서를 나타내는 서수사로 나뉜다. 고유어 양수사는 명사와 관형사로 쓰이는데, 다섯 전까지 그 표기가 다르다 (하나/한, 둘/두, 셋/세, 넷/네). 한자어 양수사는 명사가 될 수 없다. 기수사는 명사형 양수사에 접사 '째'를 붙여 만든다. 하나째가 아닌 첫째를 지나면 열째까지 명사와 관형사 구별이 없으나, 몇몇은 표기에 주의를 요한다 (열하나째/열한째, 열둘째/열두째, 스물째/스무째). 한국 사람도 잘 모르는 수사에 대해 자세한 정보가 필요할 경우, 표로 잘 정리된 『위키백과』를 참조하기 바란다.

양수사는 뒤에 오는 명사의 양을 나타낼 때 쓰인다. 수사 뒤에 오는 명사는 두 가지로서, '한 사람'의 '사람'처럼 홀로 쓰일 수 있는 자립명사와 '한 명'의 '명'처럼 홀로 쓰일 수 없는 명사, 즉, 의존명사로 나뉜다. 의존명사 가운데, 수사와 함께 쓰이는 명사를 단위성 의존명사, 줄여서 단위명사라 한다. 이에 대한 명칭은 몇 가지가 있으나, 이 꼭지에서는 단위명사라 한다. 어떤 사람들은 '한 사람'의 '사람'도 단위명사라 부르나, 단위명사에 대해 분명하게 정의할 필요가 있다.

단위명사를 수식하는 수사를 특별히 관형사로 취급해, 수관형사로 부른다. 일반적으로, 단위명사가 한자어인지 고유어인지에 따라, 수관형사의 쓰기 방식이 결정된다. 예를 들어, 한 마리는 되고 일 마리는 안 된다. 마리가 동물 수를 나타내는 고유어 단위명사이기 때문이다. 다른 예를 들면, 삼십 분(分)은 되고 서른 분은 안 된다. 또 다시 일반적으로, 비교적 작은 수를 말할 때에는 고유어 수 표현이, 비교적 큰 수를 말할 때에는 한자어 수 표현이 쓰인다. 이러한 두 가지 원칙은 자립명사를 꾸밀 때에도 마찬가지다. 고유어 수사이든 한자어 수사이든, 아라비아 숫자로 대체해서 쓸 수 있는데, 읽을 때에는 위 원칙에 의거하여 관습적으로 읽는다. 한자를 모르는 세대나 외국인이 단위명사를 보고 고유어인지 한자어인지 알기 쉽지 않다. 일반적으로, 한 글자 단위명사는 한자어 계통이고, 두 글자 이상 단위명사는 고유어일 가능성이 크다.

국립국어원의 『한국어문법1』에서 제시하는 보기는 다음과 같다.

1. 사람이나 동물, 물건의 수를 셀 때 사용하는 '개', '명', '마리', '대', '장', '권', '채', '통', '부', '자루', '송이', '그루' 등은 고유어 수사와 함께

쓰인다. 그러나 수가 '스물(20)'을 넘어가면 주로 아라비아 숫자로 쓰고 한자어 수사로 읽는다.

　　가. 네 사람이 한데 어울려 윷놀이를 하였다.(O)
　　나. 4(사) 사람이 한데 어울려 윷놀이를 하였다.(X)
　　다. 학생 서른다섯 명이 한 반에 모였다.(O)
　　라. 학생 35(삼십오) 명이 한 반에 모였다.(O)

2. 시간 표현에서 '시간'은 고유어 수사로, 분이나 초는 한자어 수사로 나타내는데, 긴 시간을 말할 때에는 한자어 수사를 쓰기도 한다.

　　가. 한 시간 동안 꼼짝 안 하려니까 힘들다.(O)
　　나. 1(일) 시간 동안 꼼짝 안 하려니까 힘들다.(X)
　　다. 서른 분 후면 해가 뜰 것이다.(X)
　　라. 30(삼십) 분 후면 해가 뜰 것이다.(O)

3. 일상 대화에서 나이를 말할 때에는 고유어 수사와 단위를 나타내는 의존 명사 '살'을 많이 쓰나 공식적인 자리 같은 데에서는 한자어 수사와 '세'를 쓰게 된다. 나이를 나타내는 '살' 앞에는 고유어 수사만 온다. '세' 앞에서는 아라비아 숫자를 쓰고 한자어 수사로 읽는다.

　　가. 나이 서른 살에 장가를 가게 되었다.
　　나. 19(십구) 세 이상인 사람만 입장할 수 있습니다.

4. 날짜를 말할 때에는 대체로 한자어 수사를 많이 쓴다.

　　가. 오늘은 1992 년 1 월 22 일입니다. (오늘은 천구백구십이 년 일 월 이십이 일입니다.)

5. 기간이나 일정 등의 날수를 말할 때에는 주로 한자어 수사와 '일', '개월', '년'이 함께 쓰이는데, 적은 날수나 달수를 말할 때에는 고유어 수사와 '날', '달', '해'가 함께 쓰인다.

　　가. 30(삼십) 일 후에 만나기로 합시다.
　　나. 결혼 날짜를 3(삼) 개월 후로 잡았대요.
　　다. 1(일) 년 동안 번 돈이 얼마나 될까요?
　　라. 스무 날이나 연락이 없었다고요?
　　마. 결혼 날짜를 석 달 후로 잡았대요.
　　바. 한 해 동안 번 돈이 얼마나 될까요?

그렇다면, 한국어에 단위명사는 몇 개나 있을까? 최창범의 『우리말 단위명사』(1983, 중국조선어문)에는 236 개의 단위명사가 실려 있다. 위 논문에 실려 있지 않은 단위명사와 길이, 넓이, 부피 등, 주로 과학계에서 쓰이는 외래어 단위명사까지 더하면, 그 수는 250 개 이상일 것이다. 하지만, 요즈음 실생활에서 자주 쓰는 단위명사는 약 100 개 정도로 추정된다. 앞으로 옛것들은 자취를 감출 것이고, 이미 그렇지만, 외래어 단위명사들이 더 자주 쓰이게 될 것이다.

단위명사에 관련한 첫 번째 문제는 위 두 가지 원칙에서 벗어나는 예외가 많다는 것이다. 예를 들어, '세시 오분'에서 단위명사 시(時)와 분(分)은 한자어요, 수사 '오'도 한자어인데, '세'만 고유어이다. '삼시 다섯분', '삼시 오분', '세시 다섯분' 모두 안 된다. 여기에는 논리도 없다. 외국인의 경우, 예외를 그냥 외우는 수밖에 없다. 時와 分이 조선에 도입된 때는 1899 년이다. 전차의 개통에 따른 새로운 시간관념이 필요했기 때문이었다. 그 때, 만약, '세시' 대신 '삼시(三時)'라는 말을 사용했더라면, 지금 우리는 '세시 오분'이 아니라, '삼시 오분'으로 쓰고 있을지도 모른다. 누군가가 왜 '삼시'가 맞는 것 같은데, 왜 '세시'라 하느냐고 묻는다면, 겸연쩍이 웃고 말 일이다.

단위명사에 관련한 두 번째 문제이자 외국인 입장에서 더 심각한 문제는, 많은 개수도 아니고, 고유어와 한자어의 구별도 아니고, 그에 따른 수사의 선택도 아니다. 그런 전문용어가 없다면, 여기서 하나 만들어야겠다. 예를 들어, '나무 한 그루'에서 수사와 단위명사가 합해진 말 '한 그루'를 단위명사구라 하자. '나무 한 그루'는 단위명사구 '한 그루'가 피수식어 주체인 '나무'를 뒤에서 수식하는 형태로, 한국어에서는 볼 수 없는 매우 이상한 문장구조다. 제대로 표현된 문장은 '한 그루의 나무'이다. 어쨌든, 문제는 문장구조가 아니라, 단위명사구와 피수식어 주체의 1:1 대응이다. 나무의 경우 그루만이 올 수 있으며, 명 혹은 분은 사람에게만 쓰이며, 소, 개, 닭, 물고기, 벌레 등은 마리, 꽃은 송이 등등, 잘못 대응시키면 낭패다.

여기에 적용되는 논리는 무논리다. 이렇게 복잡하고 최소한의 원칙만 있는 수사와 단위명사를 물 흐르듯 사용하는 한국 사람들 그리고 외국 사람들을 보면, 그저 감탄만 나올 뿐이다.

셋째 마당

높임말

꼭지 8. 부탁드립니다

언젠가 타지에서 숙박할 일이 있어, 접수처에서 서류에 몇 가지 개인 정보를 기입했더니, 직원이 "여기 싸인을 부탁드립니다." 하고 도로 내민다. 평소 '부탁드립니다'란 말이 바르지 않다고 생각하던 차에, 농담조로 "'부탁합니다'라고 말하는 게 맞지 않아요?"라고 물었다. 그 직원 하는 말이 "'부탁합니다'라고 말하면, 화내시는 손님도 있어서요."란다. 과연, '부탁드립니다'란 말이 그렇게 쓰지 않으면 화낼 만한지, 한 번 알아보아야겠다는 생각이 들었다.

『표준국어대사전』에 '드리다'의 정의는 7 가지다. 이 중, 이 꼭지의 주제와 관련지어 다룰 정의는 (1) 일반동사 3 가지 쓰임새, (2) 보조동사 주다의 높임말, 그리고 (3) 동사를 만드는 접사로서, 다음과 같다. 일반동사 3 가지 쓰임새는 ① '주다'의 높임말 ② 말, 인사, 부탁, 약속, 축하 따위의 높임말 ③ 신에게 비는 일이다.

(1) 「동사」 【…에/에게 …을】
  ① '주다'의 높임말.
   • 아버님께 용돈을 드리다.
   • 부모님께 선물을 드리다.
  ② 윗사람에게 그 사람을 높여 말이나, 인사, 부탁, 약속, 축하 따위를 하다.
   • 부모님께 문안을 드리다.

- 선생님께 말씀을 드리다.
- 폐백을 드리다.

③ 신에게 비는 일을 하다.
- 하느님께 기도를 드리다.
- 부처님께 불공을 드리다.
- 엄마는 매일 밤 장독대에다 정화수를 떠 놓고 치성을 드렸다. 박완서, 그 많던 싱아는 누가 다 먹었을까

(2) 「보조 동사」 ((동사 뒤에서 '-어 드리다' 구성으로 쓰여))
'주다'의 높임말.
- 어머님께 소식을 알려 드리다.
- 할머니께 편지를 읽어 드리다.
- 어머니의 어깨를 주물러 드리다.
- 선생님께 염려를 끼쳐 드리다.

(3) 「접사」 ((몇몇 명사 뒤에 붙어))
'공손한 행위'의 뜻을 더하고 동사를 만드는 접미사.
- 공양드리다.
- 불공드리다.
- 말씀드리다.

'드리다'는 '주다'의 높임말로, 세종 때 한글 문헌에도 자주 보인다. 위의 예문에서 '드리다'를 '주다'로 바꿀 경우, 공손하지는 않지만 말은 된다. 예를 들어, (1)①, (2)가 그렇다.

(1)①
- 아버님께 용돈을 주다.
- 부모님께 선물을 주다.

(2)
- 어머님께 소식을 알려 주다.
- 할머니께 편지를 읽어 주다.
- 어머니의 어깨를 주물러 주다.
- 선생님께 염려를 끼쳐 주다.

한편, (1)②, (1)③, (3)은 말이 안 된다.

(1)②
- 부모님께 문안을 주다.
- 선생님께 말씀을 주다.
- 폐백을 주다.

(1)③
- 하느님께 기도를 주다.
- 부처님께 불공을 주다.
- 엄마는 매일 밤 장독대에다 정화수를 떠 놓고 치성을 주었다.

(3)
- 공양주다.
- 불공주다.
- 말씀주다.

그렇다면 (1)②, (1)③, (3)의 낮춤말은 무엇일까? '드리다'를 '하다'로 바꾸어 보자.

(1)②
- 부모님께 문안을 하다.
- 선생님께 말을 하다.
- 폐백을 하다.

(1)③
- 하느님께 기도를 하다.
- 부처님께 불공을 하다.
- 엄마는 매일 밤 장독대에다 정화수를 떠 놓고 치성을 하였다.

(3)
- 공양하다.
- 불공하다.
- 말하다.

모두 말이 된다. 위의 예에서 보듯이, 논리상 '하다'의 높임말은 '드리다'이다. 하지만, '하다'의 수많은 사전적 정의 가운데, 그 높임말이 '드리다'라는 것은 없다. 단순히 많은 사람들이 현재 사용한다는 이유로 『표준국어대사전』에 정의되었다 하더라도, 언제 어디서부터 '드리다'가 '주다'의 높임말 이외에 '하다'의 높임말까지 되었는지 살펴봄으로써, 잘못되었다면 되돌아갈 빌미를 얻는 것도 중요하다고 생각된다.

한국말 또는 특정 단어의 쓰임새가 변화되었다면, 이를 추적할 수 있는 자료로서, 당연히 한글로 씌어진 1446년 이후에 발행된 문학 작품을 들 수 있다. 『용비어천가』, 『월인천강지곡』, 『석보상절』, 『월인석보』, 『번역소학』, 『홍길동전』, 『숙향전』, 『숙영낭자전』, 『구운몽』, 『사씨남정기』, 『인현왕후전』, 1906년 이 인직의 『혈의누』, 1908년 구연학의 번안소설 『설중매』, 1913년 조중환의 번안소설 『장한몽』에 이르기까지, '드리다'가 '하다'의 높임말로 쓰임은 보이지 않는다. '드리다'가 가장 그럴듯하게 붙음직한 '말씀'도 '하다', '고하다', '아뢰다', '이르다', '여쭙다' 정도의 변화가 보일 뿐이다.

'말씀'에 붙는 말로 '하다' 이외에 '드리다'가 처음으로 나타난 작품은 1917년에 발표된 이 광수의 『무정』이다. 『무정』에서는 '말씀하다'와 '말씀드리다'가 아래와 같이 때에 따라 번갈아 쓰인다.

일후에 또 말씀드리겠습니다.
뵈온 지도 오래고…… 또 무슨 할 말씀도 좀 있어서.
일후에 다시 말씀드리지요. ……"
그러나 약혼은 일후에 말씀드리기로 하고……
아까 어머님께 말씀을 하려다가 어째 부끄러워서……
벌써 말씀을 드려야 할 것인데 인해 기회가 없어서……

'드리다'라는 말이 들어간 현대소설을 알아보기 위하여, 1925년 김동인의 『감자』부터 1938년 채만식의 『탁류』까지 많은 수의 작품을 조사한 바, 1929년 이광수의 『단종애사』에서 '문안을 드리다', '제사를 드리다', '절을 드리다', 1932년 이광수의 『흙』에서 '인사드리다', 1936년 김정한 『사하촌』에서 '참배를 드리다', 1936년 김동리 『무녀도』에서 '기도를 드리다', '감사드리다' 등이 보인다.

문학작품 이외에, '드리다'의 쓰임새를 볼 수 있는 또 다른 부류의 자료는 한글번역 고전성경이다. 1882년, 『누가복음』이 최초로 한글로 번역되었으며, 신약 전체가 한글로 번역된 해는 1887년이다. 그 후, 1911년 신약 전체가 다시 번역되었으며, 1938년 신·구약을 개역한 성경이 출판되었다. 1882년 『누가복음』 전체에 '드리다'라는 말은 보이지 않으나, 제사, 제물, 제비(祭費) 같은 말은 보인다. 나머지 3개 번역본에서 '드리다'라는 말은 아래와 같이 단순비교가 가능하다. 여담이지만, 지금의 눈으로 보아도 1938년 번역본을 이해하기 힘든데, 1887년 당시 번역본을 제대로 이해한 사람이 있었다면, 그는 천재임에 틀림없다.

[고린도후서 9:12]

1887 이 돕는 직분이 성도의 부족함을 다 보탤 뿐 아니오마니 하나님을 감사케 함이라.

1911 이 연보하는 일이 성도의 부족한 것만 보조할 뿐 아니라 또한 하나님께서 더욱 많이 감사하게 함이니라.

1938 이 봉사의 직무가 성도들의 부족한 것을 보충할 뿐 아니라 사람들이 하나님께 드리는 많은 감사로 말미암아 넘쳤느니라.

[히브리서 7:27]

1887 저 대제사장같이 날마다 만져 자기 죄를 인하고 후에 백성을 인하여 제사드림을 쓰지 않고 더는 자기로써 드릴 때에 한번 만에 이루심이라.

1911 저 대제사장들이 먼저 자기 죄를 위하고 다음에 백성의 죄를 위하여 날마다 제사드리는 것과 같이 하지 아니하니 그가 임의 한번 자기를 드려 이루셨음이라.

1938 그는 저 대제사장들이 먼저 자기 죄를 위하고 다음에 백성의 죄를 위하여 날마다 제사 드리는 것과 같이 할 필요가 없으니 이는 그가 단번에 자기를 드려 이루셨음이라.

'제사드리다'라는 말은 한글 고전에는 물론, 1929년 이광수의 『단종애사』이전의 작품에는 나타나지 않으나, 1887년 번역본 『히브리서』 7장 27절에 '제사드리다'라는 말이 처음 보이고, 뒤이어, 히브리서 대여섯 장에서도 보인다. '말씀드리다'는 1917년에 처음으로 나타난다. 이후, 이광수의 작품에서 문안, 인사, 절 등에도 '드리다'를 사용하고, 1930년대 중반에는 여러 작가들의 작품에 참배, 기도, 감사에도 붙이는 것으로 보아, '드리다'라는 말은 '하다'의 높임말로 어느 정도 대중적이었을 가능성이 있다. 감사드리다'라는 말은 1938 년 번역본 『고린도후서』 9장 12절에서도 보인다. 어떤 사람들은 '드리다'가 일본말의 영향을 받아, 일제 강점기에 널리 쓰였을 것이라 주장하기도 한다. 우리 현대 문학의 발흥이 일제 강점기와 겹친다는 점에서 널리 쓰였을 가능성은 어느 정도 인정되지만, 일본말의 영향을 받았다는 말은 동의하기 어렵다. 왜냐하면, '하다'의 높임말로서 '드리다'는 일본말로 표현하기 쉽지 않기 때문이다.

'드리다'가 '하다'의 높임말로 되는 과정은 두 단어의 쓰임새로 보아, 추론이 가능하다. '하다'는 명사 뒤에 오면, 그 명사의 동사형을 만드는 접미사 역할을 한다. 예를 들어, '제사, 말씀, 문안, 인사, 절, 부탁' 등의 세종 때 옛말에는 모두 '하다'가 붙어, '제사하다, 말씀하다, 문안하다, 인사하다, 절하다, 부탁하다' 등의 동사를 만든다. 하지만, 그 명사에 목적격 조사를 붙이고 '하다'를 독립적 동사로 사용할 경우, '제사를 하다, 말씀을 하다, 문안을 하다, 인사를 하다, 절을 하다, 부탁을 하다'처럼 별개의 동사형을 만든다.

1518 년 중종 때에 간행된 『번역소학』 9 권 51 절에 '천 냥을 부모께 올리다'와 『홍길동전』에 나오는 '차(茶)를 올리다'의 '올리다'는 '드리다'의 뜻이다. 일반 대화에서는 거의 안 쓰이는 문어체이지만, '드리다'보다 더 공손한 뜻으로 '주다'의 극존칭이

다. 다소 권위적인 말로서, 신, 조상, 연장자, 신분이 높은 사람 등에게 쓸 수 있다. 현대어 '제(사)를 올리다, 말씀을 올리다, 문안을 올리다, 인사를 올리다, 절을 올리다, 술잔을 올리다, 공양을 올리다' 등이 그 예이다.

  추측하건대, '올리다'를 쓸 수 있는 말은, 많은 경우, 구어체인 '드리다'로 대체되어 '제사를 드리다, 말씀을 드리다, 문안을 드리다, 인사를 드리다, 절을 드리다, 술잔을 드리다, 공양을 드리다'로 변한 후, 목적격이 생략됨과 동시에 '드리다'가 접미사 역할을 함으로써, '제사드리다, 말씀드리다, 문안드리다, 인사드리다'로 고정되었을 것이라 추측된다. 이런 관계가 성립된다 하더라도, 관습에 따라 모든 말이 자연스럽지는 않다. 예를 들면, '제사드리다, 말씀드리다, 문안드리다, 인사드리다, 공양드리다'처럼, 목적격 조사 없이 접미사 '드리다'가 자연스럽게 붙는 말이 있는 반면, '절드리다'와 '술잔드리다'는 부자연스러워, 쓰이지 않는다. 단순히, 문헌의 기록을 볼 때, 세종 때의 '제사하다'로부터 1887년 '제사드리다'라는 말, 즉, '하다'의 높임말인 '드리다'가 나올 때까지 약 450년이 걸렸다.

  이상에서 살펴본 바, '드리다'는 원래 의미인 '주다'의 높임말 이외에, '하다'의 높임말로도 쓰일 수 있다. 결과적으로, '하다'의 뜻에 사전에 나와 있지도 않은 '주다'라는 의미가 생긴 셈이다. 내 쪽에서 준다고 하면 상대 쪽에서도 받는다. 이런 관계를 '주받'관계라 하자. 대부분의 '주다', '주다'나 '하다'의 높임말 '드리다', '올리다'에 상응하는 말로서, '선물을 주다'와 '선물을 받다', '절을 하다'와 '절을 받다', '인사를 드리다'와 '인사를 받다', '잔을 올리다'와 '잔을 받다' 등이 그 예이다. '주다'라는 표현은 없는데 '받다'라는 표현은 있는 경우, '안주받' 관계라 한다면 '항복하다'와 '항복받다', '주목하다'와 '주목받다', '칭찬하다'와 '칭찬받다', '차별하다'와 '차별받다'의 경우 등에서 그 예를 볼 수 있다. '주다'라는 표현은 있는데 '받다'라는 표현은 없는 '주안받' 관계에서 그 예를 아직 보지 못했다. 한편, '안주안받' 관계도 있을 수 있는데, '주다'라는 표현도 없고 '받다'라는 표현도 없는 경우이다.

이 꼭지에서 다룬 '부탁드리다'는 위 4가지 관계 중 어디에 속할까?

꼭지 9. 여보시세요

한 외국인한테 전화를 걸었더니, 수화기에서 들려오는 말이 "여보시세요"였다. '여보세요'라는 말에 '시'를 붙여 높임말을 만든 것이다.

속으로 웃음이 나왔다. 나중에 만났을 때, 존칭접미사 '시'에 대해 설명해 주던 차에, 그 외국인이 평소 궁금한 것이 있다며, 부부 사이의 호칭 '여보'와 전화할 때 '여보세요'의 '여보'와 다르냐고, 그리고, 전화어 '여보세요'와 길을 물을 때 주위의 사람에게 하는 '여보세요'가 어떻게 다르냐고 물었다. 영어로 하면, 각각, '별명 (예를 들어, Bob)', 'Hello', 'Excuse me'로 다르다. 그 외국인에게 일단 '여보'란 말은 같고 뜻은 다르다고, 그리고, 전화 받을 때와 부를 때의 '여보세요'는 억양이 약간 다르다고 대답했다.

곰곰이 생각해보니, 두 가지 의문이 들었다. 하나는 부부 사이의 '여보'나 전화 받을 때의 '여보'가 같지 않을까라는 의문, 그리고 다른 하나는 '여보시세요'가 정말 잘못된 말일까라는 의문이다.

『우리말샘』은 '여보세요'와 '여보'를 다음과 같이 정의한다.

여-보세요
1. 「감탄사」 '여봐요'를 조금 높여 이르는 말.

2.「감탄사」전화를 할 때 상대편을 부르는 말. 상대편이 윗사람이거나 아랫사람이거나 관계없이 쓴다.

여-보
1.「감탄사」어른이, 가까이 있는 자기와 비슷한 나이 또래의 사람을 부를 때 쓰는 말.
2.「감탄사」부부 사이에 서로 상대편을 부르는 말.

『춘향전』을 보면, 월매가 남편한테 '여보시오', 방자가 그리고 춘향이 이도령에게 '여보 도련님', 이도령이 월매에게 '여보쇼 장모'라는 표현이 나온다. 의역하면, '들어보시오'의 뜻이다. 춘향전의 여러 예와 위의 정의를 살펴보건대, '여'는 '여기'의 준말이다. 그러니까, '여보시오'는 '여기 보시오'의 뜻이다. 조선 때 언어인 '여봐라'도 '여기 보아라'의 준말이다. '여기 보시오 → 여보시오 → 여보세요'의 과정을 거쳐, 전화어가 되었다. 부부 사이에 '여기 보시오' 혹은 '여기 보오'를 수없이 쓰다가, '여보오'를 거쳐 '여보'로 줄었다고 추정된다.

『표준국어대사전』에 의하면, '여보십시오'는 가까이 있는 사람을 부를 때 쓰는 감탄사다. '하십시오'라고 말할 자리에 쓴다고 하는데, '하' 대신 '여보'를 넣어 쓴다고 이해하면 되는지 잘 모르겠다. 감탄사를 동사 자리에 넣을 수 있다니, 놀랍다. 아니면, 역으로, 여보의 어원이 동사이기 때문에, 말이 어색하지 않은지도 모른다. '하십시오'는 '하다'가 어미변화를 통해 '하오'로, '하시오'로, '하십시오'로 변한 형태다. '하시오'는 '하오'의 높임말로,

'하십시오'는 '하시오'의 높임말로 보인다. '하십시오'는 '하다'에서 출발해, 높임말이 두 번 들어간 말이 된다. 그러고 보면, '가십시오', '오십시오', '보십시오' 등, 한국어 거의 모든 동사의 이중 높임말 표현이 아주 자연스럽다. 심지어, 이미 높임말인 '잡숫다'는 '잡수시오'로, 다시 '잡수십시오'로 변화해, 삼중 높임말이 된다. 한편, '시'와 동격인 '세'를 써서 '하시오'를 '하세요'로, '가십시오'를 '가시세요'로 할 수 있다. 이런 변화과정을 '여보'에 적용하면, '여보오'에서 '여보시오' 혹은 '여보세요'로, 다시 '여보십시오' 혹은 '여보시세요'로 변화할 수 있다. 국어사전에 '여보십시오'는 등록된 반면, '여보시세요'란 말은 없다. 사람들이 안 써서 그런지는 몰라도, '여보시세요'가 어법으로 틀린 말은 아니다.

잘못된 높임말을 꼭지의 주제어로 삼기 위해 '여보시세요'를 들고 왔다가 의외의 결과를 얻었지만, 외국인들이 한국어를 배우기 어려운 언어라고 생각하는 요인 중의 하나가 높임말이다. 높임말은 외국인에게 또 다른 언어와 마찬가지다. 'You'를 예로 들어본다. 옥스퍼드 『영한사전』에 보인 'You'의 정의는 다음과 같다. 우리가 흔히 알고 있는 정의는 1번이다.

1. 대명사 너, 당신; 너희(들), 당신들, 여러분 (you는 동사의 주어나 목적어로 쓰이고 전치사 뒤에도 쓰임)
2. 대명사 <상대방에게 직접 대놓고 말을 할 때 명사, 형용사와 함께 씀>
3. 대명사 <일반 사람들을 가리킴>

'You'는 지시대명사다. 단순히 앞에 있는 사람을 가리키는 말이다. 하지만, 우리말에서는 상대방이 손위이거나, 상대방과 친하지 않거나, 상대방을 처음 보거나, 상대방이 어린애가 아닐 경우, 너 혹은 당신을 쓸 수 없다. 너 혹은 당신을 쓸 수 없으면, 앞에 있는 사람을 어떻게 불러야 하나? 집 안에서는 아버지, 어머니, 할머니 등등 일반명사로, 밖에 나가면 직급이나 직위로, 애매하면 선생(님), 사장님, 이름+씨 등으로 부른다. 이도 저도 아니면, 머리를 써서 그냥 생략한다. 'You'가 들어간 영어 문장을 우리말로 옮길 때에도 주위 상황을 잘 살펴, 적당한 호칭을 골라야 한다. 이런 상황에 익숙한 한국인들도 쉽지 않은데, 외국인들이야 오죽 하겠는가.

어떤 사람이 병에 걸렸는데 치료제가 없다면, 그 사람이 할 수 있는 최선의 방법은 병이 더 나빠지지 않게 하는 것뿐이다. 되돌아 갈 수 없는데. 그 병에 걸리면 증상이 이러니저러니 해봐야, 아무 소용이 없다. 병이 더 나빠지지 않게 하려면, 일단 병에 걸렸다는 것을 인정해야 된다. 그런 다음, 병이 악화되지 않게끔 알맞은 운동도 하고, 식이요법도 찾아보고, 긴장하지 않도록 주의하고, 영양제도 먹고 등등, 여러 가지 방법을 찾아야 한다. 언어도 마찬가지다. 단점이 뻔히 보이는데, 고쳐 쓸 수가 없다. 누리집을 검색하면, 높임말의 폐해에 대해 설왕설래하는 것을 볼 수 있다. 높임말로 인한 피곤함을 피하기 위해, 아예 사람을 피하게 된다는 극단적인 주장도 있다. 순서가 바뀌어도 단단히 바뀌었다.

그렇다면, 높임말의 폐해가 더 늘지 않게 하는 방법들로 무엇이 있을까? 이것이 이 꼭지의 주제다. 방법은 딱 한 가지, 바로 오용과 남용을 줄이는 것이다. 무슨 거창한 방법이라도 기대했다면, 사과라도 해야겠다. 높임말 오용의 전형은 사물존칭이고, 남용의 전형은 과잉존대다.

국립국어원은 사물존칭과 과잉존대를 다음과 같이 설명한다.

사물 존칭 표현은 높임의 대상이 '사물'이며, 사물 자체가 높임의 대상이 될 수가 없다. 예를 들어, "주문하신 커피 나오셨습니다.", "문의하신 상품은 품절이십니다."라고 한다면 '커피/상품' 등의 사물을 높인 표현이기 때문에 불필요한 '-시-'를 넣은 표현으로 볼 수 있다.

한편, 과잉 존대는 용언마다 '-시-'를 넣어서 쓰는 표현을 의미하는 듯하다. 용언마다 '-시-'를 넣어서 지나치게 존대를 한다면 도리어 예의가 아니고 그러한 표현이 항상 자연스럽지도 않기 때문에 적절한 높임 표현을 써서 존대하는 것이 필요하다.

설명 가운데, '표현으로 볼 수 있다'와 '표현을 의미하는 듯하다'는 '표현이다'와 '표현을 의미한다'로 고쳐야 한다. 답이란 될 수 있으면 명쾌해야 한다.

사물존칭은 전화상담원을 비롯하여 써비스업에 종사하는 사람들이 단체로 교육받은 것처럼 거의 일사불란하게 사용하는 말이다. 이것에 대해서 아마도 무수히 지적받았을 터일게다. 존칭을 안 써서 고객과 시비 붙으니, 차라리 사물이고 사람이고 모두 붙여서 시비의 근원을 없앤다는 변명도 들은 적이 있다. 존칭을 안 쓴다고 시비 거는 사람이 한 둘이 아닌가 보다. 전화에서건 현장에서건 사물존칭을 막상 들으면, 상대편이 아무 생각 없이 사는 사람처럼 보인다. 이를 고치는 위해서는, 해당사업장에서 심각성을 인식해 재교육을 시키는 방법밖에 없다. 사물존칭에 있어서, 일상생활도 예외는 아니다. '전화 오셨어요.', '전화번호가 어떻게 되시죠?', '다음 주에 시간 있으십니까?', '좋은 하루 되세요.', '우리 동네에 모기가 갑자기 많아졌는데, 사장님 동네도 그러십니까?' 등등, 수없이 많다. 각자 느껴서 고치는 수밖에 없다.

사물존칭에 비하면 덜 심각한 또 다른 유형의 높임말 오용은 듣는 사람 입장에서 동급 혹은 손아래 제 3 자를 높이는 말이다. 예를 들어, '아버님, 어제 큰 형이 오셨어요.'는 잘못이다. 동생의 입장에서 큰형은 손위지만, 아버지 입장에서는 손아래다. '아버님, 어제 큰 형이 왔어요.'가 맞다. '누나, 아버지가 오시래.'라는 말도 잘못 쓴 예다. 하여튼, 높임말을 할 때에 급(級)도 매겨야 한다.

위에서 과잉존대를 시도 때도 없이 '시'를 붙이는 것이라 했다. 존대 표현은 용언을 높이는 '시' 외에도 '여쭙다', '드시다', '주무시다', '드리다', '계시다' 같이, 동사 자체가 높임말인 것도 있고,

'께', '께서' 같은 조사도 있고, '분', '님' 같은 접사도 있다. 한 문장 안에 이것들이 동시에 쓰일 때, 서로 호응해야 한다. 어떤 말이 과잉으로 존대되었는지 판단하려면, 말 그 자체뿐만 아니라 그 말이 사용된 상황까지 고려해야 한다. 다음의 예로써 과잉존대란 어떤 것인가 알아본다.

(뉴스) 미국대통령께서 방금 청와대에 도착하셨습니다.
       미국대통령이 방금 청와대에 도착했습니다.
(방송) 31번 환자분은 대구의료원에 격리입원하고 계신 것으로 알고 있다.
       31번 환자는 대구의료원에 격리입원하고 있는 것으로 알고 있다.
(방송) 아직 진단검사를 받지 않은 신천지 교인분들은 오늘 중으로
       받으시기를 권고 드립니다.
       아직 진단검사를 받지 않은 신천지 교인들은 오늘 중으로 받기를
       권고합니다.
(방송) 물 1 L에 국수를 넣으시고 30분 동안 끓이시길 바랍니다.
       물 1 L에 국수를 넣고 30분 동안 끓이길 바랍니다.
아버지는 그 책을 이미 가지시고 계셨다.
아버지는 그 책을 이미 가지고 계셨다.

오용과 남용이 헷갈리는 경우가 많으나, 어쨌든 둘 다 피해야 한다. 어떤 사람이 모임에서 만난 친구 부인에게 '아름다우십니다'라며 인사를 건넸다. 처음 들어본 말이었다. '이건 뭐지? 형용사를 높일 수 있나?'라는 생각이 모임 내내 머릿속에서 떠나지 않았다. 모두 높임말 오남용에 해당되는 것 같은 다음 말들이 틀린 말일까?

    따님께서는 건강하시지요?

피부가 고우십니다.
모자가 잘 어울리십니다.
그 선생님은 매우 인자하시다.

알고 보니, 간접존대란 것이 있다. 간접존대에 대한 『우리말샘』의 정의는 다음과 같다.

존경의 대상이 주어 명사구에 소속된 사물을 높일 때 실현되는 경어법. 예를 들어 "할아버지는 수염이 많으시다."에서 서술어 '많으시다'가 직접적으로 높이고 있는 것은 '수염'이므로, 실제 높임의 대상인 '할아버지'와는 간접적으로 연결된다.

쉽게 말하면, 상대방의 가족, 신체, 소유물, 성품에 존대어를 붙임으로써, 간접적으로 상대방을 높인다는 말이다. 그러므로, 위예의 따님, 피부, 모자, 인자함을 높인 말은 어법에 어긋나지 않는다. 형용사를 높일 수 있다는 사실을 처음으로 알았고, '아름다우십니다'라는 말을 쓴 사람이 결국 옳았다.

다시 말하지만, 고칠 수 없으면 더 나빠지지 않게 하는 것이 최선이다. 높임말의 단점을 한 포대로 담아놓는다 해도 높임말은 더 나아질 수 없다. 현재로선, 제대로 알아 제대로 쓰는 것이 제일 좋은 방법이다.

꼭지 10. 사장? 사장님?

중학교 선생님이 학생들에게 장래 희망 직업을 적어내게 하였다. 한 학생이 '스'라고 써냈다. 이런 직업은 처음 보는지라, 당연히 물을 수밖에.

선생님: 얘. '스'가 무엇이냐?
학생: 선생님. 목사가 되기를 희망하는 경우, '목사'라고 적습니까? '목사님'이라고 적습니까?
선생님: 그야 당연히 '목사'라고 적지.
학생: 그래서 '스'라고 했는데요.

그 학생은 장래에 '스님'이 되고 싶었던 것이었다. '목사'에 '님'이라는 존칭어가 붙어 '목사님'이라 하는 것과 마찬가지로, '스님'도 '스+님'으로 해석했기 때문에, '스'라고 적어낸 것이다. 아주 예리한 분석력을 가진 학생이다.

스님의 사전적 정의는 '승려(僧侶), 즉, 중을 높여 부르는 말'이다. 스님의 어원에 관해 몇 가지 설이 있으나, '승'에 존칭어 '님'을 붙인 '승님'이 편하게 발음되어 '스님'이 되었다는 설이 개인적으로는 제일 그럴 듯해 보인다. 그 이유는, 존칭어 '님'이란 말은 세종 때 한글 고전에 많이 보이며, 특히, 『석보상절』에 중을 높여 부르는 '즁님'이란 말이 나온다. 후에, '즁'이 한자어 '승'으로 바뀌고, '승님'이 '슨님'으로 '슨님'이 다시 '스님'으로 변했을 것이다. '승님'이 '스님'으로 바뀌는 과정은 '도령+님'이 '도련님'으로 변하는 이치, 즉, 뒷말 '님'의 'ㄴ'의 영향을 받아 앞말 'ㅇ'이 'ㄴ'으로 변한 것과 같을 것이다. 하지만, '도련님'은 스님과 달리 '도려님'으로 안 변했다. 아마도, '도'가 있어 '도려님'보다 '도련님'이 편하게 발음되는 듯하다. 굳이 우리말 '즁'을 한자어 '승'으로 바꿀 이유는 없어 보이지만, 안 바뀌었더라면 후에 '주님'이 되어, 기독교가 곤란에 처할 뻔 했다. 아무튼, 이제 '스님'은 마치 하느님과 도련님에서 '님'이란 글자를 떼어내면 말이 안 되듯이, '님'자를 떼어낼 수 없게 되었다. 비슷한 예로, 손님에서 '손'이 가끔 홀로 쓰이기는 하나, 일상 대화에서는 '님'이 없으면 말이 안 된다. 또한, 선생은 교사, 학문이나 기예가 뛰어난 사람, 어떤 부문에서 경험이 많거나 잘 아는 사람, 성이나 직함 등 뒤에 쓰여 남을 높여 이르는 말이지만, '님'을 붙여 한 번 더 높이면 특별히 교사나 스승을 지칭하는 말이 된다. 앞을 못 보는 장님도 그 범주에 드는데, 지팡이(杖)를 짚고 다니는 사람을 높여 부르는 말이다. 그런데, 따뜻하고 인정이 있는 이 말이 현대어에서는 낮춤말이란다.

이 꼭지의 주제는 스님이 아니라 바로 높임말 '님'이다. 『표준국어대사전』에 의하면, 높임말 '님'은 다음과 같이 정의된다.

1) 의존 명사: 사람의 성이나 이름 다음에 쓰여 그 사람을 높여 이르는 말. '씨'보다 높임의 뜻을 나타낸다.
   - 홍길동 님

- 길동 님
- 홍 님

2) 접미사
  1. 직위나 신분을 나타내는 일부 명사 뒤에 붙어 '높임'의 뜻을 더 한다.
     - 사장님
     - 총장님

  2. 사람이 아닌 일부 명사 뒤에 붙어 '그 대상을 인격화하여 높임'의 뜻을 더한다.
     - 달님
     - 별님
     - 토끼님

  3. 옛 성인이나 신격화된 인물의 이름 뒤에 붙어 그 대상을 높이고 존경의 뜻을 더한다.
     - 공자님
     - 맹자님
     - 부처님

3) 명사: 사모하는 사람 '임'을 이르는 말. '임'은 세조 때의 월인석보에 보인 '님'에서 변한 말이다.
   - 임을 그리는 마음
   - 임을 기다리다
   - 임을 못 잊다

'님'의 용도에서, 의존명사나 명사로 쓰이는 것은 별 문제없어 보인다. 접미사(接尾辭)란 단독으로 쓰이지 아니하고, 항상 다른 어근(語根)이나 단어 뒤에 붙어, 새로운 단어를 구성하는 부분을 말한다. 위의 예에서, '신격화된 인물'은 잘못된 설명이다. 그 이유는 신이면 신이고, 사람이면 사람이지, 신격화된 인물이 없기 때문이다.

　세종 때 훈민정음이 창제되고 선조 때까지 정음으로 씌어진 한글 고전, 즉, 『용비어천가』,『석보상절』,『월인천강지곡』,『월인석보』,『번역소학』,『소학언해』에 이르기까지, 접미사 존칭어 '님'은 단 한 경우를 제외하고는 부모, 형제, 친척(親戚), 인척(姻戚)에서만 나타난다. '아바님, 어마님, 아ᄌ마님, 아자바님, 형님 (兄님), 아돌님, 아ᄋ님, 싀어마님'이란 말이 그 예이다. 여기서, 부모, 형제, 친인척을 편의상 '가족'이라 한다. 가족에 대한 존칭어 '님'은 분명히 접미사인데, 직위나 신분을 표시하는 말도 아니요, 인격화 된 말도 아니요, 성인이나 신격화된 인물도 아니니,『표준국어대사전』의 접미사 정의에 해당되는 것이 없다. 그렇다면, 별도의 정의를 더해야 한다. 가족 이외에 쓰인 단 한 가지 경우란,『석보상절』에 보인 '즁님'이다. 이 '즁님'이란 단어가 이 꼭지의 주제로 들어가는 시작점으로서, 나중에 더 자세하게 언급할 예정이다.

　위에서 언급한 관(官) 주도로 편찬된 한글 고전 이후, 접미사 '님'이 어떤 모습으로 나타나는지 살펴보자. 발표시기가 17세기 초로 추정되는 허균의『홍길동전』에는 '님'이 '부모님'이란 단어로 단 한번 나온다. 현대어로는 아버님, 어머님을 써야 할 자리에 아비, 어미 또는 부친, 모친으로 서술할 정도로, '님'에 인색

한 저자가 부모에 왜 '님'을 붙였는지 의아할 정도다. 발표시기가 17세기 말로 추정되는 김만중의 『구운몽』에서는 '보살님', '숙모님', '스부님'이, 『사씨남정기』에는 '부체님', '제님 (=第님)'이 나온다. 1881년 한글 『누가복음』에서는 '님'字는 하느님과 선생님 (예수를 부를 때 이 말을 썼다. 영어로는 teacher), 단 두 단어에만 나타난다. 그 후, 20세기 초 『혈의누』와 『설중매』를 중심으로 살펴본 신소설에서 '님'字는 가족에서 주로 나타나고, 그 외의 높임말로는 『혈의누』에서 보인 '양반님', 『설중매』의 '손님' 뿐이다.

이러한 경향은 이광수의 『무정』에서도 마찬가지다. 하느님과 손님을 제외하고도 50개 이상의 접미사 '님'이 붙은 단어가 나오는데, 가족 - 지금은 쓰지 않는 부친님이란 말도 있다 - 을 제외하고는 '선생님, 원님, 신사님'뿐이다. 하느님과 선생님은 앞에서 언급한 바 있으며, 원님은 지방 수령을 일컫는 '원(員)'의 높임말이고, 신사님은 현재의 감각으로 이상한 말이다. 『무정』에서 현재의 감각으로 '님'을 붙일 만한 단어 '목사'와 '장로'가 빈번하게 보이는데, 대화 중 목사는 한 번도 지칭되지 않은 반면, 장로는 여러 번 지칭된다. 장로님이 아니고, 항상 그냥 장로다. 소설 중반, 한목사가 (중늙은이라고 표현되지만 나이는 모름) 김장로에게 하는 다음의 말은 그 중 한 예이다.

"그것은 장로께서 과히 겸사시오마는 ...."

『무정』 이후 해방까지의 현대소설은 단편소설이 주류를 이루는데, '님'이 붙은 말이 별로 안 나온다. 그나마 몇 편의 소설에서는 많이 보이는데, 정리하면 다음과 같다. 접미사 '님'의 쓰임새를 편의상 '가족', '가족 외의 일반인', '직위나 신분', '인격화된 사물', '성인이나 신격화된 인물'의 5 분야로 나누었다. 사람을 '가족'과 '일반인'으로 세분한 이유는 가족을 호칭하는 접미사가 90% 이상으로 많기 때문이다. 가족의 경우, 현재 우리가 익히 쓰는 않는 말만 기술하였다. 해당 접미사가 없으면, 적지 않았다. 명사는 몇몇 보이나, 제외하였다.

1928 년 이광수 『단종애사』
  가족: 많음, 맏손자님, 삼촌님, 내님 (나를 높이는 말)
  일반인: 마님, 샌님 (생원님의 준말이나 뜻이 변해 소심하고 보수적
            이며 고루한 사람을 얕잡아 이르는 말), 마마님, 손님
  직위나 신분: 상감님, 생원님, 판서님

1932 년 이광수 『흙』
  가족: 많음, 내님
  일반인: 마나님, 마님, 손님, 영감님, 영감마님, 샌님, (남편이 아닌)
           서방님
  직위나 신분: 선생님, 장로님
  성인이나 신: 하느님

1939 년 김동리 『무녀도』
  가족: 많음, 낭군님
  직위나 신분: 목사님
  인격화된 사물: 꽃님, 햇님, 달님, 물님, 나무님, 구름님, 바람님,
              열매님, 나비님, 새
  성인이나 신: 용신님, 산신님, 주님, 신주님, 조왕님, 터주님, 미륵님,
          칠성님, 하나님, 신령님

1939년 현진건 『무영탑』
  가족: 많음, 내님
  일반인: 아기님, 마님, 손님, 마마님, 마나님, 서방님 (남편 이외의 사람)
  직위나 신분: 임금님, 대감님, 한림학사님, 원님, 스님
  인격화된 사물: 햇님, 달님
  성인이나 신: 공자님, 부처님, 보살님 (절에서 기거하는 일반 아녀자가
         아닌 진짜 보살), 관세음보살님, 검님(=신령님), 하느님

『무녀도』에서 인격화된 사물이 많은 이유는 주인공 무당 모화가 세상의 모든 것을 '님'으로 보기 때문이며, 성인이나 신이 많은 이유는 무교와 기독교의 충돌을 그린 소설 내용과 관계있다. 지금은 쓰지 않는 '내님' 같은 단어도 보인다. 참고로, 의존명사는 『무영탑』에서만 보이며, 이름 뒤에 바로 '님'이 온다 (예, 아사달님, 경신님, 팽개님, 아사녀님).

조선 초 관찬(官撰) 한글 고전, 즉, 『용비어천가』, 『석보상절』, 『월인석보』 가운데, '님'이 붙은 말의 수는 『용비어천가』에서 돋보인다. 심지어, '손자님'도 보인다. 이씨 왕조의 선조에 관한 이야기이기 때문에 선조들의 아들도 손자도 세종의 입장에서 보면 역시 선조이므로, 손자님 같은 높임말을 쓸 수밖에 없었을 것이다. 그 밖의 관찬 서적과 20세기 초까지, 접미사 '님'은 귀하게 쓰였다. 그러나, 『무정』 이후 우리말에서 접미사 '님'이 붙은 말이 그 용도를 넓히는 느낌이 든다.

위에서 언급한 '님'의 3가지 접미사 쓰임새 중, '직위나 신분을

나타내는 명사 뒤에 붙어 '높임'의 뜻을 더하는 접미사 '님'(이하 직위신분 접미사라 한다)은 다른 두 가지 쓰임새, 즉, 인격화된 사물과 인물 또는 신에 붙이는 접미사와는 그 성격이 다르다. 가장 큰 차이점은 인격화된 사물, 사람, 신은 고유명사이거나 거의 고유명사화 된 반면, 직위나 신분은 그렇지 않다는 점이다. 사람이야 말 할 필요도 없고, 인격화된 사물은 해, 달, 별 그리고 신은 우리 무속과 관련된 신, 하느님, 천주님 정도다. 해, 달, 별을 제외한 『무녀도』의 여러 인격화 된 사물들은 소설의 특성상 그렇게 불렸을 뿐, 실생활에서 쓰지 않는 말들이다. 고유명사이거나 거의 고유명사화 되었다는 의미는, 붙이면 붙인 채로, 안 붙이면 안 붙인 채로, 그 대상이 미래에도 고유하다는 점이다. 한편, 직위나 신분은 호칭이 과거, 현재, 미래 모두 다를 수 있는, 즉, 일시적인 일반명사이다.

 이 꼭지의 주제는 직위신분 접미사 '님'의 쓰임새가 과연 타당하느냐'이다. 물론, '님'의 쓰임새는 현재에 이르러서 '타당하느냐, 타당하지 않느냐'의 문제는 아니다. 왜냐하면, 우리가 그러한 용도의 '님'을 일상생활에 너무 자연스럽게, 그리고, 너무 널리 써서, 타당하지 않더라도 이제는 되돌아 갈 수 없기 때문이다. 하지만, 도대체 무슨 이유로 직위신분 접미사 '님'은 우리나라 고유의 언어문화가 되었는지 참으로 궁금하다.

 '님'이 직위신분 접미사로 쓰인 최초의 예는 『석보상절』의 '즁님'이다. 그 당시에는 만인지상인 임금도 임금님이라 하지 않았다. 조선이 유교국가임에도 불구하고, 초기에 중에 대한 예우가 매우 지극했으리라 짐작된다. '부처'를 절대로 '부처님'이라 하지 않은 것을 보면 더욱 그렇다. 직위 신분 접미사가 쓰인 단어로서의 '즁님'이 매우 예외적인 경우임을 보여주는 증거는 후대의 저서에도 오랫동안 직위나 신분 뒤에 '님'을 붙인 예가 보이지 않는다는 점이다. 『홍길동전』에서 서자인 홍길동이 대감인 자기 아비 면전에서도 '대감님'이라 하지 않고 그냥 '대감'이라 칭할 정도로, 직위나 신분을 높이는 말은 그 당시까지 보편적이지 않은 듯하다. '즁님' 이후 직위나 신분을 높이는 말 '님'이 나타나는 어휘는 작자와 연대가 밝혀지지 않은 『주봉전』의 '장군님'이다. 그 후 해방 전까지, 선생님, 원님, 상감님, 생원님, 판서님, 장로님, 목사님, 임금님, 대감님, 한림학사님, 원님, 스님 등이 나타난다.

요약하면, 『홍길동전』이전, 『홍길동전』이후 『무정』이전, 『무정』이후 해방, 해방 후 현재까지의 4 시대로 나누어 살펴보건대, 직위 신분 접미사 '님'의 쓰임새는 『무정』을 전후로 나뉘는 듯하다. 『무정』전 까지 그 쓰임새가 극히 드물다가, 『무정』이후에 서서히 그 수가 늘어, 현재에 이르러서는 잘 알다시피, 거의 모든 직위나 신분에 '님'이 붙는다. 『무정』이후 소설가들은 선구자이자 지식인의 상징이었다 하더라도, 그들이 앞장서서 그 말을 사용했다기보다는, 그 당시 민중의 언어 사용 경향을 반영했을 가능성이 더 크다. 얼마나 마구잡이로 '님'을 붙였는지, 1960년대 초 "할아버지 대갈님에 검불님이 붙으셨다"란 말이 있을 정도였다. 요즈음에는 얼마 전까지 들어보지 못한 '대통령님'이란 말까지 듣는 지경이 되었다. 하기는, 여기 저기 다 붙이는 판에, 그리고, 하위직에도 다 붙이는 판에, 그보다 고위직인 대통령에 '님'을 못 붙일 이유는 없다. 아니, 얼마 전까지 안 붙인 게 이상하다.

위의 여러 서적에서 보인 예를 근거로, 20세기에 들어 직위신분 접미사 '님'이 많이 쓰이기 시작했다고 추론했다. 그리고, 이런 경향은 1960년 이전에 이미 극성했다. 20세기 전반에 한국 사람들의 언어습관에 도대체 무슨 일이 일어난 걸까? 그 일(들)이 무엇이든 간에 주지해야 될 사실은, 이념은 그렇지 않더라도, 유교의 영향으로 조선시대가 20세기보다 훨씬 권위적이라는, 그 시대를 통틀어 신분제도가 20세기보다 훨씬 엄격했다는, 그리고 일본어에는 직위신분 접미사 '님'이 없다는 점이다. 다시 말해, 소위 그 일(들)은 유교의 영향, 신분제도, 일제강점에 따른 일본어의 영향과 무관하다는 점이다. 또한, 이름을 호칭할 수 없는 우리 사회의 특성을 그 이유로 들 수 없다. 왜냐하면, 예나 지금이나 그런 상황은 변하지 않았기 때문이다.

넷째 마당

한국말 제대로 쓰기

꼭지 11. 사라진 말, 줄어든 말

2000년 10월 투자자문회사 BBK의 대표이사 이명박은 광운대 최고경영자 강연에서 이런 말을 했다.

"제가 다시 한국에 돌아와서 인터넷 금융회사를 창립을 했습니다. 금년 1월에 BBK라는 투자자문회사를 설립을 하고…."

그 후, 그는 2002년부터 2007년까지 서울시장으로 재임하고 2007년 17대 대통령 선거 한나라당 후보로 지명된다. 후보 시절, BBK의 소유주가 문제되자, 후보의 대변인인 나경원은 이명박을 감싸기 위해 "'BBK를 설립하였다'라고만 언급돼 있지 (주어인) '내가'가 빠져 있다"라고 말한 적이 있다. 주어가 없으니, 누가 BBK를 설립했는지 모른다는 얘기다. 이른바, '주어 실종 사건'이다. "와! 한국에 이런 천재도 있구나! 아니, 나경원은 천재가 아니라 만재다!"라고 감탄했던 기억이 있다.

한국어의 문법적 특징이 무엇이냐고 묻는다면, 몇 가지나 대답할 수 있을까? 15가지 이상이면 빼어나고, 12가지 정도면 우수하고, 8가지 정도면 보기에 좋고, 5가지 정도면 양호하고, 2가지 정도면 여전히 가능성은 있다. 15가지 이상이나 된다고 놀라는 사람도 있을 것 같다. 한국어는 어족상 교착어인 동시에 고립어이다. 교착어(膠着語, agglutinative language)란 풀(아교)을 붙이는 것처럼, 하나의 낱말 각각 단일한 기능을 가지는 하나 이상의 접사로 이루어져 있는 언어를 말한다. 이 때문에, 첨가어라고도 부른다. 대표적으로, 한국어, 일본어, 터키어, 만주어, 몽골어, 헝가리어, 핀란드어, 에스토니아어, 페르시아어를 들 수 있다. 고립어란 전 세계적으로 그 예를 찾아볼 수 없을 만큼 독특한 점이 많다는 말이다.

어떤 언어의 특징이란 다른 언어와의 비교에서 비롯되는데, 여기서 언어란 문장의 형식을 최소한 제대로 갖춘 말과 글을 뜻한다. 굳이 용어를 만들자면, '격식어 (formal language)'라고 할 수 있다. 일반적으로, 말로는 방송사 뉴스가 전형이고, 글로는 논문이 전형이다. 격식어를 비교해야만, 언어들의 특징을 끄집어낼 수 있다. 왜냐하면, 모든 언어에 있어서 일상생활 대화에서 쓰는 말은 형식보다 소통이 먼저인지라, 문장성분의 생략이 비일비재하기 때문이다. 미국 영화에서 손님이 물건을 들어 보이면서 점원에게 "five dollars?" 라고 물은 것을 두고, "봐라. 영어도 주어, 목적어, 서술어가 다 생략되어도 말이 되는 언어이다"라고 우기면 곤란하다.

한국어의 많은 문법적 특징 중의 하나가 경우에 따라 문장성분을 다양하게 생략해도 말이 된다는 점이다. 문장성분이란 주어, 목적어, 서술어, 관형어, 부사어, 독립어 등, 문장 안에서 일정한 문법적 기능을 하는 부분이다. 한국어에서는 조건만 맞으면, 이 중 서술어만 빼고 모두 생략할 수 있다. 물론, '일시에 모두'란 말은 아니다.

 이 꼭지의 주제는 주어 생략, 조사 생략, 그리고 줄임말이다. 주어 생략과 조사 생략은 한국어의 특징인 만큼, 많은 전문가들이 깊고 다양하게 다루어 온 주제이므로, 이 꼭지에서는 깊게 다루지 않는다.

 주어란 문장에서 서술어의 주체를 나타내는 문장성분이다. 다시 말해, 주어란 행위 또는 동작의 주체뿐만 아니라, 상태와 성질의 주체를 의미한다. 따라서, 사람, 신, 동물, 식물, 미생물, 무생물, 관념, 사고, 개념, 숫자 등 눈에 보이는 것, 눈에 보이지 않는 것, 이 세상의 그 어떤 것도 서술어의 주인이 될 수 있다. 다만, 피동형이 발달하지 않은 한국어에서 행위 대상인 목적어가 주어로 전환되는 것이 어색할 수 있다. 예를 들어, '사람들이 그 꽃을 많이 샀다.'와 피동형 '그 꽃은 (사람들에 의해) 많이 사졌다.'를 비교하면, 사물주어는 우리에게 매우 어색하다. 하지만, 한국어를 비롯한 모든 언어에서 사물주어도 분명히 주어이다.

주어 생략에 관한한, 한국어는 거의 독보적이다. 주어 생략의 예로, 멀리 갈 필요 없이 바로 이 문장에서도 주어 생략을 볼 수 있다. 주어가 될 수 있는 '우리는' 혹은 '당신은'이 생략되었다. 주어가 예상 가능한 일반적이거나 형식적일 경우, 주어를 꼬박꼬박 쓰면 오히려 더 어색할 때가 있는데, 이 때 주어 생략은 오히려 문장을 매끄럽게 만든다. 적어도 한국어를 모국어로 쓰는 우리 입장에서 그렇다. 그렇게 생략되는 주어는 주로 인칭대명사 혹은 그와 유사한 일반명사다. 다음에 인용한 채만식의 『탁류』의 첫 구절에서 괄호 안에 적당한 주어라도 넣을라치면 난감해진다.

> 금강(錦江)……. 이 강은 ( ) 지도를 펴놓고 앉아 가만히 들여다보노라면, 물줄기가 중동께서 남북으로 납작하니 째져 가지고는ㅡㅡㅡㅡ한강(漢江)이나 영산강(榮山江)도 그렇기는 하지만ㅡㅡㅡㅡ그것이 아주 재미있게 벌어져 있음을 ( ) 알 수 있다. ( ) 한번 비행기라도 타고 강줄기를 따라가면서 내려다보면 ( ) 또한 그림직할 것이다.

다른 한편으로, 한국어의 주어 생략은 너무 잦아서 탈이다. 이는 주어와 술어의 불호응을 가져올 수 있으며, 이로 인해 읽는 사람이 제대로 이해하더라도, 척하면 척이 아닌 바에야, 그렇지 않을 때에 비해 서너 배의 힘이 더 든다. 오래 전 일이지만, 필자가 대학 입시 연습용 국어 지문, 특히, 만연체 글을 읽을 때, 제일 먼저 하는 일이 주어를 찾는 것이고, 두 번째는 지문을 20 단어로 이내로 요약하는 것이었다. 다음은 어느 신문사의 최근 기사 중 일부로서, 덜 모호하게 고쳐 보았다. 비교를 위해 영어로 번역했다.

대신 중국 정부는 싼샤댐 붕괴를 막기 위해 필사적일 것이다. 방법은 2가지다. 우선 상류에서 물길을 다른 곳으로 돌리는 거다. 싼샤댐보다 하류지역에 있어 상황이 완전히 같지는 않지만, 제방을 폭파해 물길을 여러 갈래로 낸 추허강이 대표적이다.

Instead, the Chinese government will be desperate to prevent the collapse of the Sansha Dam. There are two ways. The first way is to divert water from the upstream. Although the situation is not exactly the same due to its location downstream of the Sansha Dam, the Chuhe River is a typical example, where its banks were blown up and waterways were splintered waterways.

⇨ 대신 중국 정부는 싼샤댐 붕괴를 막기 위해 필사적일 것이다. 방법은 2가지다. 첫 번째 방법은 상류에서 물길을 다른 곳으로 돌리는 것이다. 상황이 완전히 같지는 않지만, 싼샤댐보다 하류지역에 있는 추허강이 그 예로서, 정부가 강의 제방을 폭파해 물길을 여러 갈래로 낸 바 있다.

 Instead, the Chinese government will be desperate to prevent the collapse of the Sansha Dam. There are two ways. The first way is to divert water from the upstream. Although the situation is not exactly the same, the Chuhe River, located downstream of the Sansha Dam, is an example, where the government has blown up the river banks and splintered waterways.

한국어의 또 다른 특징은 조사의 생략이다. 조사는 교착어에만 있는 품사로서, 명사, 대명사, 수사 뒤에 붙어 그것들에게 문법적 기능을 부여함으로써, 주어, 서술어, 목적어, 관형어, 부사어, 보어, 독립어도 되게 한다. 조사는 이런 기능 외에, 두 단어를 이어 주기도 하고, 여러 문장성분에 두루 붙어 특별한 뜻을 더해 주기도 한다. 국어학자 이희승은 조사와 어미변화로 인하여 한국어는 문법적인 조리가 밝다고 하였는데, 이는 역으로, 조사와 어미변화가 없으면 한국어는 문법적으로 혼란스럽다는 말이다. '한국어는 조사를 잘 써야 된다'는 말로 대변될 만큼, 조사는 그 이름에 어울리지 않게, 한국어 문법의 실질적인 지배자다.

조사의 문법적 중요성에도 불구하고, 한국어에서 조사의 오류가 수시로 일어난다. 조사의 오류란 격이 다른 조사로의 대치, 첨가, 생략 혹은 누락을 가리킨다. 이 꼭지에서는 조사의 생략만을 다룬다. 조사의 생략이 오류의 범주에 포함되는 이유는 형식이 엄격한 문어에서 조사의 생략은 불가능하다는 원칙 때문이다.

한 논문에 의하면, 한국어를 배우는 중국어가 모국어인 중국인 학습자들이 한국어를 배울 때 범하는 격조사 생략 오류율을 조사한 바, 목적격조사는 약 39%, 관형격조사는 약 31%, 주격조사는 약 26%, 부사격조사는 약 4%이었다. 일부 조사의 흔적이 있기는 하지만, 중국어에서는 특별한 표시 없이 어순에 의해 격을 표시하므로, 중국인 학습자들이 모국어 영향을 받아 오류를 범하기 쉬운 것으로 생각된다. 아마, 조사가 아예 없는 언어를 모국어를 하는 학습자들에게는 올바른 조사 사용이 더 어려울 것이다.

조사에 익숙하지 않은 외국인이야 그렇다 하더라도, 한국인조차 격식어에서 조사의 생략 오류를 흔하게 범한다. 관심을 끌려고 일부러 그러는지는 모르겠지만, 조사를 전혀 안 쓰고 의미가 연결 안 되는 명사들만 늘어놓은 신문의 기사 제목을 자주 보게 된다. 조사를 전혀 모르는 외국인 쓴 것 같은 그런 기사 제목을 이해하는 사람은 신동이다. 한편, 일반인들이 범하는 제일 흔한 오류는 부사격 조사, 특히, 시간명사 뒤의 '에'를 생략해, 시간 명사를 부사처럼 사용한다. 예를 들면, 다음과 같다.

밤 12시 전화가 왔다. → 밤 12시에 전화가 왔다.
들어가기 전 말하였다. → 들어가기 전에 말하였다.
최근 다른 주장이 나왔다. → 최근에 다른 주장이 나왔다.
평소 열심히 했는데 → 평소에 열심히 했는데
그 동안 뭐 했어? → 그 동안에 뭐 했어?

그렇다면, 다음 예들의 앞과 뒤 표현 중 바르게 표기한 것은 어느 것일까?

(1) 그 정도이다 - 그 정도다
(2) 전에는 대한제국이었다 - 전에는 대한제국였다
(3) 떡이요 - 떡요
(4) 사이트이었다 - 사이트였다
(5) 나무이기 때문에 - 나무기 때문에

서술격조사 '이다'에 관한 것이다. 답은 (2) 번을 제외하고 모두 뒤 구절이 올바르다. '이다'는 명사에 붙어 서술어로 만드는 조사로서, 변하지 않는 다른 조사들과 달리, '-이고, -이니, -이며, -이면서, -이지' 등으로 활용된다. 즉, '이'는 어간이고, 나머지는 어미다. 활용이 된다니, 참으로 희한한 조사다. 조사가 들어간 서술어에서, 어간 '이'에 대한 표기원칙이 있다. 자음으로 끝난 명사 뒤에 붙을 때는 생략되지 않지만, 모음으로 끝난 명사 뒤에 붙을 때는 어미가 자음으로 시작하면, '이-'가 생략될 수 있고, 어미가 모음으로 시작하면, '이-'와 어미가 축약될 수 있다. 위 5 예의 바른 표기는 이 원칙에 의한 것이다.

자, 이제 이 꼭지의 세 번째 주제인 줄임말로 들어간다. 줄임말은 단어의 일부분이 줄어든 말 또는 여러 단어를 한 단어로 줄여 만든 말로서, '사이'가 '새'로, '지방 자치 제도'가 '지자제'로 된 것 따위이다. 한국어에서 소리로든 문자로든 단어의 일부분이 줄어드는 현상은 모음축약, 자음축약, 모음탈락, 자음탈락 등, 문법적으로 잘 설명되어 있다. 이 꼭지에서는 위의 예인 '**지**방 **자**치 **제**도'를 '지자제'로 줄여서 부르는 말만 다룬다.

'지자제' 같은 말을 흔히 '두음문자' 혹은 '두음자어'라 부른다. 하지만, 두음문자란 용어는 '문자'의 정의상 분명히 잘못되었고, 두음자어가 그나마 나아 보이는데, 이것도 정확한 용어는 아니다. 왜냐하면, 두음은 단어의 첫 글자를 의미하는 반면 '대**한**민**국**'을 '한국'으로, '신**라** **말** 고**려** **초**'를 '나말여초'로, '광주 제**일** **고**등학교'를 '일고'로, '**중**화인민공화**국**'을 '중국'으로 줄여 부르는 예들처럼, 한국어에서는 반드시 첫 글자만을 쓰지 않는다. 따라서, '줄임말'이 제일 알맞지만, 위에서 언급된 바와 같이 줄임말이 이미 넓게 정의되어서, 혼동을 가져올 수가 있다. '지자제,

한국, 일고, 중국'은 한편으로 긴 말을 줄여 만든 말들이지만, 다른 한편으로는 단어의 특정 음절만 오려서 만들었다고 할 수 있다. 이런 의미에서, 그렇게 줄어든 말들을 '오림말'이라 부르는 것은 어떨까? 지금부터, 그런 말들을 일시적으로 오림말이라 부른다.

"광복절에 가 볼만한 천안 독기에 다녀왔어요. 독기는 천안에 위치해요."라는 말을 듣는다면 이해 가능한가? 독기는 독립기념관의 오림말이다. 이 설명을 듣고 나면, 누구 마음대로 독립기념관을 독기라 표기하느냐고 짜증내는 사람들이 분명히 있을 것이다. 그렇다. '누구 마음대로'가 문제다. 오림말이 공식적으로 통용되기 위해서는, 다시 말해, '누구 마음대로'라는 반발이 일지 않기 위해서는, 듣거나 읽는 사람들의 암묵적인 동의가 반드시 필요하다. 하지만, 동의 역시, 정도(程度)의 문제가 된다. 50%이면 되는지, 80%이면 되는지, 기준도 없고, 비율 자체도 조사된 적이 없다. 제일 바람직한 방법은 처음 나올 때 괄호로 처리하는 것이다. 위의 예에서 "광복절에 가 볼만한 천안 독립기념관(독기)에 다녀왔어요. 독기는 천안에 위치해요."라고 쓰는 것이다. 말하는 사람의 입장에서 "자, 나는 독립기념관을 독기라 쓰겠습니다. 그리 아십시오."라는 의사표시다. 듣는 사람 읽는 사람이 독기를 독립기념관으로 알아들을 터이니 동의하든 안하든 상관없다. 물론, 이 방법도 완벽하지는 않다. 글로 쓸 때는 가능하지만, 말로 할 때는 말이 끊긴다. 하지만, 현재로선 더 나은 방법이 없어 보인다. 일단 원칙이 정해지면, 따라야 한다. 이미 많이 알려진 오림말도 예외적이면 안 된다. 예를 들어, 연세대학교가 연대로 많이 알려져 있지만, 처음부터 연대로 쓰면 안 되고, 연대가 연세대학교임을 알려준 후 연대라고 써야 한다.

한국어에 영어줄임말도 많이 쓰인다. 영어 줄임말에는 크게 3가지로서 acronym, initialism, abbreviation이 그것이다. acronym은 acro (high)+nym (name)의 합성어로, 약성어(略成語) 또는 두문자어(頭文字語)라 한다. initialism 역시 두문자어라 하지만, 둘 사이에 차이가 있다. NASA를 예로 들어 보자. NASA는 **N**ational **A**eronautics and **S**pace **A**dministration (미국 항공우주국)의 머리글자를 따온 것으로, 그야말로 두음자어다. 이것을 '나사'라고 발음하면, 즉, 하나의 단어로 발음하면, acronym이고, '엔에이에스에이'라고 철자를 낱낱이 발음하면, initialism이다. 자음이 연속으로 나와서 발음이 잘 안 될 경우, 예를 들어, DNA(디엔에이)는 acronym에 포함되지 않는다. abbreviation은 축약어로, 긴 단어를 줄인 것이다. Mr. (혹은 Mr), Mr. (혹은 Dr), vs. (혹은 vs)등이 예이다. Mr는 mister, Dr는 doctor, vs는 versus의 축약어다.

우리는 영어약자를 대충 모은 알파벳으로 알고 쓰지만, 실제로는 많은 주의가 필요하다.

(1) 점을 찍을 경우, 마침점이 아니라 머리글자 즉, 생략의 의미이므로 모든 머리글자에 점을 찍어야 한다. 한국어 문장에서 가장 많이 저지르는 실수로서, 점을 중간에만 찍고 마지막 글자에는 안 찍는 경우가 많은데, 이는 올바르지 않다. 예를 들어, United States of America를 U.S.A로 표기하면 안 되고 U.S.A.로 표기해야 된다. 점은 반드시 필요하지 않다. 단, 안 찍으려면, 머리글자 모두 안 찍어야 한다. 따라서, U.S.A. 혹은 USA로 써야 된다. U·S·A도 보이는데, 이는 잘못되었다. 마찬가지로, 아주 중요한 사람을 흔하게 V.I.P라 적으면 안 된다. V.I.P. 혹은 VIP로 적어야 한다. 말 나온 김에 한 가지 예를 더 들어보면, hand phone의 번호를 적을 때, 특히 명함에, H·P와 H.P은 틀리고, H.P. 혹은 HP가 맞다. 전화번호를 더하면 H.P.: 010-0000-0000으로 적어야 한다. 콜론 (:) 다음에 반드시 한 칸 띈다. 점이 많으니, HP: 010-0000-0000이 좋다. 참고로, 미국에서 hand phone이라 말하면 못 알아듣고, cell(ular) phone이라 해야 한다. 우리나라에서 오림점을 일부만 찍는 실수는 도로 표지판에 아주 흔하다. 공간도 부족한데, 중간에만 점을 찍을 이유는 하나도 없다.

(2) 예외가 가끔 있지만, 대체로 대소문자를 구별한다. Mr.를 MR.로 Dr.를 DR.로, USA를 usa로 쓰지 않는다. vs는 VS로 쓰

지 않는다. VS도 많이 저지르는 실수다.

(3) 축약어(abbreviation)를 읽을 때 알파벳으로 읽지 않고, 원래 단어로 발음한다. 예를 들어, Mr. 는 '엠알닷'이 아니고, 미스터라고 읽는다. Dr.도 닥터라 읽는다. vs는 '브이에스'라 하지 않고, '버~서스'라 읽는다.

꼭지 12. 사이시옷

'독도강치는 동해 연안에서 번식하는 유일한 물갯과 동물이다.'

얼마 전 신문기사를 보다가, 깜짝 놀랐다. "엥? 이건 뭐지?" '물갯과'란 단어를 처음으로 보고, 장미과도 장밋과로 써야 하나?'라는 생각이 잠깐 들면서, '내가 사이시옷이 무엇인지는 알고 있나?'라는 의문이 생겼다. 그렇지 않아도, 몇 년 전 한국어를 배우는 외국인이 '장마비와 장맛비 가운데, 어느 것이 바른 것이냐?'라는 질문에 장맛비라고 대답을 하면서도, '왜 ㅅ을 쓰냐고 물어보면 어떻게 설명하나'하고 속으로 난감했던 기억이 되살아나, 이번 기회에 한번 알아보아야겠다고 마음먹었다.

사이시옷을 설명하기 위해서는 '형태소'란 용어가 필요하기에 잠깐 언급한다. 형태소는 뜻을 가진 가장 작은 말의 단위이다. 명사, 동사의 어근, 형용사의 어근, 부사, 조사, 어미 등이 있다. 형태소는 그것이 지니는 의미의 허실에 따라, 실질형태소와 형식형태소로 나누어진다. 실질형태소는 구체적인 대상이나 동작, 상태를 표시하는 형태소로서, 명사, 동사의 어근, 형용사의 어근, 부사 등이 이에 해당한다. 예를 들어, '영희는 가끔 산에 간다.'에서 '영희', '가끔', '산', '가' 따위이다. 한편, 형식형태소는 실질형태소에 붙어, 주로, 말과 말사이의 관계를 표시하는 형태소로서, 조사, 어미가 이에 해당한다. 이하, 말, 낱말, 단어, 또는 명사는 실질형태소를 의미한다.

『한글맞춤법』 사이시옷 규정에 의하면, 순 우리말 또는 순우리말과 한자어로 된 합성어 가운데 앞말이 모음으로 끝나고 뒷말의 첫소리가 다음 3 가지 경우에 해당될 때, 사잇소리 현상이 나타난다. 이 때, 두 단어 사이에 사이시옷 'ㅅ'을 받쳐 적는다.

첫째, 뒷말의 첫소리가 된소리로 날 때. 예를 들어 '아랫방 [아래빵]', '뱃사공 [배싸공]'.
둘째, 뒷말의 첫소리 'ㄴ, ㅁ' 앞에서 'ㄴ' 소리가 덧날 때. 예를 들어 '아랫니 [아랜니]', '잇몸 [인몸]'.
셋째, 뒷말의 첫소리 모음 앞에서 'ㄴㄴ' 소리가 덧날 때. 예를 들어 '나뭇잎 [나문닢]'.

지금부터의 견해는 수십 년 전 고등학교에서 배운 국어문법이 전부로서, 사이시옷에 대해서 배운 적이 없는, 따라서, 사이시옷에 대해서 일체의 선입견 없이, 오직 논리에 의해서만 그 원칙을 바라보는 시각임을 미리 밝혀둔다. 물론, 논리 자체가 허술하다는 핀잔을 받아들일 준비도 되어 있다.

첫째 원칙이 가리키는 바에 의하면, 예로 든 '아랫방'과 '뱃사공'의 방과 사공은 뒷말 첫소리로 올 때, [빵]과 [싸공]으로 발음되어야 한다. 여기서는 방(房)만 살펴본다. 모음으로 끝나는 순우리말의 앞말과 방(房)의 뒷말로 이루어진 합성어, 뒷방, 셋방, 씨방 등, 3 개 단어만으로도 예외까지 볼 수 있다. 뒷방은 모음으로 끝나는 순우리말 '뒤'와 한자어 '방'의 합성어로, 원칙대로 사이시옷이 들어 있다. 원칙에 의하면, 한자어로만 이루어진 단어는 사이시옷을 사용하지 않는다. 셋방은 '세(貰)'와 '방(房)'의 합성어로, 둘 다 한자어임에도 사이시옷을 붙인다. 이 말은『한글맞춤법』에서 예외적으로 사이시옷을 인정하는 한자 합성어 여섯 단어 중의 하나다 (곳간 庫間, 셋방 貰房, 숫자 數字, 찻간 車間, 툇간 退間, 횟수 回數). 하지만 '댓가(代價) [대까], 마굿간(馬廐間) [마구깐], 싯가(市價) [시까], 잇점(利點) [이쩜], 촛점(焦點) [초쩜]'과 같이 비표준어임에도 불구하고, 뒷말이 된소리로 나는 까닭에, 그래서, 모르는 사이에, 표준어인 '대가, 마구간, 시가, 이점, 초점'보다 더 널리 쓰이는 단어도 있다. 한편, 씨방은 모음으로 끝나는 순우리말 '씨'와 한자어 '방(房)'의 합성어로, 조건에 맞으나, 사이시옷이 없다. 마루로 된 방인 '마루방' 또한 그렇다. 셋방(貰房)은 예외로 인정하면서, 그로부터 유래된 월세방(月貰房, [월세빵])과 전세방(傳貰房, [전세빵])에는 사이시옷이 없다. 근래에 만들어진 말들인 노래방, 놀이방, 머리방, 빨래방은 어떻게 적어야 맞을까? 이렇듯, 사이시옷의 용도가 애매하다. 사이시옷이 없다면, [아래방], [배사공]으로 발음될 것이, 오히려, 앞에 위치한 사이시옷으로 인해, '방'이 [빵]으로 '사공'이 [싸공]으로 발음되는 것으로 생각할 수 있다. 다시 말해, 뒷말의 첫소리가 된소리로 날 때 사이시옷이 끼어들어가는 것이 아니라, 사이시옷 때문에 뒷말의 첫소리가 된소리로 난다고 해도 무방해 보인다.

　같은 원리로, 둘째 원칙과 셋째 원칙도 다시 살펴보아야 한다. 예로 든 '아랫니 [아랜니]', '나뭇잎 [나문닙]'에서, '이'를 '니'로, '잎'을 '닙'으로 발음함으로써, 'ㄴ' 소리가 덧날 준비가 되어 있는 것은 아닐까? 이 'ㄴ'의 영향으로, 앞에 위치한 'ㅅ'이 'ㄴ'으로 변하는 것은 자연스럽다. 만약, '이'와 '잎'의 오래전 발음이 '니'와 '닙'이라면, 무슨 이유로 이 시점에 다시 살아나는 것일까? 'ㄴ'이 덧나는 현상은 'ㅁ'에 대해서도 마찬가지로, 'ㅁ'의 영향으로 앞에 위치한 'ㅅ'이 'ㄴ'으로 변하는 것 역시 자연스럽다. 존댓말은 '尊待+말'의 표기로서 사이시옷 조건에 합당하고, [존댄말]로 발음된다. 반면에, 인사말은 '人事+말'의 표기로서, 역시 사이시옷 조건에 합당함에도 불구하고, '인삿말' 아닌 '인사말'로 표기하고, 당연히, [인산말]이 아닌 [인사말]로 발음된다. 도대체, 누가 이런 표기와 발음을 정하는가? 이에 대한 원리가 뚜렷하지 않으면, 'ㄴ' 소리나 'ㄴㄴ' 소리가 덧날 때 사이시옷이 끼어들어가는 것이 아니라, 사이시옷 때문에 뒷말의 'ㄴ' 소리나 'ㄴㄴ' 소리가 덧난다는 가설이 가능해 보인다.

　훈민정음 창제 사잇소리는 여러 가지가 있었으나, 성종 이후 'ㅅ'으로 통일되었다고 한다. 사잇소리의 역할은 지금의 관형격

(冠形格) 조사 '의'로 보면 된다고 말한다. '관형'이란 머리에 얹는 관처럼 문장에서 어떤 말의 앞에 붙어, 그 말을 꾸며 주는 역할을 한다. 관형격 조사 '의'는 속격(屬格), 소유격(所有格), 동격(同格)의 기능이 있다. 속격의 경우, '의'를 생략하는 것이 훨씬 자연스러우며, 사이시옷으로 대체해서 두 개의 단어가 하나의 합성어로 만들어진다. 예를 들어, '나뭇잎'은 '나무의 잎'을 의미하며, '나무ㅅ잎'을 거쳐 '나뭇잎'이 된다. 소유격과 사이시옷은 무관하다. 예를 들어, '아빠의 방' 또는 '엄마의 옷'에서 '의'를 생략해, '아빠 방' '엄마 옷'으로 줄일 수는 있으나, 반드시 띄어 써야 하며, '의'를 사이시옷으로 대체할 수 없다. 따라서, '속격과 소유격은 동의어다'라든가, '소유격은 속격에 속한다'라는 말은 맞지 않다. 한편, 동격의 경우, 애매하다. 예를 들어, '사랑의 열매' 또는 '독서의 계절'에서 '의'를 생략하거나, 사이시옷으로 대체할 수 없다. 하지만, '옛말'에서 볼 수 있듯이, '의'를 생략하고 사이시옷으로 대체된 말도 보인다.

사이시옷이 속격조사 또는 동격조사로 기능할 때, 가장 큰 문제는 '사이시옷을 받쳐 써야 되나 말아야 되나?'의 문제다. 예로, 바다를 들어보자. 바다가 생기려면 짠물이 필요하다. 물이 생기면, 가장자리가 형성되고, 모래도 있고, 바람도 불고, 물결도 출렁이고, 배 다니는 길도 있고, 물속에 가재도 살고, 물고기도 살고, 그 물고기 잡아먹는 새들도 있고, 개도 살고, 사자도 살고, 사람들이 낚시도 하고, 놀기도 하고, 낚시하다가 놀다가 죽어서 귀신도 되고.... 아무튼, 바다에서 별 일 다 생기고, 별 것 다 산다. 원하든 원하지 않든, 많은 것들이 바다에 속하는데, 바다와 합성어를 이루면 사이시옷을 넣는 말, 사이시옷을 안 넣는 말, 아예 띄어 쓰는 말 등, 별 말이 다 만들어진다. 바닷물, 바닷가, 바닷모래, 바닷바람, 바닷길, 바닷속, 바닷가재, 바닷물고기, 바닷새, 바닷개(물개), 바닷사람에는 사이시옷이 들어있다. 바다사자와 바다귀신은 사이시옷이 안 들어있다. 바다귀신은 붙여 쓰는데, 바다 물결은 붙여 쓰지 않는다.

나무가 나무이기 위해서는, 가지, 그루터기, 껍질, 잎, 줄기, 뿌리 등이 있어야 한다. 가지, 껍질, 잎, 줄기, 그루터기, 뿌리는 나무에 소속되어 있다. 나무와 합성될 때, 표준어 나뭇가지, 나무그루, 나무껍질, 나뭇잎, 나무줄기, 나무뿌리로 적는다. '된소리가 나는 뒷말이 합성어를 이룰 때, 앞말에 사이시옷을 적지 않는다'라는 원칙에 의해, 나무껍질과 나무뿌리에는 사이시옷이 없다. 소속은 같은데, 가지와 잎에는 사이시옷이 있고, 그루와 줄기에는 없다.

『훈민정음언해본』 서문의 '나랏 말씀'은 '나라의 말씀'으로서 '나랏'에 쓰인 'ㅅ'은 속격 기능을 하는 'ㅅ'이다. 현재, 이 'ㅅ'은 사라져 '나라말'로 적고, [나라말]로 발음한다. 과연, [나라말] 발음이 타당한지 살펴볼 필요가 있다. 나라가 나라이기 위해서는, 땅, 사람, 말(언어), 우두머리 등, 나라에 속하는 여러 가지가, 즉, 나라의 땅, 나라의 사람, 나라의 말 등이 필요하다. 이런 이유로, 속격 '의'를 나타내는 'ㅅ'을 받치어 적는 나랏말이 맞는 듯하나, 현대어 '나라말'에서는 'ㅅ'이 사라졌다. 사라진 근거는 무엇일까?

 말이 나온 김에, '말'을 예로 들어 문제를 낸다. 앞말이 모음으로 끝나고 '말'로 끝나는 합성어에 사이시옷이 있다면, 이는 동격의 전형이다. 옛말, 겹사말, 머리말, '노래말, 반대말, 범벅이말, 본딧말, 소개말, 시쳇말, 요샛말, 안내말, 예사말, 우리말, 인사말, 존댓말, 풀이말, 토박이말, 혼삿말, 혼잣말, 흉내말의 20 단어 가운데, 사이시옷을 맞춤법에 맞게 적은 말은 몇 개일까? 만약 20 개라고 답했다면, 당신은 사전이다.

 결론적으로, 사이시옷은 속격과 동격 모두에 쓰일 수 있다. 하지만, 때때로 속격인지 동격인지, 즉, 합성어의 의미가 무엇인지 아는 방법은 경험에 의존하는 수밖에 없다. 예를 들어, '고깃배'의 사이시옷을 속격으로 해석하면, 내장이 들어있는 배를, 동격으로 해석하면, 고기잡이 하는 배를 의미한다. 잘 알다시피, '고깃배'는 후자를 의미한다. 그러면, 전자는 당연히 '고기배'라고 적어야 하나, 희한하게도, 이런 의미의 단어는 사전에 없다. 꼭 써야 한다면, '고기의 배' 또는 '고기 배'로 쓴다. 개인적인 생각으로, '고깃배'의 의미는 '고기의 배'인 것 같으나, 실제는 그 반대다.

자, 이제 물갯과 동물인 독도강치로 돌아가 보자. 요점은 '물갯과'가 맞춤법에 맞는 표기인가? 결론부터 예기하면, 위에서 언급한 사이시옷 원칙에 부합하게 '물갯과'가 맞다. [물깨꽈/물깯꽈]로 발음된다. 이름이 순우리말인 식물과 동물 이름에 생물 분류 단위인 과(科)가 붙어 합성어가 되면, 꽁칫과, 고사릿과, 단풍나뭇과 등과 같이 거의 모두에 사이시옷이 붙는다. 어(漁)로 끝나는 이름을 가진 물고기에는 사이시옷이 당연히 없다. 망둑엇과, 바다빙엇과, 상엇과, 숭엇과, 오징엇과, 잉엇과 정도가 예외이다. 이유는 원래 한자어 발음이 변하여 그 어원이 애매해져서, 아예 어(漁)까지 순우리말로 간주하기 때문이다. 숭어를 한자로 崇漁라 적는데, 이는 잘못이다.

앞에서 언급하기를, 현대어의 사이시옷은 합성어의 뒷말을 된소리로 만들거나 관형격 조사로 기능한다고 언급하였다. 그러면, '물갯과'에서 사이시옷의 역할은 무엇일까? 앞말이 순우리말이든, 한자어든, '과(科)'가 뒤에 오면 무조건 [꽈]로 발음된다. 굴과([굴꽈]), 꿩과([꿩꽈]), 내과 ([내꽈]), 장미과([장미꽈])가 그 예들이다. 따라서, 사이시옷이 없어도 '과(科)'는 [꽈]다. '물갯과'도 [물깨꽈]이고, '물개과'도 [물깨꽈]다. 오히려, 사이시옷이 '물개'를 형상화하는데 방해가 되며, 따라서, '물개'라는 의미의 전달속도도

느려진다. '오징엇과'와 '오징어과'를 비교해 보아도 알 수 있다.

　관형격 조사 기능으로 보면, '물갯과'는 '물개의 과'로 '물개'와 '과'는 동격이다. 동격의 두 단어를 합쳐 하나의 단어로 만들 때, 위에 예로 든 여러 가지 '말'에서 보듯이, 사이시옷을 쓰기도 하고 안 쓰기도 한다. 무슨 원칙이 있어서 예외를 두는 것도 아니다. 어느 경우에 써야 하는지 종잡을 수가 없다. 결국, 언어관습에 의존할 수밖에 없는데, 그리고, 그 관습이 어떠한지 알려면 사전을 참고해야 되는데, 그럴 바에는 차라리 사이시옷을 안 쓰는 것을 원칙으로 하는 편이 낫다.

　사이시옷을 아예 안 써도 문제는 생긴다. 좋은 예는 아니지만, 물고기를 잡는 '고깃배([고기빼])'를 '고기배'로 표기한다면, 내장이 들어 있는 '고기배([고기배])'와 구별할 수 없게 된다. 하지만, 이런 경우는 흔하지 않다. 결국, 덜 불편한 쪽을 선택해야 되지 않을까? 참고로, 안 좋다는 이유는 둘의 의미가 바뀌는 편이 위에서 언급한 사이시옷의 원칙에 충실하기 때문이다. 내장이 들어 있는 배는 고기에 소속되지만, '고기잡이 배'의 고기와 배는 동격이다.

꼭지 13. 잊혀진? 잊힌?

The Forgotten War. 미국 사람들이 Korean War, 즉, 6.25 전쟁을 부르는 말이다. 그들 역사에서 유일하게 잊혀진 전쟁이기 때문에, 'The'를 붙였다. 매년 6월 25일 즈음에, 우리 언론도 미국과 관련된 기사에서 거의 예외 없이 잊혀진 전쟁이라고 쓴다. '흔글'은 '잊혀진'의 맞춤법이 잘못되었다고 빨간 밑줄로 표시한다. '잊혀진'을 '잊힌'으로 바꾸면 빨간 밑줄이 사라진다. '잊혀진'은 틀리고 '잊힌'은 맞을 가능성이 있다는 얘기다. '흔글'은 왜 '잊혀진'에 빨간 밑줄을 그었을까? 피동형이 이중으로 들어있기 때문이다. '잊혀진'의 기본형은 '잊혀지다'이다. '잊혀지다'는 '잊다'의 피동형 '잊히다'에 또 다른 피동형을 만드는 말 '어지'가 끼어든 말이다.

피동형 혹은 피동태(被動態)란, 주어가 어떤 동작의 대상이 되어 그 작용을 받을 때에, 서술어가 취하는 형식이다. '態'는 영문법 'voice'의 한자 역어로 형태(形態)를 의미한다. 'voice'는 라틴어 '말, 목소리'의 뜻을 가진 'vox'에서 유래하였다. 뜻으로만 보면, '態'와 전혀 어울리지 않는다. 피동으로 표현된 문장을 '피동문'이라 하고, 문법의 범주에서는 '피동법'이라는 용어를 사용하기도 한다. 영문법의 능동태에 대립되어, 수동태(受動態)라고도 불린다.

문장이 피동이 되게 하는 표현법으로 두 가지가 있다. '아기가 엄마에게 안기다.'와 같이 피동사에 의한 것과, '새로운 사실이 김 박사에 의해 밝혀졌다.'와 같이 '-아/어지다'에 의한 것이 있다.

1. '이히리기' 피동문

피동사란 남의 행동을 입어서 행하여지는 동작을 나타내는 동사를 말한다. '안기다', '물리다', '보이다', '업히다' 따위가 있다. 여기서 사용되는 '기', '리', '이', '히'를 '피동접미사'라 한다. 타동사에 접미사를 붙여 만든다. 다음은 그 예다.

이: 덮다/덮이다, 매다/매이다, 묶다/묶이다, 바꾸다/바뀌다, 보다/보이다
히: 걷다/걷히다, 닫다/닫히다, 막다/막히다, 업다/업히다, 잊다/잊히다
리: 걸다/걸리다, 깔다/깔리다, 뚫다/뚫리다, 물다/물리다, 팔다/팔리다
기: 끊다/끊기다, 뜯다/뜯기다, 담다/담기다, 안다/안기다, 찢다/찢기다

여기서 한 가지 주의할 점은 피동사와 사동사를 혼동할 수 있다는 점이다. 사동사는 문장의 주체가 남에게 그 행동이나 동작을 하게 함을 나타내는 동사다. '먹이다, 앉히다, 살리다, 옮기다'처럼, 대체로 사동접미사 역시 '이', '히', '리', '기'이다. 예외가 있지만, 목적어 유무에 따라 사동문과 피동문을 구분한다.

모든 타동사를 피동으로 만들 수 없다. 피동사로 파생되지 않는 타동사는 다음과 같다.

수여동사: 돕다, 주다, 드리다
수혜동사: 얻다, 받다
지각동사: 배우다, 느끼다, 알다, 바라다,
대칭동사: 닮다, 만나다
'하다' 동사: 공부하다, 사랑하다, 슬퍼하다, 조사하다, 좋아하다
사동사: 날리다, 알리다

이론적으로 피동문을 만들 수 있더라도, 실제로 쓰이지 않는 문장이 되는 경우도 있다. '나는 책을 읽었다/책이 읽혔다'처럼 능동문의 목적어가 감정이 없는 무정물인 경우, 무정물이 피동문의 주어가 되는 문장은 어색하다. 일반적으로 우리말의 경우, 능동문이든 피동문이든 주어 자리는 사람과 동물 같은 유정명사(有情名詞)가 오는 것이 자연스럽고, 무정명사가 오면 어색하다. 이런 현상은 영어와 대비된다. 다만, '하늘이 보이다, 안개가 걷히다, 문이 닫히다, 이슬이 맺히다' 같은 피동문을 능동문으로 바꿀 때, 주어가 애매한 경우, 즉, 대응할 능동문이 마땅하지 않은 경우, 피동사 자체가 자동사 역할을 함으로써, 무정명사가 주어라도 피동문은 자연스럽다.

2. '어지' 피동문

타동사 어근과 기본형 어미 '다' 사이에 '어지'가 끼이면서 피동문이 되는 문장을 '어지' 피동문이라 한다. 흔히, '어지다' 피동문이라 불리며, 동의하지 않지만, 말이 길다 하여 '긴 피동' 혹은 '장형(長型) 피동'이란 용어를 쓰는 사람들도 있다. '어지' 피동문

의 예를 들면, 다음과 같다.

- 법률을 만들다/법률이 만들어지다
- 약속을 늦추다/약속이 늦춰지다
- 불을 켜다/불이 켜지다
- 압력을 가하다/압력이 가해지다
- 구덩이를 메우다/구덩이가 메워지다

'어지' 피동문의 주어는 거의 무정명사로서, 그 겪는 동작이 외부적인 힘에 의하여 일어난다는 의미가 강하다. 이런 점에서, '어지' 피동문과 '이히리기' 피동문은 대비된다. 앞서 언급했듯이, '이히리기' 피동문의 주어가 무정물인 경우, 그 겪는 동작은 자동적으로 일어나는 것처럼 보인다.

『표준국어대사전』에 의하면, 피동형 '어지+다'는 보조동사로 정의된다. 한편, 국립국어원은 피동접미사로 본다. 보조동사라면, 동사에서 띄어야 할 것이고, 접미사라면, 붙일 것이다. 하지만, 경우에 따라, 동사와 보조동사를 붙여 쓸 수 있다니, 이에 해당되는지 모르겠다. 아무튼, '어지다'의 용도는 다음과 같다.

(1) (동사 뒤에서 '-어지다' 구성으로 쓰여) 남의 힘에 의하여 앞말이 뜻하는 행동을 입음을 나타내는 말.
- 이 건물은 예술적인 아름다움이 보태어졌다.
- 약속 시간이 1시간 늦춰졌다.
- 새로운 말이 만들어지다.

(2) (동사 뒤에서 '-어지다' 구성으로 쓰여) 앞말이 뜻하는 대로 하게 됨을 나타내는 말.

- 그 사람의 말이 사실인 것처럼 믿어진다.
- 나는 왠지 그 휘파람 소리가 무척 야비하게 느껴졌다. 오정희, 불의 강

(3) (형용사 뒤에서 '-어지다' 구성으로 쓰여) 앞말이 뜻하는 상태로 됨을 나타내는 말.

- 마음이 따뜻해지다.
- 얼굴이 고와지다.
- 방이 깨끗해지다.

첫 번째 용도가 '어지' 피동문에 해당한다. 굳이 두 번째와 세 번째 용도까지 인용한 이유는 이 용도들을 혼동한 '어지' 피동문의 예들이 누리집에서 가끔 보이기 때문이다.

우리가 알게 모르게 쓰는 피동사 피동, 즉, 이중 피동 표현은 엄청나게 많다. '잊혀진 전쟁, 잘못 쓰여진 글, 잘 짜여진 스케줄'에서처럼 '잊혀지다, 쓰여지다, 짜여지다'는 대표적인 이중 피동 표현이다. 그 중에서도 '잊혀진'은 '왕중왕'이다. '잊혀진'이 우리 귀에 익숙한 이유는 6.25 사변 이외에, 『잊혀진 계절』이라는 노래 때문일 것이다. 1982 년에 발표된 이 노래는 '10 월의 마지막 밤'이 노래 제목인줄 알 정도로, 지금도 10 월 31 일이면 거의 모든 음악방송에 나온다. 다음은 『나무위키』에서 인용한 이중 피동 표현의 예다. 바로 고친 표현도 함께 기술되었다. 편의상 일부를 첨삭, 수정, 편집하였다.

나뉘어지다 (나누 + 이 + 어지 + 다) → 나뉘다, 모여지다 (모으 + 이 + 어지 + 다) → 모이다, 믿겨지다 (믿 + 기 + 어지 + 다) → 믿기다, 보여지다 (보 + 이 + 어지 + 다) → 보이다, 쓰여지다 (쓰 + 이 + 어지 +

다) → 쓰이다, 잊혀지다 (잊 + 히 + 어지 + 다) → 잊히다, 짜여지다 (짜 + 이 + 어지 + 다) → 짜이다, 찢겨지다 (찢 + 기 + 어지 + 다) → 찢기다 (참고) 씌여지다 (쓰 + 이 + 이 + 어지 + 다) → 씌이다

이중 피동은 피동사 어미 '이히리기' 다음에 '이어지다' 혹은 '여지다'가 덧붙는다. 다만, '알려지다'처럼 '사동사 어근+어지다'의 형태로, 사동사 피동도 있기 때문에, 피동사와 사동사를 구별은 이중 피동을 식별하는데 있어서 매우 중요하다. 국립국어원 상담란에 올라온 문의중의 많은 수는 사동사 피동과 피동사 피동의 혼동에서 비롯된 것이다. 이중피동 문의 중, 위의 예에서 특기할 만한 표현은 참고로 표시한 '씌여지다'로서 피동 표현이 이중도 아닌 삼중으로 되어 있다.

과연, 이중 피동 표현은 문법에 어긋날까? 국립국어원 상담란에 이중 피동에 관련해 100 개 이상의 문의와 그에 대한 답변이 실려 있다. 국립국어원의 답변을 종합하면, '이중 피동은 문법에 어긋나지도 않고 잘 들어맞지만, 과잉되었으므로, 간결한 표현을 위해 사용을 권하지 않는다.' 정도로 요약할 수 있다. 문의 중 재미있는 것은 '피살되다', '피해받다' 등 '피(被)'가 이미 피동을 의미하므로 '되다', '받다' 등의 피동접미사가 오면, 이중 피동이 되느냐는 질문이다. '되다'와 '받다'는 일부 명사 뒤에 붙어서 피동의 의미를 부여하는 접미사로, 앞에서 언급한 피동사 접미사와는 다른 유형이다. 국립국어원은 '그러한 표현이 완전히 틀렸다고

보지는 않으며, 피동의 의미를 좀 더 분명히 드러내기 위한 표현 정도로 보고 있다'고 답변했다. 시간이 지나면 대중에게 이미 많이 쓰여 거부감이 별로 없는, 예를 들어, '잊혀진' 같은 이중 피동 표현을 '어긋나되 어긋나지 않는' 예외로 둘지 모를 일이다.

꼭지 14. 괄호와 외래 단위 띄어쓰기

몇 해 전, 차를 몰다가 아무 생각 없이 앞의 자동차 뒷면에 쓰인 글귀를 보고 놀란 적이 있다.

'성남시장애인콜택시'

성남시장의 애인을 위한 콜택시? 띄어 쓸 공간도 충분한데 그렇게 썼다. 차에 글자를 써 넣은 사람이나 그런 일을 담당하는 공무원이나 아무 생각 없이 세상 편하게 사는 사람들이다.

다음은 현대어로 해석한 『홍길동전』의 첫 구절이다. 위는 원문이고, 아래는 띄어쓰기하고 부호를 집어넣어 편집한 문장이다. 다 이해하는데 시간이 얼마나 걸리는지 한 번 재보자.

조선국세종대왕즉위십오년에홍회문밖에한재상이있으되성은홍이요명은문이니위인이청렴강직하여덕망이거룩하니당세의영웅이라

조선국 세종대왕 즉위 십오 년에 홍회문 밖에 한 재상이 있으되, 성은 홍이요, 명은 문이니, 위인이 청렴 강직하여 덕망이 거룩하니 당세의 영웅이라.

『한국민족문화대백과사전』의 한국어 띄어쓰기 역사에 의하면, 19세기 말, 선교사 John Ross의 『Corean Primer』(1877년)에서 예문으로 든 국문을 처음으로 띄어 썼다고 한다. 『Corean Primer』는 John Ross와 그의 한국말 선생인 의주 청년 이응찬

이 함께 펴낸 한글 문법책이다. John Ross는 이응찬 등의 도움을 받아 1882년 『누가복음』의 한글번역을 시작으로 1887년까지 한국 최초의 신약성경인 『예수셩교젼셔』를 발간하였다. 한국어 띄어쓰기는 『독립신문』(1896년)과 『미일신문』(1898년)에서 본격적으로 시행되었고, 1933년 조선어학회에서 『한글맞춤법 통일안』을 제정하여 공표한 후 제대로 정립되었다.

이 꼭지의 주제는 전반적인 한국어 띄어쓰기에 관한 것이 아니라, 문장부호 괄호와 단위명사 띄어쓰기의 문제점에 관한 것이다. 문장부호는 영문에서 왔으나, 국립국어원에서는 한국어의 문장부호 규정을 두어 띄어쓰기에 있어, 영문과 약간 다르다. 제일 큰 차이를 보이는 부호가 괄호(括弧)이다. 영문에서 괄호 앞뒤는 무조건 띄어 쓴다. 한국어에서는 조사 때문에 괄호 앞뒤를 붙여 쓴다. 여기에 어떤 문제가 있는지 살펴본다. 括은 '묶다'의 뜻으로, 총괄, 개괄, 일괄 등의 괄이고, 弧는 활 또는 활 모양의 기구를 의미한다. 그러니까, 괄호는 활을 묶는다는 뜻인데, 오히려 '묶는 부호'란 뜻의 '括號'가 더 적당한 듯하다. 괄호란 숫자, 문자나 문장, 수식의 앞뒤를 막아서, 다른 문자열과 구별하는 문장부호의 하나이자 기호를 말하며, ( ), { }, [ ] 등이 있다.

한국어와 영어의 두드러진 차이점들 중의 하나는 조사(助詞)이다. 한국어에서 조사는 체언이나 부사, 어미 따위에 바로 붙어 그

말과 다른 말과의 문법적 관계를 표시하거나, 그 말의 뜻을 도와주는 품사이다. 이하, 체언이나 부사, 어미 따위를 줄여서 체언이라 한다. 조사가 체언과 공간적으로 떨어질 경우, 그 말과 다른 말과의 문법적 관계나 그 말의 뜻을 인지하는데 시간이 걸린다. 조사를 체언과 공간적으로 떨어뜨리는 것이 바로 괄호이다. 예를 들어, '『독립신문』(1896년)과 『미일신문』(1898 년)에서'처럼, 『독립신문』과 『미일신문』의 조사 '과'와 '에서'의 의미 전달이 각각 '(1896 년)'과 '(1898 년)'에 의해 심하게 지체된다. 사실, 괄호안 내용은 각각 (1896 년 창간), (1898 년 창간)으로 고쳐야 한다. 1896 년, 1898 년이라 써 놓으면, 독자들이 당연히 창간년도라 알 것이라 가정하지만, 이는 아주 불성실한 태도이다. 제대로 쓰면, '『독립신문』(1898 년 창간)과 『미일신문』(1898 년 창간)에서'이 되는데, 괄호 안의 글자 수에 비례해 인지지체는 더 심해진다. 그뿐더러, 전체 내용에 대해 관한 독자들의 집중도를 떨어뜨린다.

더구나, 괄호를 사용함에 있어 더 심각한 문제는 괄호가 바짝 붙어 있어, 시각적으로 피곤하다. 한국어 문장에서 괄호가 많이 나오는 이유 중의 하나는 한자어 병기이다. 영어를 끌어들일 필요도 없이, 괄호는 떨어뜨려 쓰는 것이 효과적이다. 특히, '『독립신문』(1896 년)'에서처럼 부호가 연속해 쓰일 경우, 글이 매우 산만해진다. 괄호를 떨어뜨려 쓰자니 '『독립신문』(1896 년)

과 『미일신문』(1898년)에서'로 되는데, 문제는 조사 '과'와 '에서'가 각각 『독립신문』과 『미일신문』을 돕지 않고, '(1896년)'과 '(1898년)'을 돕는 꼴이 된다. 굽도 젖도 못하게 되었다.

문장에서 괄호를 붙여 쓰다 보니, 문장이 아닌 경우, 즉, 조사가 필요 없는 경우에도 괄호를 붙여 쓴다. 조사와 관계없이 괄호를 떼어 쓰면, 정보전달에 유리하다. 특히, 한 눈에 정보를 얻어야 하는 도로 표지판의 경우, 괄호 붙여 쓰기는 피해야 한다. 예를 들어, '천안(독립기념관)'과 '천안 (독립기념관)'을 비교해보면, 어느 것이 효과적인 정보 전달 방법인지 알 수 있다. 괄호를 띄어 쓰기에 표지판이 충분히 넓지 않다는 변명 따위는 안 하면 좋겠다. 다시 말하지만, 문장 안이건 연속된 단어 안이건, 괄호는 띄어 써야 한다.

조사가 없는 영어에서는 괄호를 거의 안 쓴다. 대신 comma를 많이 쓴다. 예를 들어, '『독립신문』(1898년 창간)과 『미일신문』(1898년 창간)에서'는 'in Independence Newspaper, first published in 1896, and Daily Newspaper, first published in 1898'으로 쓸 것이다. 국어학자 이희승은 조사나 어미의 대단한 발달로 인하여 한국어의 문법적인 조리가 밝다고 했는데, 바로 그 밝은 문법적 조리가 글이든 말이든 효과적인 의미전달을 보장하지는 않는다.

괄호에 의한 의미지체를 해결할 수는 없을까? 상책과 하책이 있다. 상책은 괄호를 쓰지 않는 것이다. 그럴 경우, 괄호안의 내용을 원래의 한국어에서처럼 체언 앞에서 꾸밈구로 바꾸어, '1898년에 창간된『독립신문』과 1898년에 창간된『미일신문』에서'로 하면 된다. 하책은 이상하게 보이지만, 체언과 조사를 붙이고, 괄호내용을 조사 뒤로 돌리는 것이다. 이 방법을 적용하면, '『독립신문』과 (1898년 창간),『미일신문』에서 (1898년 창간)'이 된다. 이 방법은 괄호안의 내용이 길 경우, 조사의 의미전달에 있어서 효과적이다. 괄호 안의 내용이 필요 없으면 안 읽어도 된다. 단, 조건은 괄호의 내용이 조사 앞 체언에 관한 것이라는 원칙에 독자가 동의해야 된다.

다음은 외래 단위명사 띄어쓰기의 문제점에 관한 것이다. 우선, 몸풀기로, 한국어 단위명사에 대해서 얼마나 익숙한지 시험해보자. 아래 다섯 개의 비교 표현 중 어느 것이 맞을까?

1) '사과 세 개를 먹었다'과 '사과 세개를 먹었다'
2) '1945년에 패망했다'와 '1945년에 패망했다'
3) '삼 학년으로 올라갔다'와 '삼학년으로 올라갔다'
4) '올 해도 풍년이다'와 '올해도 풍년이다'
5) '다섯 살쯤 되어 보인다'와 '다섯살쯤 되어 보인다'

『한글맞춤법』제 43항'에 의하면 순서를 나타내는 경우나 아라비아 숫자와 어울려 쓰이는 경우는 붙여 쓸 수 있다. 다시 말하면, 둘 다 된다. '삼 학년'은 '삼학년'으로 써도 된다. 나머지 경우는 모두 띄어 써야 한다. 올해는 붙여 쓴다. 한자 숫자와 아라비아 숫자는 붙여 써도 되는데, 한글 숫자는 안 된다? 한자 숫자는 순서를 나타낼 수 있으나, 한글 숫자는 그렇지 않다? 희한한 규정이다.

미터법의 도입으로 우리는 일상생활에서 많은 외래 단위를 쓴다. 한글로 번역해서 쓰기도 하지만, 대부분 영어 약어로 쓴다. 길이, 부피, 무게를 나타내는 m (meter), km (kilometer), cm (centimeter), mm (millimeter), l (liter), cc (cubic centimeter), ml (milliliter), g (gram), kg (kilogram), mg (milligram) 등이 대표적이다. 알고 나면 분명히 헛웃음이 나오겠지만, 이들 단위 표기의 공통점은 무엇일까? 모두 소문자이다. 100 M, 100 Km, 100 KM, 100 Kg, 100 KG 등은 잘못된 표기이다. '대소문자가 그리도 중요하냐?'라고 반문할 수도 있지만, 단위를 소문자로 표기하는 것은 불문율이다. 단 한 가지 예외가 있는데, 단위인지 숫자인지 구분 안 되는 단위인 l (liter)를 쓸 때, 대문자 L로 대신할 수 있다. 예를 들어, '1 l'는 무슨 뜻인지 헷갈리므로 '1 L'로 써도 좋다.

영어에서 단위는, 앞에 숫자가 오든 일반 명사가 오든 두 가지 경우를 제외하고, 항상 앞 단어와 띄어 써야 한다. 100m, 100km, 100kg 등은 잘못된 표기이다. 예외의 두 가지 경우란,

온도 단위인 '℃'와 함량 단위인 '%'이다. 왜 예외인지는 알 수 없다.

 한국어 문법상, 외래 약어 단위는 앞에 아라비아 숫자가 오는 의존 명사이다. 그렇다면, 위에서 언급한 『한글맞춤법』 제 43 항에 따라 숫자와 단위를 붙여서 써야 할까? 도로 표지판 '수원 10km, 천안 100km'와 '수원 10 km, 천안 100 km'를 시각적으로 비교해 보자. 어느 것이 의미 전달에 있어서 효과적인가? 개인적인 선호도가 있겠지만, 후자, 즉, 아라비아 숫자를 단위와 띄어 쓰는 것이 훨씬 더 눈에 잘 들어온다. 도로 표지판을 만드는 사람들이 『한글맞춤법』 제 43 항을 숙지해서 아라비아 숫자를 단위와 붙여 썼다면 이해되지만, 그렇지 않다면, 그냥 아무 생각 없이 사는 또 다른 부류의 사람들이다. 이번에는 문장 형식으로 조사를 붙여, '100m를, 100km를, 100kg이나'와 '100 m를, 100 km를, 100 kg이나'를 비교해 보자. 조사가 방해를 하기는 하지만, 후자가 의미 전달에 있어서 더 효과적이다. 이럴 바에는, 『한글맞춤법』 제 43 항을 고쳐, 아예 숫자와 단위 명사 사이를 띄게 하는 편이 좋다.

 '어떤 언어가 과학적이냐 덜 과학적이냐'를 가름하는 요소 중의 하나가 '어법상 예외가 얼마나 많으냐'이다. 단위 명사가 의존명사이기는 해도 명사는 명사이다. 뒤에 조사가 올 수 있다. 조사 앞에 오는 명사, 대명사, 의존명사는 사전에 그 뜻이 분명하게 정의되어 있다. 반대로, 조사 앞에 오는 말의 뜻이 사전에 분명하게 정의되어있지 않으면, 무엇인가 잘못된 것이다. 예를 들어, '1945 년에'에서 '년'은 사전어인 반면, '1945년'은 사전어가 아니다. 요컨대, 단위명사 띄어쓰기에 예외를 둘 필요가 없다. '1945년 8월 15일'이 '1945 년 8 월 15 일'보다 여백이 줄어드는 것 외에는 어떤 의미에서든 더 좋다고 할 수 없다.

다섯째 마당

이상한 한국말

꼭지 15. 내 자리는 어디에

다음은 이문구의 『관촌수필』 중 『여요주서』(與謠註序)에 나오는 대목이다.

그런 정거장은 알만한 집 마당보다 너르달 것 없을 앞터에서, 생전 물구경도 못해본 것 같은 조무래기들이 까마귀 발로 줄넘기나 구슬치기를 하여 시끄럽고, 천생 몇 시 차나 지나가야 해가 어떻게 됐는지 알만한 한 동네 영감이 선술 한잔 생각에 발이 안 돌아서서 논보고 가던 삽자루를 깔고 앉아 먼 산 바라기하는 옆으로, 광주리 위에 널빤지를 얹고 찐 고구마와 우린 감을 전 벌인 노파가 두엇, 그리고 지게와 함께 누워 졸던 짐꾼 하나쯤은 무시로 있어주게 마련이었다.

이런 긴 글을 번역기는 영어로 어떻게 번역하는지 궁금해서, 네이버 번역기와 구글 번역기를 돌려보았다. 그리고, 그 영어 번역문을 한국어로 다시 번역시킨 후 (되돌이 번역), 그 되돌이 번역문이 원문에 얼마나 가까운지 비교하였다.

네이버 번역
Such a station is located in front of an open house, where there is no place more than the garden of a house to know, where small groups of people who seem to have never seen the water in their lifetime jump rope or play marbles with their crows' feet, and a local inspiration who knows what time the sun has to pass by without turning around to think of a drink, sitting next to a faraway mountain, sitting on a sweet potato.

그런 역은 알 만한 곳이 없는 탁 트인 집 앞에 자리 잡고 있는데, 평생 줄넘기나 까마귀 발로 구슬치기를 한 적이 없는 듯한 작은 무리들,

엷게 돌아보지 않고 몇 시까지 해가 지나야 하는지 아는 현지 영감이 그것이다. 먼 산 옆에 앉아 고구마 위에 앉아 있는 술의.

구글 번역
Such a stop is noisy than the yard of a house where you can know it, and it is noisy by skipping ropes and beading with crow's feet. I couldn't turn my feet at the thought of this drink, so I sat down on the side of the shovel looking for a distant mountain. It was meant to be ignored.

그런 정차는 당신이 그것을 알 수 있는 집 마당보다 시끄럽고, 줄을 건너 뛰고 까마귀 발로 구슬을 달아 시끄럽습니다. 나는 이 음료를 생각하고 발을 돌릴 수 없어서 삽 옆에 앉아 먼 산을 찾았다. 무시하기 위한 것이었다.

둘 다 영문 번역을 중간에 포기했다. 네이버 번역이 그나마 조금 더 낫다. 참고로, '까치발'을 'crows' feet'로 바꾸었는데, '눈가에 세 줄로 난 잔주름'을 의미한다. 그럴 듯하다. 네이버 번역에서 '영감(슈監)'을 inspiration(靈感)으로 바꾸었으나, 동음이의어니 탓할 것은 못된다. 이 번역들을 보면서, 기계에 의한 한국어 → 영어 바꿈의 완성 시점은 이문구의 글을 적절하게 번역하는 바로 그때일 것이라는 생각이 들었다. 한편, 되돌이 번역문은 커다란 웃음 선물이었다. 마치, 제일 앞 사람이 글을 읽고 나서 연쇄적으로 뒤 사람들에게 몸동작만으로 뜻을 전달한 후, 마지막 사람이 이해한대로 말로 하는, 그래서 결말이 엉뚱한 오락방송을 보는 것 같았다.

이번에는 이문구의 글을 한 문장으로, 그리고, 최대한 원문에 가깝도록 필자가 영어로 번역한 후, 네이버의 번역기를 이용해 되돌이 번역을 하였다. '앞터'를 '광장'으로 바꾸었다.

At such a station square, which is no larger than the front yard of a house to know, there are bound to be several kids, who seemed to have never washed their faces in their lifetime, making a boisterous noise by jumping rope on tiptoe or playing marbles, and a local old man, who could tell the time only by judging from the regularly-run buses, sitting on the shovel after a rice paddy work and staring blankly at a distant mountain as if he hesitated to go back home at the thought of a drink, and next to him, a few old women spreading out steamed sweet potatoes and unripe but non-astringent persimmons on the small plank of wood put on a basket, and maybe a porter dozing off in his A-frame back carrier.

알만한 집 앞마당보다 크지 않은 그런 역 광장에는 생전에 얼굴을 씻은 적이 없는 것 같은 아이들 몇 명이 발끝으로 줄넘기를 하거나 구슬치기를 하며 떠들썩한 소리를 내는 것 같았고, 규칙적으로 운행하는 버스만 보고 시간을 알 수 있는 동네 노인 한 명이 있을 수밖에 없었다. 논두렁 일을 마치고 삽짝에 앉아 술 한 잔만 생각하고 집으로 돌아가는 것을 망설이는 듯 먼 산을 멍하니 바라보고 있는데, 옆에서 몇 명의 노파가 바구니에 올려놓은 작은 나무판자 위에 찐 고구마와 익지 않지만 떫지 않은 감을 펼쳐 놓았고, 어쩌면 그의 A-fra에서 한 짐꾼이 꾸벅꾸벅 졸고 있을지도 모른다. 나 백 캐리어.

영어 번역이 시원치 않아서인지, 번역기가 한 문장으로 만들지 못했다. 반복되는 동명사를 잘 인식하지 못하는 모양이다. 지게를 A-frame back carrier으로 번역했는데, 기계가 지게를 아직 모르는 것 같다. 'A-fra'와 'me back carrier'를 떼어내고, 뒷 부분을 '나 백 캐리어'로 바꾸었다. 지게를 뜻하는 알맞은 영어 단어가 도입될 때까지, 지게는 이런 식으로 번역될 것이다. 기계가 'jige'를 어떻게 바꾸는지 알아보기 위해, 'maybe one porter dozing off in his jige'를 넣었더니, '어쩌면 짐꾼 한 명이 지그시 졸고 있을지도 모른다'로 번역했다. 'jige'를 '지그시'로 바꾼 번역기가 귀엽다. 그런대로 상황과 잘 어울린다.

모든 언어에서 문장의 중심은 주어(Subject)와 서술어이다. 동사형 서술어(Verb)는 목적어(Object)를 가질 수도 있고 안가질 수도 있다. 전 세계 1,300여 언어의 80% 정도가 '주어(S)+목적어(O)+서술어(V)' 혹은 '주어(S)+서술어(V)+목적어(O)'의 문장구조를 가진다. 각각의 구조를, 약칭으로, SOV와 SVO라 부른다. 한국어는 SOV 구조의 언어다. 이하, SOV와 SVO의 대비가 필요한 경우, 영어를 SVO 구조의 대표언어로 삼는다.

누리집을 검색하면, 한국어의 장점과 단점을 언급한 blog가 다수 있다. 누리일지에서 보이는 한국어의 장점과 단점은 대부분 한국어가 모국어인 누리꾼에 의해 작성된 것이어서, 유럽 언어가 모국어인 사람의 입장에서 딱히 장점이 장점이고, 단점이 단점인지 단언할 수 없을 것이다. 따라서, 언급된 장단점 하나하나가 한국어의 특징이라고 일컫는 것이 더 타당하다. 하지만, 모국어에 상관없이 논리적인 관점에서 한국어의 단점으로 지적될 만한 특징들이 있는데, 다음과 같다.

(1) 주어와 서술어가 멀리 떨어질 수 있다.
(2) 수식어가 항상 피수식어 앞에 온다.

어떤 문제를 풀어야 한다면, 먼저, 그 문제가 무엇인지 알아야 한다. 그 다음에 문제를 해결할 방안을 찾더라도 찾을 수 있다. 마땅한 해결책이 있으면 다행이고, 설사 없더라도, 항상 문제를 인식하고 주어진 현실에서 해결책에 최대한 가까이 가도록 노력해야 한다. 이 꼭지에서는 단순히 한국어가 갖는 논리적 한계를 지적하는 것이 아니다. 왜냐하면, 그것은 태생적이므로, 안다고 해서 고쳐질 수 있는 것이 아니기 때문이다. 이 꼭지의 주제는 그러한 한국어의 논리적 한계를 조금이나마 극복하는 방안을 찾아보는 것이다.

이문구의 글을 의미 있게 최대한 줄이면, 다음과 같다. '앞터에서'란 말이 이상하니 '앞터에'로 고친다.

(1) 그런 정거장은 앞터에 조무래기들, 한 동네 영감, 노파(가) 두엇, 짐꾼 하나쯤은 있어주게 마련이었다.

혹은 다음과 같이 고칠 수 있다.

(2) 그런 정거장(의) 앞터에는 조무래기들, 한 동네 영감, 노파(가) 두엇, 짐꾼 하나쯤은 있어주게 마련이었다.

비교를 위해 줄인 문장 (1)과 (2)를 영문으로 번역해 보았다.

(1) Such a station square is bound to be filled with several kids, a local old man, a few old women, and maybe a porter.

(2) At the square of such a station there are bound to be several kids, a local old man, a few old women, and maybe a porter.

이 정도 길이의 문장이면, 주어와 서술어의 간격이 한국어와 영어 문장에서 꽤나 차이나는 것을 보여 주는데 충분하나, 효율적인 의미 전달에 있어서, 두 언어의 차이점은 별로 느끼지 못할 것이다. 왜냐하면, 한국어 문장의 주어에서 서술어로 가는 길에 방해물이 별로 없어서, 단순히 '정거장 앞터에 사람들이 좀 있구나.' 하는 정도의 개념은 바로 갖게 되기 때문이다. 여기서 말하는 방해물에 대해서 다음 단락부터 자세히 기술될 것이다.

문제는 이제부터다. 단도직입적으로 얘기하면, 수식어(修飾語) 혹은 꾸밈말에 관한 문제이다. 『표준국어대사전』에 의하면, '수식어는 뒤에 오는 말을 수식하거나 한정하기 위하여 첨가하는 관형사와 부사를 통틀어 이르는 말로, 활용은 하지 않는다.'라고 기술되어 있다. 사실, 이 정의는 잘못되었다. 語는 품사가 아니므로, 語로 설명해야 한다. 관형사는 관형어로, 부사는 부사어로 고쳐야 한다. 관형어란 체언을 수식하는 말로서, 관형사, 관형구, 관형절 모두를 포함한다. 부사어란 용언, 관형사, 다른 부사, 또는 문장 전체를 수식하는 말로서, 부사, 부사구, 부사절 모두를 포함한다. 이문구의 글에서 요약에 쓰인 단어를 뺀 나머지 약 70여 개의 단어는 그런 수식어다.

　이 꼭지 주제와 관련해서, 한국어와 영어의 첫 번째 차이점은 영어에는 관형어와 부사어가 없고, 관형사와 부사만이 있을 뿐이라는 사실에서 출발한다. 한국어에서 관형사나 부사는 뒤에 오는 말(피수식어)을 꾸민다. 영어에서도 마찬가지이나, 동사형 서술어인 경우, 부사는 동사를 한 두 단어 건너 수식한다는 점이 다르다. 두 번째이자 마지막 차이점은 수식어에 대한 『표준국어대사전』의 정의에서 '뒤에 오는 말을 수식하거나 한정'에 들어있다. 관형사나 부사를 '짧은 꾸밈말'이라, 그리고 구나 절을 '긴 꾸밈말'이라 부른다면, 한국어에서는 꾸밈말의 장단에 관계없이 피수식어 앞에 오지만, 영어에서는 긴 꾸밈말이 피수식어 뒤에 온다. 전문용어로, 각각 전치수식어와 후치수식어라고 불린다. 이문구의 글의 수식방법을 원문과 영문에서 비교하면 알 수 있다.

　　알만한 집
　　a house to know
　　알만한 집 마당보다 너르달 것 없을 앞터
　　a (station) square, which is no larger than the front yard of a house to know,
　　생전 물 구경도 못해본 것 같은 조무래기들
　　several kids, who seem to have never washed their faces in their lifetime,

이문구의 글에서는 전치수식어가 초점을 계속 흐린다. 집 얘기 하나보다 생각했는데 앞터가 나오고, 조무래기 노는 얘기 나오나보다 했는데 영감이 나오고, 계속해서 노파, 짐꾼이 나온다. 이때까지도 이 사람들이 무엇을 할지 모른다. 결국, 문장 끝에 있는 '있어주게 마련이었다'까지 읽어야, '정거장 앞터에 사람들이 좀 있구나.'라는 결론에 이른다. 물론, 한국어가 모국어인 사람들은 상황들을 대충 짐작해 잘 따라갈 수 있으나, 그렇지 않은 사람들은 익숙해지기 전까지는 틀림없이 당황할 것이다.

영문에는 한국어에 없는 관계대명사라는 긴 꾸밈말이 등장하고, 동명사가 꾸밈말처럼 이용된다. 관계대명사나 동명사에 대해서 따로 말하지 않겠다. 또한, 영어에는 관계부사라는 것이 있어, 시간(when), 장소(where), 방법(how), 이유(why)에 대한 설명이 필요할 때, 마찬가지로 뒤에서 수식한다. 이 후치수식어는 논리적인 관점에서 보면 신의 한 수로서, '요약할 때 무시해도 좋다'는 말과 같은 뜻이다. 그러니까, 긴 문장의 영문 요약은 문장 자체에 그대로 나타나 있다. 앞이냐 뒤냐의 선택에서 둘 중 하나지만, 주어와 동사가 최대한 서로 가까이 놓이기 위해서는 필연적 선택이다. 영문에서 'Such a station square is bound to be filled with kids' 정도만 읽어도, 글이 어떻게 흘러갈지 짐작할 수 있다.

어떤 사람들은 이렇게 말한다. 한국어는 서술어가 맨 뒤에 있고, 따라서, 부정도 맨 뒤에 하고, 또한 절의 어미변화로 문장이 안 끝날지도 모르기 때문에, 끝까지 집중해야 되므로, 그것이 장점이라고. 한편, 영어는 결론이 초반에 나기 때문에, 끝까지 집중할 필요도 없어 산만해지니, 그것이 단점이라고. 글쎄다. 이 꼭지에서 제기하는 문제는 집중과 분산의 문제가 아니다. 다시 말하지만, 이 꼭지의 주제는 논리적인 관점에서 본 한국어의 태생적 한계를 조금이나마 극복하는 방안을 찾아보는 것이다. 방안이라야 우리가 흔히 저지르는 실수를 줄이는 것이다. 그 방안은 최소한 다음 세 가지다.

첫 번째, 부사(구)를 제 자리에 놓는다.
두 번째, 주어와 목적어 및 서술어 사이를 가능하면 짧게 만든다.
세 번째, 혼동되는 수식어의 사용을 피한다.

위 방안들을 하나씩 짚어보자.

첫 번째, 부사(구)를 제 자리에 놓는다.

이 방안은 어렵지 않다. 위에서 언급했듯이, 부사(구)는 주로 동사나 형용사 앞에 쓰여 그 뜻을 분명하게 하는 말이다. 한국어의 부사(구)는 상대적으로 어순이 자유롭다. 다음 여섯 예문에서 부사의 위치가 올바른 것은 어느 것인지 알아보자.

(1) 한국어의 부사는 상대적으로 어순이 자유롭다. / 한국어의 부사는 어순이 상대적으로 자유롭다.

(2) 그는 지금 운동을 하고 있다. / 지금 그는 운동을 하고 있다.

(3) 더 이상 변화는 두렵지 않아 / 변화는 더 이상 두렵지 않아

(4) 저보다 더 공은 잘 차는 것 같고 / 공은 저보다 더 잘 차는 것 같고

(5) 너무 나이가 많은 것도 아니다 / 나이가 너무 많은 것도 아니다

(6) 할머니가 돌아가신 지 꼭 십년이 지났다. / 할머니가 돌아가신 지 십년이 꼭 지났다.

앞 4개 예문에 대해서, 어느 것을 고르느냐에 따라서 설명이 필요하지만, 특별히 언급하지 않겠다. 다만, 5번째 예문의 '꼭'에 대해서는 다른 관점에서 언급할 필요가 있다. 『온라인가나다』에 '꼭'이 부사인가 형용사인가라고 묻는 질문이 올라왔다. 부사라면, 명사인 십년을 어떻게 꾸밀 수 있냐고. 마찬가지로, '할머니가 돌아가신 지 정확히 십년이 지났다.'라는 문장에서 '정확히'의 품사가 무엇이냐고 물을 수 있다. 짐작하건대, 열이면 열 모두 '꼭 십년이 지났다.'가 바르다고 골랐으리라. 국립국어원의 답은 다음과 같다. '꼭'은 예외적으로, 체언(=십년)을 수식하는 관형어의 역할을 하는 경우에 해당한다. '꼭'을 관형사라 칭하지 않고 관형어라 칭했다. 사(詞)를 물었는데, 어(語)로 대답했다. '꼭'은 분명히 부사다. 영어로 'just' 혹은 'exactly'의 뜻이다. 국립국어원의 답이 그럴 수밖에 없는 이유는 '십년'을 한 단어 명사로 인식하기 때문이다. '십년'은 '십 년'이 맞는 것으로 '십'은 수사이면서 의존명사 '년'을 꾸미는 관형어다. 따라서, '꼭'은 관형어

'십'을 꾸미는 부사이다. '꼭 십년이 지났다'를 영어로 번역한 문장 'It has been exactly ten years.'를 보면 'exactly'가 부사로서 수사이자 관형어인 'ten'을 꾸민다는 것을 정확히 알 수 있다. 결론적으로, 우리가 글을 쓸 때 수사는 뒤에 오는 명사와 떼어 놓는 것을 원칙으로 해야 한다. '1945년 8월 15일'이 아니라 '1945 년 8 월 15 일'로 해야 한다. 안 그러면 숫자가 무한인 만큼 한국어 명사의 수도 무한이 된다. 이에 대해서는 띄어쓰기를 다루는 꼭지 14에서도 언급된다.

두 번째, 주어와 목적어 및 서술어 사이를 가능하면 짧게 만든다.

앞 선 이문구의 글은 주어와 서술어가 얼마나 멀리 떨어질 수 있는지를 잘 보여준다. 목적어가 없는 이 글의 주어와 서술어는 '정거장은 ---- 마련이었다.'가 될 것이다. 주어와 서술어 사이가 구만 리다. 약 70여 개의 단어가 들어있다. 이런 만연체는 이문구 글의 특징으로서, 약 300 개 단어가 들어있는 문장도 있다. 이문구 본인은 일부러 글을 읽기 어렵게 쓴다고 했다. 하지만, 만연체 글이 쉽게 저지르기 쉬운 실수들도 보인다. 예를 들어, '먼 산 바라기하는 옆으로'란 말은 있을 수 없다. 이문구의 만연체 글은 나름의 문학적 가치를 지닌다. 쓰라고 해서 누구나 그렇게 쓸 수 있는 글은 아니다. 어쩌면, 작가의 의도를 가장 잘 표현할 수 있는 글이 만연체인지도 모른다. 하지만, 일반인들은 읽는 사람을 위해서 주어와 목적어 및 서술어 사이를 가능하면 짧게 만들 필요가 있다. 이를 위해서, '일반적으로 주어는 문장 앞에 온다'는 원칙을 과감히 저버리거나, 필요하면 문장을 나누는 편이 낫다.

다음 예를 보자.

예 1. 한국은 영국이 배를 만들 때 세계 최초로 철갑선인 거북선을 만든 나라다.
예 2. 호프만은 김백평이 독일로 건너가 의학을 공부했는데 당시 그의 논문을 조언해준 건 히틀러의 독일 민족 우월주의에 결정적 영향을 미친 우생학 권위자 오이겐 피셔였다고 밝혔다.
예 3. 정부는 사전협의나 통보 없이 일방적으로 발표한 일본 측의 이번 조치에 대해 깊은 유감의 뜻을 다시 한번 ······
예 4. 같은 지역구의 이수원 예비후보와 이언주 의원이 전략공천된 남구을 김현성 예비후보도 자리에 함께 했다.

예 1에서, 영국이 철갑선을 만든 줄 알았다. 주어 '한국은'을 '세계 최초' 앞으로 옮기는 편이 낫다. 예 2에서, 주어 바로 뒤에 김백평이라는 인물이 나오고, 또, 뒤에 오이겐 피셔라는 인물도 나온다. 혼란스러운 문장이다. 그 가운데 최선을 찾는다면, 주어 '호프만'을 '밝혔습니다' 앞에 놓는 편이 낫다. 예 3에서는, 일방적으로 발표한 측이 마치 정부인 것처럼 읽히다가 일본 측으로 반전된다. 주어 '정부는'을 '대해'와 '깊은' 사이에 놓는 편이 낫다. 예 4에서 이언주 의원이 전략공천된 줄 오해했다. 이 문장은 다음과 같이 둘로 나누는 편이 낫다.

같은 지역구의 이수원 예비후보, 이언주 의원, 그리고 김현성 예비후보가 자리를 함께 했다. 김 예비후보는 남구을에 전략공천된 바 있다.

세 번째, 혼동되는 수식어의 사용을 피한다.

수식어가 혼동을 유발하는 경우란, 피수식어가 모호한 경우로서, 대부분 수식어가 관형어다. 그런 경우는 이중으로 존재하는 수식어에서 비롯된다. 예를 들면, '예쁜 친구의 언니' 같은 유형이다. 관형사 '예쁜'이 친구를 꾸미는지, 언니를 꾸미는지 모호하다. 관형사는 피수식어 바로 앞에 온다는 원칙에 의하면, 친구가 예쁘다는 말이다. 언니가 예쁘다면, '친구의 예쁜 언니'가 될 것이다. '꾸준한 환경에 대한 관심', '그른 한국사의 이해' 등, 이런 유형의 예는 한국어에 수없이 많다. 이 중, 수식이 간단하면 그 모호함을 금방 발견할 수 있으나, 두 수식어 중 뒤의 것이 길면 알아차리는데 당연히 시간이 걸린다. 그렇다고 모호함을 해결하기 위해 앞의 수식어를 제 자리에 옮기면, 이미 주의가 분산되어 버린 후가 되어, 김이 샌다. 두 수식어 중 앞의 것이 길면, 그런대로 괜찮다. 다음 표현이 그 예다.

뒤 수식어가 긴 경우

네이마르의 일본인 수비수 사카이 히로키를 향한 인종 차별 발언 / 일본인 수비수 사카이 히로키를 향한 네이마르의 인종 차별 발언

참고로, 앞 수식어가 긴 경우 (편의상, 순서를 바꿨다)

일본인 수비수 사카이 히로키의 네이마르를 향한 인종 차별 발언 /
네이마르를 향한 일본인 수비수 사카이 히로키의 인종 차별 발언

수식어가 피수식어 앞에 오는 한국어로 명쾌하게 의미를 전달하는 것은 결코 쉬운 일이 아니다. 이 불리함을 극복하기 위하여, 한국어로 글을 쓰는 사람들은 모름지기 한국어가 지니는 논리적 한계를 늘 염두에 두어야 할 것이다.

꼭지 16. 유감입니다

나 원내대표는 "아이가 미국에서 고교에 다녔기에 방학 동안 실험할 곳이 없어서 실험실을 사용하고 이런 부분에 대해 알려주십사 부탁을 드린 적은 있다"며 "학술논문을 쓰기 위한 것도 아니고 그 지역 고등학교 과학 경시대회에 참여하는 데 실험을 해야 했기 때문"이라고 설명했다. 특혜 의혹에 대해서는 "그렇게 읽히는 부분이 있다면 유감"이라며 "포스터는 저희 아이가 다 쓴 것"이라고 주장했다.

2019년 9월 11일 『서울신문』 기사내용이다. 나 원내대표란 사람이 그 전에 '주어(主語)' 가지고 말장난을 한 적이 있는지라, 위 기사의 '유감'이란 말이 죄송하다는 얘기인지, 섭섭하다는 얘기인지 도무지 알 수가 없다.

어떤 사람이 뜻이 서로 다른 다음 두 문장의 예를 들어 국립국어원 『온라인가나다』에 유감의 뜻을 물었다.

대통령은 독도가 일본 땅이라 주장하는 일본 정부에 대해 깊은 유감을 표했다.
시장은 지하철 1호선 고장으로 시민들께 불편을 끼쳐드린 점에 대해 유감을 표했다.

다음은 국어연구원의 답변이다.

'유감을 표하다'의 '유감'을 현재 사전 뜻풀이대로 쓰고 있는지, 그 이상의 다른 뜻으로 쓰고 있는지 단정하기 어렵습니다. 특정 기관에서는 그 기관에서 정한 방식에 따라 단어를 사용하는 경우가 있는데, 문의하신

'유감'도 그러한 경우에 해당되는 것으로 보입니다. 단어 사용과 표현의 본뜻은 그러한 표현을 한 주체에 속한 것이라 할 수 있으므로, 객관적으로 판단하기 어려운 면이 있다는 점을 헤아려 주시기 바라며, 현행 "표준국어대사전"에서는 아래와 같이 '유감'의 의미를 제시하고 있으니 참고하시기 바랍니다.

유감(有感): 느끼는 바가 있음. 보기) 이 작품에 대한 너의 유감을 듣고 싶어. 풀빛이 진해진 이파리들을 보니 봄날 유감이 더욱 새롭다.
유감(遺憾): 마음에 차지 아니하여 섭섭하거나 불만스럽게 남아 있는 느낌. 보기) 유감을 품다/유감의 뜻을 표하다/내게 유감이 있으면 말해 보아라./우리는 불미스러운 일이 생긴 데 대해 유감으로 생각합니다./싸움터에 나가게만 해 주신다면 소인은 죽어도 유감이 없겠습니다.

그러니까, 국립국어원의 답변은 "문의한 '유감'이 유감(有感)인지 아니면 유감(遺憾)인지 모르겠으니 판단할 수 없다."이다.

다른 사람이 아예 '유감(遺憾)'을 콕 집어 그 의미와 용례에 대해 질문했다.

정치인들이 문제가 된 상황을 무마하기 위해 '유감을 표한다.'라는 표현이 왜 미안함을 나타내는 상황에서 쓰이는 어휘인지 잘 이해가 안 됩니다. 그 의미를 사전에서 찾아보면 '마음에 차지 아니하여 섭섭하거나 불만스럽게 남아 있는 느낌'이라고 나와 있습니다.
중략
또한 용례를 살펴보면 '유감으로 생각합니다.' '유감이 많다.' '유감일 뿐입니다.' 등으로 사용됨을 알 수 있는데, 이 경우 사전적 의미대로라면 사과나 미안함을 나타내는 표현이라기보다 오히려 자신의 섭섭함이나 불만을 나타내는 표현이라고 판단되는데, 정확히 어떤 의미일까요?

이에 대한 국립국어원의 답변이다.

알고 계신 바와 같이 '유감'은 '마음에 차지 아니하여 섭섭하거나 불만스럽게 남아 있는 느낌'을 뜻합니다. '미안하다'는 '남에게 대하여 마음이 편치 못하고 부끄럽다'를 뜻하며, 그런 느낌이 더 커져서 죄스러울 정도로 황송하다면 '죄송하다'라고 표현합니다. 보통은 듣는 이와의 관계, 맥락 등에 따라 '미안하다/죄송하다'를 골라 쓰는 듯합니다. 그러나, '유감'에 '미안하다/죄송하다' 등의 뜻이 있다고 보기는 어렵겠습니다. 가령, 내가 발을 헛디뎌 마주 오는 사람의 어깨를 친 경우 보통 '미안합니다/죄송합니다' 등으로 표현하나, '유감입니다/유감을 표합니다'라고 하기는 어렵습니다. 사전의 용례, 현실에서의 쓰임을 등을 봤을 때 '유감'에 '미안(하다)/죄송(하다)'의 뜻이 있다고 보기는 어렵겠습니다.

'유감(遺憾)'의 뜻을 한자어 그대로 풀이하면, '남는(遺) 섭섭함(憾)'으로, 어디에 남느냐 하면, 마음에 남는다는 말이다. 사실, 부끄럽게도, 지금까지 '유감스럽다'의 '유감'이 '有感'이나 '遺感' 정도로 짐작했을 뿐, '유감(遺憾)'의 뜻인 줄 몰랐고, '憾'이 '섭섭하다'라는 뜻의 한자인 것을 이 글을 쓰면서 처음 알았다.

드릴 것이 없어 불편도 드리는지 모르겠지만, '불편을 끼쳐드린 점에 대해 유감을 표했다.'라는 말은 '불편하게 해서 섭섭했다.'라는 말이다. 불편을 끼친 측에서 할 말은 아니다. 그냥 '불편을 끼친 점에 대해 사과했다.'라고 하면, 오해없이 간단히 끝날 말이다. '불미스러운 일이 생긴 데 대해 유감으로 생각합니다.'라는 말을 불미스러운 일을 유발한 측에서 표명한다면, '불미스러운 일이 생겨 섭섭했다.'라는 말도 안 되는 말이 될 것이고, 불미스러운 일을 당한 측에서 표명한다면, '불미스러운 일에 섭섭하다'라는 말이 될 것이고, 나아가서, '상대방이 사과를 하면 좋겠다.'라는 뜻도 포함한다. 어찌되었든, '遺憾'이란 말은 정치인들과 외교가들이 좋아할 만한 말이다.

'遺憾'이란 말이 외교적 수사일 경우, 오해를 부를 소지가 다분하다. 우리말 '섭섭하다'는 영어로 'disappointed', 즉, '실망스럽다'이다. 중국에서는 어떻게 받아들일까? 중국어 '遺憾 [yíhàn]'의 의미는 영어로 'regretful'이다. 'regretful'이나 'regrettable'의 의미가 '애석하다/안타깝다'의 의미지만, 중국에서 '遺憾'은 후회(後悔) 혹은 여한(餘恨)의 의미를 더 강하게 가진다. 우리말로 하면, '아쉽다' 정도 될 것이다. 운동 경기에서 '실력을 유감없이 발휘하다' 혹은 '여한 없이 싸우다'가 그 예다. 수준에 상관없이, 그리고, 이기고 지건 간에, 가진 실력을 모두 쏟아 붓고 나서 할 말이다. '이랬으면 어땠을까', '저랬으면 어땠을까' 하는 아쉬움이 하나도 없는 상태다. 일본에서는 어떻게 받아들일까? 일본어 '遺憾 [いかん]'의 의미는 영어로 'regrettable'이다. '애석하다/안타깝다'의 뜻이다. 'disappointed'와 'regretful or regrettable'은 의미가 전혀 다르다. 우리의 '실망스럽다'라는 의사 표현이 '아쉽다' 또는 '안타깝다'의 탄식조로 바뀌었다.

2019년 10월 11일 『매일경제』는 '韓 대통령 일왕 만남의 역사'란 제목의 기사를 실었다.

전두환 전 대통령은 나카소네 일본 총리의 초청에 응해 1984년 9월 6일 일본을 공식 방문했다. 이날 저녁 히로히토 일왕은 공식만찬에서 "금세기의 한 시기에 양국 간에 불행한 과거가 있었던 것은 진심으로 유감이며 다시 되풀이되서는 안 된다고 생각한다."고 말했다.

여기서 유감은 遺憾이며, 우리 입장에서 피해를 입힌 일본이 쓰면 이상한 말이다. 하지만, 일본 입장에서는 '애석하다/안타깝다'의 의미이므로, 사용해도 이상할 것이 없다. 이는 사과의 표현이 아니라, '예전에 그런 상황이 발생해서 안타깝다' 정도의 논평 수준이다.

계속된 기사 내용이다.

노태우 전 대통령은 (아키히토) 즉위식에 앞서 1990년 5월 24일, 2박3일 일정으로 일본을 공식 방문해 아키히토 일왕을 미리 만났다. `통석(痛惜)의 염(念)` 발언이 이때 나왔다. 아키히토 일왕은 환영만찬에서 노 전 대통령에게 "우리 일본에 의해 초래된 불행한 시기, 귀국의 사람들이 겪었던 불행을 생각하며, 나는 통석(痛惜)의 염(念)을 금할 길이 없습니다."고 말했다. 당시 노태우 정부는 1984년 히로히토 일왕의 `불행한 과거` `유감`보다는 진전된 표현으로 보고 이 발언을 `사죄`로 평가했다. 다만 표현이 모호하다는 점에서 제대로 된 사죄는 이뤄지지 않았다는 비판도 있었다.

통석(痛惜)은 '몹시 애석(哀惜)하다'란 뜻이다. 애석(哀惜)은 "장렬한 최후의 죽음을 애석하게 생각했다"의 예처럼, 슬프고 아깝다는 말이다. 영어로 'regret'이다. 遺憾이나 痛惜이나 거기서 거기다. 대통령 개인이 정치적으로 아니면 국가 차원에서 얻을게 있어서 일본에 갔겠지만, 통석(痛惜)이란 말을 듣고 사과했다고 치자는 그 당시 한국은 또 뭔가?

꼭지 17. 여름에 나무꾼?

거의 20 년 전의 이야기다. 수업시간에 학생들에게 숙제를 내주었다. 아래 노래 가사 1 절의 상황이 잘못 되었는데, 다음 수업시간까지 찾으면, 10 점의 점수를 올려주겠노라고. 윤석중 작사, 박태현 작곡의 동요로서, 1936 년에 발표된 『산바람 강바람』이란 노래의 가사이다. 요즈음에는 어떤지 몰라도, 나이 든 사람들은 어린 시절 많이도 불렀던 노래이리라.

> 1. 산 위에서 부는 바람 서늘한 바람
>   그 바람은 좋은 바람 고마운 바람
>   여름에 나무꾼이 나무를 할 때
>   이마에 흐른 땀을 씻어 준대요.
> 2. 강가에서 부는 바람 시원한 바람
>   그 바람은 좋은 바람 고마운 바람
>   사공이 배를 젓다 잠이 들어도
>   저 혼자 나룻배를 저어 간대요.

잘못 설정된 상황은 무엇일까? 좀 자세히 들여다보면, 답이 될 만한 상황은 3 번째 구절 '여름에 나무꾼이 나무를 할 때' 밖에 없다. 그렇다. 여름에 나무꾼은 없다. 지금은 나무할 일이 없지만, 그리고 도시 사람들은 잘 모르지만, 예전, 그러니까, 1970 년대, 입산금지 정책이 시행되기 전에는, 시골에서 겨울에 이듬해 겨울까지 쓸 땔감을 마련하는 일이 농한기 겨울철 행사 중의 하나였다. 마른 나뭇가지며 마른 풀을 베어서 동이를 만들어 나뭇간 한 편에 쟁여 놓았다가, 바싹 마른 다음 땔감으로 쓴다. 여름에는 농사일로 바쁘기도 하거니와, 나무진 때문에 낫질조차도 힘들어 나무를 할 수 없다. 나무꾼은 겨울 계절 직종이다.

이쯤 되면, 여름에 나무꾼이 없다는 잘못된 상황보다도 답을 맞춘 학생이 있었느냐, 있었다면 진짜로 10 점 올려주었느냐에 더 관심이 많아진다. 이 이야기를 주위 사람들에게 들려주면, 발끈하는 사람들이 있다. 1 위에서 3 위까지의 순서를 보면, 3 위는 음악 선생님, 2 위는 시골 출신, 그리고 1 위는 시골 출신 음악 선생님이다. 아련한 추억이 깃든 어린 시절 노래 가사가 엉터리라는 것과, 그런 것을 알 만한 위치에 있음에도 불구하고, 한 번도 의심하지 않았다는 사실에 발끈하였으리라. 그들의 심리를 이해할 만하다.

2 절까지는 안 적어도 되는데, 굳이 적은 이유는 2 절의 상황도 웃기기 때문이다. 어린 시절 사공이 있는 시골에서 자랐고, 호기심에 노도 저어 보았지만, 자동차 운전하는 것도 아닌데, 노를 젓다가 잠 들 수도 없고, 노 젓다가 잠 든 사공 본 적도 없다. 또, 배가 저 혼자 떠내려가는데도 좋은 바람 고마운 바람? 배가 저 혼자 떠내려가면, 물결 때문에 떠내려가지, 폭풍이 아닌 바에야 바람 때문에 떠내려가지는 않는다. 한 마디로, 이 노래 가사는 나무 한 번 안 해보고 노 한 번 안 저어본 사람이 지은 것이다. 다만,

노 젓다가 잠 든 사공을 상상하면 귀엽기는 하다.

사람들은 이렇게 반박할 수 있다. 어린이 노래인데 서정적이면 되지 않냐, 이것 저것 다 따지면 무슨 노래 가사가 되냐, 운율을 맞추다 보면 그럴 수 있지 않냐, 노래 가사가 무슨 과학이냐 등 등, 이에 대한 재반박은 하지 않겠다.

나무꾼하면, 떠오르는 이야기가 있다. 바로, '나무꾼과 선녀' 이야기이다. 요즈음에는, '선녀와 나무꾼'으로 바뀌었다. 이 설화는 동양에서 보편적으로 공유된다. 사슴의 보은으로 부부가 된 나무꾼과 선녀에 대한 설화로서, 우리나라에서는 금강산을 배경으로 한다. 너무 잘 알려졌기 때문에, 이 꼭지의 주제와 관련된 도입부만 적어 본다.

> 어느 날 나무를 하던 나무꾼이 사냥꾼에게 쫓기는 사슴을 구해 준다. 사슴은 보답으로 선녀를 아내로 맞는 방법을 일러준다. 하늘에서 선녀들이 내려와 목욕하니 틈을 타 한 선녀의 날개옷을 감추라고. 목욕이 끝나고 날개옷을 잃은 그 선녀만은 하늘로 돌아가지 못하게 되고 나무꾼은 그 선녀를 데려다 아내로 맞이한다.

위 사건이 일어나는 때는 사계절 중 어느 계절일까? 계절을 짐작할 수 있는 단어가 3 개 나온다. 나무꾼, 사냥꾼, 그리고 목욕이다. 나무꾼은 겨울 계절 직종이라고 앞서 언급했다. 사냥꾼도 나무꾼과 마찬가지로, 겨울 계절 직종이라 둘은 일치한다. 어린이 그림 동화책을 보면, 사냥꾼은 두툼하게 겨울옷을 입었다. 그러면, 목욕은? 역시 어린이 그림 동화책을 보면 사슴이 도망치는 배경은 푸른 잎이 무성한 숲 속이다. 선녀들이 목욕하는 못의 주변도 푸른색 일색이다. 화가는 여름을 표현하고 있다. 상식적으로 판단해도, 깊은 산 속에서 하는 목욕은 여름이 제 철이다. 나무꾼과 사냥꾼은 겨울에 등장하는, 그러나, 목욕은 여름에 하는 상황이다. 계절 불일치다.

사람들은 또 이렇게 반박할 수 있다. 사슴이 말하는 거며, 선녀도 어차피 허구인데, 계절 불일치가 무슨 대수냐, 모르고 넘어가면 아무 문제없는데, 무엇을 그리 따지냐, 주제만 잘 전달되면 되지 있을 수 없는 상황 설정이면 어떻냐 등등, 이에 대한 재반박 역시 하지 않겠다.

여섯째 마당

이상한 말버릇

꼭지 18. 도록 하

뉴스를 마치도록 하겠습니다.
될 수 있으면 유산소 운동을 하도록 하겠습니다.
가까운 시일 내에 과제물을 검토하도록 하겠습니다.
그럼 다음 주에 다시 오도록 하겠습니다.
다음에 더 알찬 콘텐츠로 찾아뵙도록 하겠습니다.
내일 아침 일찍 출발하도록 하자.

'~도록 하~', 요즈음 1인 방송은 말할 것도 없고, 공중파 방송에서도 흔하게 들을 수 있는 말이다. 적어도 10년 이전에는 잘 쓰지 않던 말들이다. 위의 예에서, '~도록 하~'를 빼고 말해보자. 위의 말이 맞는 말일까? 아래의 말이 맞는 말일까? 아니면 둘 다 맞는 말일까?

뉴스를 마치겠습니다.
될 수 있으면 유산소 운동을 하겠습니다.
가까운 시일 내에 과제물을 검토하겠습니다.
그럼 다음 주에 다시 오겠습니다.
다음에 더 알찬 콘텐츠로 찾아뵙겠습니다.
내일 아침 일찍 출발하자.

6개의 예문에서 1개의 예문만이 나머지 5개의 예문과 어딘가 다르다는 것을 발견한다면, 보통이 아닌 주의력을 소유하고 있다고 말할 수 있다. 그 1개의 예문은 6번째 예문이다. 각 예문에서 생략된 주어를 넣어 보면 쉽게 구별되는 바, 앞 5개의 예문에서는 내가 나의 의사를 일방적으로 표명하는 반면, 6번째 예문은 내가 특정인에게 권유하는 예문으로, 주체는 우리이다. 위의 질문에 대한 답으로 둘 다 맞는 말이라면, '도록 하'는 안 들어가도 된다는 말이고, 사족인 셈이다.

『표준국어대사전』에 의하면 '도록'은 「어미」로서 다음과 같이 정의된다.

(1) (동사 어간이나 일부 형용사 어간 또는 어미 '-으시-' 뒤에 붙어) 앞의 내용이 뒤에서 가리키는 사태의 목적이나 결과, 방식, 정도 따위가 됨을 나타내는 연결 어미. 뒤에 '은', '도', '까지' 따위의 보조사가 올 수 있다.

- 나무가 잘 자라도록 거름을 주었다.
- 손님이 편히 주무시도록 조용히 하여야 한다.
- 아이들이 길을 안전하게 건널 수 있도록 보살펴야 한다.

(2) (동사 어간 뒤에 바로 붙어) '해라'할 자리에 쓰여, 명령의 뜻을 나타내는 종결 어미. '-어라'보다는 덜 단호한 어감이 있다.

- 해산했다가 열두 시까지 이 자리에 다시 모이도록 (해라). * '해라'는 임의로 추가함.

위 1형의 예는 목적을 나타낸다. 결과, 방식, 정도를 나타낸 예는 다음과 같다.

결과
- 가을이 깊어가도록 단풍은 더 짙어졌다.
- 사람은 환갑이 되도록 셈이 든다.

방식
- 상가에서 밤새도록 울다가 누가 죽었냐고 한다.

- 검은 머리 파 뿌리 되도록 살았다.

정도
- 먹지도 못하는 제사에 절만 죽도록 했다.
- 손발이 닳도록 빌었다.

한편, 국립국어원 『외국인을 위한 한국어문법 2』에서 '-도록 하다'의 쓰임을 다음 4 가지로 제시한다.

① 어떤 사람에게 어떤 행위를 하도록 시키거나 물건인 경우에 어떤 작동을 하게 만드는 의미를 나타낸다.
② 어떤 사람에게 어떤 행위를 하는 것을 허용하거나 허락함을 나타낸다.
③ '하다'가 명령형이나 청유형에 쓰여 듣는 사람에게 어떤 행동을 명령하거나 권유함을 나타낸다.
④ 말하는 사람이 어떤 행위를 할 것이라는 의지나 다짐을 나타낸다.

이 4 가지 쓰임새는 ①, ②, ③을 한 무리로, ④를 별개로 구분할 수 있는데, ①, ②, ③은 '어떤 사람' 혹은 '듣는 사람'이라는 대상이 존재하는 반면, ④는 그렇지 않다. '도록 하'의 의미는 크게 두 가지로, 한 가지는 ①, ②, ③에서 보이는 바와 같이, 사역, 허용, 명령, 권유를 나타내고, 다른 한 가지는 ④에서 보이는 바와 같이, 말하는 주체의 의지나 다짐을 나타낸다.

『표준국어대사전』정의와 『외국인을 위한 한국어문법 2』를 비교하면 약간의 차이가 있다. 편의상, 사전 정의는 '도록1', '도록2'로, 외국인 문법은 '외국인①', '외국인②', '외국인③', '외국인

④'로 표시한다. '도록1'은 '외국인①'과 '외국인②'에 해당한다. '도록2'는 '외국인③'의 명령에 해당한다. '외국인③'의 권유와 외국인④는 사전에 정의되어 있지 않다. '외국인③'의 권유는 '도록2'에 '하자'와 권유만 추가하면, 다음과 같이 해결될 일이다.

'해라'할 자리에 쓰여, 명령의 뜻을 나타내는 종결 어미. ……. 문장 끝에 '하자'를 쓰면 권유의 뜻을 가진다.
• 해산했다가 열두 시까지 이 자리에 다시 모이도록 (해라). * '해라'는 임의로 추가함.
• 해산했다가 열두 시까지 이 자리에 다시 모이도록 하자.

이 꼭지에서 '도록 하'를 주제로 설정한 이유에 합당한 예문은 첫 번째, 2-5 번째이다. 6 번째 예문은 '외국인③의 권유'로서, 아무 문제가 없다. 나머지 예문에 어떤 문제가 있는지 알아보는데, 『외국인을 위한 한국어문법 2』이 언급된 김에, 먼저 2-5 번째 예문을 살펴본다. 이 예문들은 '외국인④'에서 보이는 바와 같이, '도록 하'가 말하는 주체의 의지나 다짐을 나타내는데 적당한 말로 제시되었다. 4 개의 예문을 다시 가져와, '도록 하'가 있는 경우와 없는 경우를 비교해, 어느 예문이 말하는 주체의 의지나 다짐을 더 잘 나타내는지 알아본다.

될 수 있으면 유산소 운동을 하도록 하겠습니다.
→ 될 수 있으면 유산소 운동을 하겠습니다.
가까운 시일 내에 과제물을 검토하도록 하겠습니다.
→ 가까운 시일 내에 과제물을 검토하겠습니다.
그럼 다음 주에 다시 오도록 하겠습니다.

→ '그럼 다음 주에 다시 오겠습니다.
다음에 더 알찬 콘텐츠로 찾아뵙도록 하겠습니다.
→ '다음에 더 알찬 콘텐츠로 찾아뵙겠습니다.

개인적인 판단으로는, '도록 하'가 없는 경우의 예문에서 말하는 주체의 의지나 다짐이 더 단호하다고 생각한다. '도록 하'가 있는 경우, 말하는 주체의 의지나 다짐이라기보다는, 오히려, 당시의 상황에서 벗어나려는 혹은 두루뭉술하게 넘어가려는 의도마저 느껴진다. 예를 들어, '그럼 다음 주에 다시 오도록 하겠습니다.'는 안 올수도 있다는 의미도 포함된다. 이를 고려해 제대로 표현하면, '그럼, 될 수 있으면 다음 주에 다시 오겠습니다.'나 '그럼, 다음 주에 다시 오도록 노력하겠습니다.'가 될 것이다.

자, 이제 문제의 첫 번째 예문 '뉴스를 마치도록 하겠습니다.'에 대해 살펴보자. 뉴스 진행자의 이 말과 동시에 뉴스가 끝나는 상황이다. '뉴스를 마치겠습니다.'란 미래형을 쓸 수도 없다. '뉴스를 마칩니다.'라고 해야 한다. '쇼를 시작하도록 하겠습니다.'도 마찬가지다. '쇼를 시작합니다.'라고 해야 한다. 이 경우, '도록 하'는 사전적 정의의 2가지, 외국인 문법의 4가지 쓰임새 가운데, 어느 것에도 해당되지 않는다. 다시 말해, '도록 하'는 전혀 쓸모없거니와, 말을 차마 맺지 못하고 질질 끄는 듯 보이며, 자신감이 필요한 상황이 아닌데도 자신감이 없는 듯하며, 심지어, 있지도 않은 책임을 회피하는 인상을 준다.

'뉴스를 마치도록 하겠습니다.', '뉴스를 마치겠습니다.', '뉴스를 마칩니다.'를 영어, 일본어, 중국어로 번역하면 재미있는 현상을 발견할 수 있다.

(저는) 뉴스를 마치도록 하겠습니다.	I'll finish the news. (私は)ニュースを終わりたいと思います。 我將結束新聞。
(저는) 뉴스를 마치겠습니다.	I'm done with the news. (私は)ニュースを終わります。 我將結束新聞。
(저는) 뉴스를 마칩니다.	This is the end of the news. (私は)ニュースを終わります。 我結束新聞。

당연하게도, 4개국 모두 '마칩니다.'가 제일 깔끔하고 간결하지만, 의사 전달하기에 충분한 표현이다. '마치겠습니다.'는 바로 마치는 것이 아니라, 미래에 마친다는 시제의 문제가 있고, '마치도록 하겠습니다.'에는 이유 모를 군더더기가 들어 있다. 이 현상은 일본말에서도 나타난다. 'たいと思います (~고 싶다고 생각합니다)'라는 말은 직설적인 말을 잘 안 쓰는 일본 사람들이 실생활에서 애용하는 표현이다. 자신감 결여나 일종의 자기방어 같은 느낌이 든다. 여담으로, 일본 프로축구리그에서 프로경력을 시작한 한 한국 축구선수는 기자회견할 때 10개의 문장을 말하는데, '~라고 생각합니다'라는 말을 10번 들을 수 있을 정도다. 반면, 영어는 시제와 뜻이 명료하고 군더더기가 없다. 중국어는 시제

자체가 없으니, 문법적으로 간단하고 뜻 또한 명료하다. 이 차이는 한국어와 일본어는 교착어이고, 영어와 중국어는 고립어인 것에서 비롯된다. 고립어는 용언의 변화가 크지 않은 반면, 교착어는 변화무쌍하다. 한국어나 일본어는 쓸데없이 변화한 군더더기 말을 없애, 간단히 표현할 필요가 있다.

그럼, 사람들은 왜 근래에 아무 의미 없는 '도록 하'를 사용해 말을 질질 끌게 되었을까? 지난 수십 년에 걸쳐 사람들이 자기 의사를 분명히 밝히는 것에, 그리고, 말을 맺고 끊는 것에 머뭇머뭇하는 경향은 한국 사회의 변화에서 찾을 수 있다. 그중에서도, 1995년 인터넷 상용화와 무선화에 의한 사회 연결망(社會連結網) 또는 소셜 네트워크(영어: Social Network)의 빅뱅은 전 세계적으로 '사회적 관계 구조'에 대한 개념을 바꾸어 놓았다. 한 개인이 관계를 맺는 사람의 수는 엄청나게 증가했으며, 잠들지 않는 사회가 되었다. 인터넷을 통해 중요한 화제에 대해 때에 따라 여론의 생성자, 촉진자, 참여자가 되기도 한다. 특히, 우리나라에서는 더욱 그러했다. 따라서, '내가 하는 말'에 거의 실시간으로 이루어지는 집단적 반응에 민감해지고, 필요한 경우, 자신을 방어해야 된다는 강박관념이 생길 수 있다. 이러한 대중에 대한 방어적 강박관념이 불분명하고 흐릿한 말끝을 만들지 않았나 생각한다.

꼭지 19. 것 같다

　길게 잡아서, 지난 20 년 정도라 말해 두자. 한국 스포츠의 특정 분야는 거의 승천의 경지에 이르렀다고 말할 수 있을 정도의 깜짝 놀랄 경기력으로 국민들에게 많은 감동을 주었고, 해당 운동선수들과 같은 시대에 살고 있다는 사실에 국민들은 큰 행복감을 느꼈다. 당연히, 기자가 그런 운동선수들에게 묻고 답변을 듣는 영상과 기사가 많이 TV에 방영되고 신문에 실렸다. 그것들을 보면 들으면서, 선수들의 특이한 말버릇에 주목하게 되었다. 이 말버릇은 개인에 따라 정도의 차이는 있을지언정, 특정인에 국한되지 않는다. 분야를 가릴 것 없이, 대중매체에 노출되는 사람들도 거기서 거기고, 주위의 평범한 사람들 역시 그들과 크게 다르지 않다. 다만, 비슷한 연령대의 사람들이 많이 쓴다. 말인 즉슨, 이 말버릇은 세대의 경향이다. 그 말은 다름 아닌 '~ 같다' 라는 말이다.

　ㄱ의 말을 보자.
　1. 전보다 훨씬 더 설레는 것 같고....
　2. 힘들었던 건 사실이었던 것 같아요.
　3. 최선을 다하는 것이 중요할 것 같습니다.
　4. 그래서 그 동안 많이 힘들었던 것 같아요.

　ㄴ의 말을 보자.
　5. 그렇게 매일 매일 하는 게 정말 힘든 것 같아요.
　6. 평정심을 찾는 게 중요한 것 같아요 ....

7. 경험할 수 있게 돼서 좋은 것 같아요. ….
   8. 언제든 무대에 올라갈 수 있게 스파르타식 연습이 필요한 것 같습니다.
   9. 지금까지도 비교당하고 있는 그 사람도 짜증날 것 같아요.

ㄷ의 말을 보자.
   10. 오는 14 일에 출국할 수 있을 것 같습니다.
   11. 똑 부러지게 말할 수 있을 것 같습니다.
   12. 저는 문제없을 것 같습니다.
   13. 행운을 빌어야 할 것 같습니다.

사실, 말버릇의 변화는 알아차리기 쉽지 않다. 수많은 사람들이 동시에 잠깐 쓰다가 버리는 유행어와는 달리, 말버릇은 시나브로 바뀌기 때문이다. 아래위로 차이가 나지 않는 비슷한 연령대의 사람들만이 즐겨 사용하면, 당연히 세대를 구분하는 세대어도 될 수 있다. 나이가 좀 있는 사람들은, 예를 들어, '걱정할 게 하나도 없다'라고 하는 반면, 젊은 사람들은 '걱정할 게 일도 없다'라는 표현을 쓴다. "아니 왜 '하나'가 한자말 '일'로?"라고 하면서 그 속에서 논리를 찾으려고 한들, 찾아지지 않는다. 상식도 끼어들 틈이 없다. 오로지 특정 세대가 느끼는 공감만 있다.

'~ 같다'라는 말에 특정 세대가 느끼는 공감은 무엇일까? 이것이 이 꼭지의 주제이다. 그럼, "소위 '세대어'라는 것이 하나둘이 아닐진대, 왜 '~ 같다'라는 말이 그 대상이야?"라고 반문하는 사람들이 있을지 모르겠다. 그 이유는 약간의 염려가 있어서다.

『민중국어사전』은 '~ 같다'를 다음과 같이 정의한다.

㉮ 서로 다르지 않다.
- 같은 말
- 수입과 지출이

㉯ 다른 것이 아닌 바로 그것이다.
↔ 다르다.

㉰ '-ㄴ 것 -는 것 -ㄹ 것 -을 것' 등의 뒤에 쓰여, 추측이나 불확실한 단정을 나타내는 말.
- 비가 올 것

㉱ ('같으면'의 꼴로 쓰여) '…라면'의 뜻으로 가정하여 비교함을 나타내는 말.
- 당신 같으면
- 옛날 같으면

㉲ 닮아서 비슷하다. 또는 …답다.
- 샛별 같은 눈
- 사람 같은 사람

㉳ ('같으니 같으니라고'의 꼴로 쓰여) 호령을 하거나 혼잣말로 남을 욕할 때 쓰는 말.
- 나쁜 놈 같으니
- 괘씸한 놈 같으니라고

참고로, ET-house『능률 한영사전』에 의하면 영어로 다음과 같다.

Ⓐ (동일하다, 동등하다) same, identical (to/with), equal (to), (가치가) equivalent (to), (공통된) common
Ⓑ (비슷하다, 유사하다) similar (to), like (명사 앞에서만 쓰임), alike (명사 앞에서는 쓰이지 않음)
Ⓒ (종류) like, such as

국어사전과 한영사전을 비교해 보면, 국어 정의 ㉮, ㉯, ㉰, ㉱이 영어 정의 Ⓐ, Ⓑ, Ⓒ에 해당하고, 국어 정의 ㉲는 'if' 가정문에 해당한다. 추측이나 불확실한 단정을 나타내는 말로서의 국어 정의 ㉳가 이 꼭지의 주제이다. 영어 단어 'is likely to' 혹은 'looks like'에 해당하나, 영어가 ㉳보다 더 긍정적인 의미를 가진다.

위 ㄱ, ㄴ, ㄷ의 13 마디 문장 가운데, 정의 ㉳에 합당한 문장은 어느 것일까? 그렇다 (O), 애매하다 (∆), 아니다 (X)로 나누어 보았다. 사람에 따라서 100% 동의 안 한다 하더라도, 말하고자 하는 주제를 흐리게 할 것 같지 않다.

    1. 전보다 훨씬 더 설레는 것 같고   X
    2. 힘들었던 건 사실이었던 것 같아요.   X
    3. 최선을 다하는 것이 중요할 것 같습니다.   X
    4. 그래서 그 동안 많이 힘들었던 것 같아요.   X
    5. 매일 매일 하는 게 정말 힘든 것 같아요.   X
    6. 평정심을 찾는 게 중요한 것 같아요.   X
    7. 경험할 수 있게 돼서 좋은 것 같아요.   X
    8. 스파르타식 연습이 필요한 것 같습니다.   ∆
    9. 그 사람도 짜증날 것 같아요.   O
   10. 오는 14일에 출국할 수 있을 것 같습니다.   ∆
   11. 똑 부러지게 말할 수 있을 것 같습니다.   X
   12. 저는 문제없을 것 같습니다.   X
   13. 행운을 빌어야 할 것 같습니다.   X

13 문장 가운데, 합당한 문장이 1 개, 애매한 문장 2 개, 합당하

지 않은 문장이 11개로 나뉘었다. 8 번 문장은 자신은 스파르타식 연습이 필요하다고 생각하는데 그렇게 생각하지 않는 사람도 있을테니, 여유를 좀 남겨둔 표현이다. 10 번 문장이 애매한 이유는, 요 문장만 떼어놓고 보니 그렇지, 앞뒤 문맥으로 봐서는 본인의 건강이나 신변에 큰 이상이 없는 한, 14 일에 출국예정인 상황이었기 때문이다.

파란 색 상자를 보며 '이 상자는 파란 것 같다'라고 말하지 않는다. 자기 누나를 가리켜 '이 여자는 나의 누나인 것 같다'라고 말하지 않는다. 사람들은 어떤 경우에 '~것 같다'는 말을 할까? 다른 사람의 감정이나 생각을 추측할 때, 현장에 없어 상황을 미루어 짐작할 때, 미래에 일어날 일을 막연히 예측할 때 등을 대충 꼽을 수 있다. 한편, 그 반대의 경우, 즉, 자기 자신의 감정이나 생각이나 계획을 말할 때, 눈으로 보이는 것을 얘기할 때, 100% 장담은 못하지만 돌발 상황이 생기지 있는 한, 예정대로 진행될 미래에 관해서는 '~것 같다'는 표현이 부적절하다. 위의 합당하지 않다고 판정한 11 개 문장들이 이에 해당된다. 합당하기 위해서는 '~것 같다'는 표현을 다 떼어내면 된다.

한 개인의 감정이나 생각은 수시로 바뀔 수 있지만, 표현하는 그 순간만큼은 절대적이며, 주관적이며 확고하다. 추측될 수 없으며, 불확실할 수 없다. 자기 자신의 경험과 관찰, 그리고 책, 대중 매체, 인터넷, 주변 사람으로부터 보고 들은 사실 또는 소문 등 세상 온갖 것을, 의도적이든 의도적이지 않든, 활용하든 활용하지 않든, 평소 머릿속에 넣어 두었다가, 특정 사안에 대해 통합하거나 취사선택해 표출한다. 내 감정을 남들이 못 이해하더라도, 내 생각이 남들과 다르더라도, 내 감정과 생각은 온전히 내 것이다. 남들이 아무리 기쁘다고 해도, 내가 슬프면, 슬픈 것이다. 내가 이렇게 생각하면, 이런 것이다.

말버릇은 자신도 모르게 무의식적으로 자주 하게 되는 말을 의미한다. 무의식적이라고 해서 말버릇이 단순히 추임새처럼 던지는 말을 뜻하는 것은 아니다. 언어심리학에 따르면, 말버릇은 사용하는 사람의 성격과 정신적 상태 등과 매우 관련 있다. 그러면, '~것 같다'라는 말버릇을 가진 사람들의 심리는 어떤 것일까? 일반적으로 자신감이 없을 때, 책임을 회피할 때, 확실한 의사표현이 불손할 수도 있다는 생각에 일종의 겸손을 표할 때, 이런 말버릇을 가진다고 알려져 있다. 사람에 따라 세 가지의 여러 조합 형태로 나타난다.

한편, 심리언어학은 언어습득과 언어사용 시 작용하는 인간의 내재적, 정신적 과정을 과학적으로 연구하고 설명하려는 학문이다. 이 학문이 태동한 1950년대 당시, 언어습관 및 언어행위는 나이에 상관없이, 자극적인 환경에 대한 끊임없는 반응과 반복적인 강화에 의해 형성된다고 생각했다. 여기서, 환경이란, 가족, 친구, 동료, 선후배 등, 태어나서 지금까지 만난 모든 사람들을 포함한 인간환경을 의미한다. 그들과 끊임없이 대화하는 중에 자신의 감정을 표출하고, 자신의 의사를 밝히고, 때로는 결정하면서 자기 언어로 반응한다. 여러 가지 반응 가운데 자신의 감정과 생각을 잘 전달할 수 있다고 판단한 말을 선택해, 반복적으로 사용하고 또 사용하면 말버릇이 되는 것이다.

말버릇을 보면, 주변의 인간환경이 어떠했는지 짐작할 수 있다. '~것 같다'라는 말버릇을 가진 사람들은 자신의 삶이 주위 사람이 내린 결정에 의해 좌우되었을, 그리고, 결정을 내리는 사람은 부모였을 가능성이 크다. 자신의 감정과 생각이 결정권자의 의사에 크게 반하지 않음을 보여주기 위하여, 마치, 제3자의 감정과 생각처럼 말한다. '~것 같다'라는 말버릇은 특정세대에서 많이 쓰이지만, 근래에 그 범위가 넓어진 듯하다. 이는, 아마도, 사회분위기, 예를 들어, 실패에 관용적이지 않은, 따라서, 실패를 두려워하는 분위기 때문일 것이라 짐작된다. 아무쪼록, 제사까지 지낸 어머니를 두고 '우리 어머니는 돌아가신 것 같아'라는 말은 안 들었으면 좋겠다.

꼭지 20. 여기서 마치겠습니다

『표준국어대사전』에 의하면, 시제(時制)란 어떤 사건이나 사실이 일어난 시간 선상의 위치를 표시하는 문법 범주이다. 여기서, 제(制)는 제도(制度)를 의미하는 것으로서, 시제는 시간의 체계를 뜻한다. 하지만, 의미전달에 있어서, '시간을 표현하는 (방)법'이란 의미의 '시법(時法)'이 더 적절한 단어라 생각된다. 시제를 영어로 'tense'라고 하는데, '시간(time)'을 의미하는 라틴어 'tempus'에서 유래되었다. 시제가 골치 아파 신경이 날카로워지는 사람이 있기는 하지만, '뻗다(-tend)'에서 파생된 단어로서 '긴장된, 신경이 날카로운'을 뜻하는 동음이의어 'tense'와는 아무 상관이 없다.

흔히, 과거, 현재, 미래의 3가지 기본적 시점에 각 시점의 완료형, 진행형, 그리고 경우에 따라 예정형이 더해지는 시제는 생각만큼 간단하지 않다. 시점을 보는 사람에 따라 표현을 달리 할 수 있다. 예를 들어, 과학적 실험의 결과가 얻어졌을 때, 실험한 시점과 결과를 얻은 시점은 분명히 과거의 일이지만, 그 결과는 현재에도 유효하기 때문에 시제가 모호해진다. 이에, 어떤 과학자들은 과거시점으로 시간 여행을 해, 실험과 결과의 전 과정을 현재 수행하는 것처럼 현재형으로 기술하기도 한다. 우리가 알고 있는 현재에 대해 '현재는 없다'라고 주장하는 사람도 있다. 예를 들어, '호랑이는 고기를 먹는다'와 '호랑이는 고기를 먹고 있다' 중에서, 어느 것이 현재를 표현하는 말인가? 어떤 사건이나 사실이 일어난 것이 아니므로, 앞 문장은 현재의 시점을 표현한다고 할 수 없다. 단순히 일반적 사실의 표현이다. 엄밀히 말하면, 과거, 현재, 미래도 아니다. 오히려, 현재진행형의 나중 문장이 현재의 시점을 표현한다. 이런 이유로, 시점을 과거와 비과거 2가지만으로 구별하는 학자들도 있기는 하지만, 통념적으로, 현재를, 별다른 사정이 없는 한, 거의 어김없이 일어나는 동작 또는 상태로 정의한다.

어떤 행위 혹은 상황의 발생은 반드시 동사로 표현된다. 당연히, 모든 언어에는 시간을 나타내는 표현이 존재한다. 다른 언어를 사용하는 집단이 비록 시간을 느끼는 감각이야 같을 수 있지만, 사용하는 언어의 특성에 따라 시간을 표현하는 방법이 언어마다 다르다. 예를 들어, 굴절어인 인도 유럽어의 경우, 과거나 과거분사의 경우 동사 자체를 변화시키거나, 미래의 경우 동사의 변화 없이 미래조동사로 보조하고, 우리말 같은 교착어에서는 주로 시간을 표시하는 어미를 붙인다. 한편, 표의문자에서 눈으로 보이지 않는 과거, 현재, 미래를 표현하는 것은 아주 난감한 일일 것이다. 역설적이게도, 자세할 수 없으면 간단할 수밖에 없다. 따라서, 중국어의 시제는 시점도 적을뿐더러, 동사의 변화 없이 각 시점을 가리키는 부사만 첨가하는 방식이라, 인도유럽어나 우리말보다 간단하다.

 한 문장 안에 여러 시점이 들어 있을 때, 그 시점들을 정확히 표현하는 것을 시제 일치라 한다. 시점의 표현이 비교적 간단한 영어에서 그 중 간단하지 않은 것이 시제일치일진대, 한국어의 시제는 영어의 그것보다 훨씬 복잡하고, 따라서, 시제를 일치시키는 것이 쉽지 않다. 그것을 여기서 자세히 다룰 의도도 없고, 필요도 없다. 다만, 일상생활에서 심지어 공영방송에서도 아주 흔히 쓰고 듣는 다음 예문들에 어떠한 문제점이 있는지 알아보고자 한다. 이 예문들의 상황은 말하는 사람과 듣는 사람이 심리적이든 물리적이든 같은 공간, 즉, 현장에 있어야 한다.

  오늘 방송은 여기서 마치겠습니다.
  잘 부탁하겠습니다.
  당신의 건강을 기원하겠습니다.
  올해 여름 여행지로 울릉도를 추천하겠습니다.
  일주일에 한 번만 회의를 하자고 제안하겠습니다.

 얼핏 보아, 위 예문들의 공통점은 동사에 어미 '-겠-'이 들어 있다. 『표준국어대사전』에 의하면, 어미 '-겠-'의 용도는 다음 5가지와 같다. 간단한 예도 함께 곁들인다.

 1) 미래의 일이나 추측을 나타낸다.
  그는 열심히 일하니 성공하겠다.
  나는 반드시 가겠다.
 2) 가능성이나 능력을 나타낸다.

알겠냐?
　　못 찾겠다, 꾀꼬리.
 3) 완곡하게 말하는 태도를 나타낸다.
　　꼭 가야 되겠니?
 4) 헤아리거나 따져 보면 그렇게 된다는 뜻을 나타낸다.
　　생각해 보니 그런 경우도 있겠구나.

개인적으로, 『표준국어대사전』에 기술되지 않은 '-겠-' 용도인 다음 두 가지를 더 추가하고 싶다.

 5) 현재의 일이나 추측을 나타낸다.
　　부모님이 다 살아 계셔서 너는 좋겠다.
 6) 과거시제 어미 '-었-'과 함께 과거의 일이나 추측을 나타낸다.
　　그 분은 잡히셨겠더라.

그러고 보면, '-겠-'은 과거, 현재, 미래를 막론하고 추측의 용도로 쓰인다.

위 5 개 예문들에 공통적으로 들어 있는 어미 '-겠-'의 용도는 무엇일까? 한 가지 상기해야 할 점은 예문들이 말해지는 상황이란 말하는 사람(제 1 자)이나 듣는 사람(제 2 자)이 모두 같은 현장에 있어, 듣는 사람이 제 3 자가 아닌 이해 당사자란 점이다. 우선, 추측은 아니므로 1), 6), 7)은 제외한다. 상황을 살펴보건대, 3), 4), 5)도 아니다. 그렇다면, 2)만 남는데, 예문 모두 의지를 표명하므로, 일견, 용도에 있어서 맞는 듯 보인다. 그러나, 의지를 실행하는 일, 즉, 행위가 일어나는 시점은 미래이다. 따라서, 2)를 보다 더 상세하게 정의한다면, '미래 행위에 대한 주체의 의지를 나타낸다'가 된다. 다시 말해, 2)의 용도로 쓰인 어미 '-겠-'은 미래시제 어미인 것이다. 예문의 상황은 미래가 아니라 현재이다. 지금 마치고, 지금 부탁하고, 지금 기원하고, 지금 추천하고, 지금 제안하는 상황이다. 결론적으로, 예문에 쓰인 어미 '-겠-'의 용도는 1), 2), 3), 4), 5), 6), 7) 중 어느 것에도 해당되지 않는다. 그 이유는 '-겠-'이 잘못 끼어들었기 때문이다. 우리가 흔히 잘못 사용하는, 그러니까, 잘못 끼어든 '-겠-'의 용도를 위 6 가지 중에서 고르라면 두 번째인데, 미래 행위 의지를 가리키는 어미이다. 하지만, '여기서 마칩니다', '부탁합니다', '기원합니다', '추천합니다', '제안합니다'는 모두 현재 상황을 가리키는 동사이므로, 미래시제 어미를 쓸 수 없다.

위 예문들을 바르게 고친다면, 다음과 같다.

오늘 방송은 여기서 마칩니다.
잘 부탁합니다.
당신의 건강을 기원합니다.
올해 여름 여행지로 울릉도를 추천합니다.
일주일에 한 번만 회의를 하자고 제안합니다.

이쯤 되면, 어디서 많이 들어 봤음 직하지 않은가? 결론부터 얘기하면, 위 예문들에 나온 동사들은 '현재' 듣는 사람을 대상으로, 미래형을 쓸 수 없는 동사들이다. '오늘 방송은 여기서 마칩니다.' 에서는 '여기서'라는 현재 시점을 가리키는 말이 들어 있다. 나머지 예문들에서는 현재 시점을 가리키는 말이 들어 있지 않지만, 위에서 언급한 바와 같이, 예문들이 말해지는 상황은 현재이므로, 역시 미래형 동사를 쓸 수 없다.

우리말 문법보다 더 열심히 배운 영문법에서 미래시제를 쓸 수 없는 동사를 상기해 보자.

1) 시간을 나타내는 접속사가 있는 문장: when, before, after, until, as soon as, while
2) 조건을 나타내는 접속사가 있는 문장: if, once, unless
3) 주장, 요구, 명령, 제안, 희망, 기원 등의 동사: insist, ask, prefer, hope, want, wish, suggest, recommend 등
4) 판단에 관계되는 형용사의 be 동사 혹은 그것들이 이끄는 절 안의 동사: important, necessary, essential, reasonable 등

위의 사용되는 영어 동사들은 미래 시제를 쓰지 않는 많은 동사들의 일부분이다. 이들 영어 동사에 해당되는 우리말의 동사들도 거의 예외 없이 미래시제를 쓰지 않는다. 다시 한 번 강조하지만, 현재 시제가 없더라도, 이런 동사들이 쓰이는 상황은 현재라는 것이다. 만약, '올해 여름 여행지로 울릉도를 추천하겠습니다.' '일주일에 한 번만 회의를 하자고 제안하겠습니다.'라는 말을 했다면, 그리고, 이 말들이 올바르다면, 현재 듣는 사람들(제 2 자)에게 추천하고 제안하는 것이 아니라, 정말로 미래의 다른 현장에 있는 사람들(제 3 자)에게 추천하고 제안하겠다는 의지를 표명하는 상황일 것이다.

재미있는 점은, 어떤 용도이든, 어미 '-겠-'이 우리 고전 소설에서는 찾아보기 힘들다는 것이다. 『홍길동전』과 『구운몽』을 예로 들어보자. 두 소설은 200여 년의 시차가 있다. 『홍길동전』에서는 그럴 듯한 문장이 딱 1 개뿐이다. 원문과 현대어 해석을 비교하면, 다음과 같다.

원문
숨천 셕만 쥬시면 슈쳔 인명이 스라나것스오니 셩은을 부리나이다.
해석
삼천 석만 주시면 수천 인명이 살아나겠사오니 성은을 바라나이다.

한편, 『구운몽』에서는 현대어 해석으로는 200 여개의 '-겠-'이 가능하나, 원문에서는 모두 교묘하게 피한다.

원문
나를 위ᄒ야 슈부의 드러가 뇽왕씌 회샤ᄒ고 도라올고?
"소지 비록 불민ᄒ오나 명을 밧ᄌ와 가리이다.
노승이 므슴 공덕이 잇관ᄃᆡ 이러듯 샹션의 셩궤를 밧ᄂᆞ고.
쳡이 엇지 모로잇가."

해석
누가 나를 위하여 수부(水府)에 들어가 용왕께 보답하고 돌아오겠는가?
소자가 비록 불민(不敏)하오나 명을 받아 가겠습니다.
노승이 무슨 공덕이 있기에 이렇듯 상선(上仙)의 풍성한 선물을 받겠 는가.
첩이 어찌 모르겠습니까?

모든 말이 '도라올고 → 돌아오겠는가, 가리이다 → 가겠습니다, 밧ᄂᆞ고 → 받겠는가, 모로잇가 → 모르겠습니까'와 같은 식이다. -겠-의 용도는 '돌아오겠는가, 가겠습니다, 받겠는가'에서 미래 행위의지, '모르겠습니까'에서는 능력에 해당된다. 한 가지 지적할 것은, 아래 사람이 윗사람에게 '소자가 가리다', '첩이 어찌 모릅니까?'라고 한다면, 불경(不敬)스럽게 들린다. 이런 의미에서, '겠-'이 경어의 성격을 띤다고 할 수 있다. 만약 그렇다면, '겠-'의 8 번째 용도가 될 수 있다. 현대어에서 '겠-'을 쓸 수 없는 동사에 굳이 '겠-'을 붙이는 이유가 바로 이것이지 않을까 생각한다. 다른 말로 하면, '겠-'을 높임말을 나타내는 어미로 쓰고 있는지도 모른다.

근대와 현대에 들어, 1905 년 발표된 친일파 이인직의 『혈의 누』나, 1908년에 발표된 구연학의 번안소설 『설중매』에서 '알겠다', '모르겠다', '하겠다', '되겠다' 정도의 어미 '-겠-'이 쓰인 반면, 1918 년에 발표된 이 광수의 『무정』에서는 소설의 길이도 길어서인지, 어미 '-겠-'이 255 번 나오는데 대부분이 추측에 관계되는 용도이나, 나머지 용도들도 보이긴 보인다. 다만, 미래시제를 못 쓰는 동사가 단 1개 나오는데, 소설 뒷부분에 병욱이 경찰서장에게 건네는 말에서다.

잘하기야 어떻게 바라겠습니까마는 제가 음악학교에 다닙니다.

'바라다'는 미래시제를 못 쓰는 동사다. 그렇다면, '바라겠습니까마는'에서의 어미 '겠-'은 어떻게 해석해야 할까? 어미 '겠-'의 원칙에 의거하면, '잘하기야 어떻게 바랍니까마는 ......' 혹은

'잘하기야 어떻게 바랄까마는 ……' 이 맞다. 하지만, 이 말들은 약간 불경스럽게 들린다. 이런 의미에서, '겠-'의 용도를 위에서 언급한 높임말 어미 정도로 해석할 수도 있다.

이 광수 이후의 현대소설에서는 어미 '겠-'이 현재 우리들이 쓰고 있는 것과 같이 자연스럽게 보인다. 언문일치가 우리 고전소설과 현대소설을 구별하는 요소임을 감안하면, 고대 소설에서 어미 '겠-'에 상응하는 중세어가 거의 안 보인다 해서, 그 말이 안 쓰였다고는 말 할 수 없다. 『구운몽』에서처럼 얼마든지 다른 언어로 표현할 수 있으므로, 쓰고 안 쓰고는 작가의 경향일 가능성이 크다.

아무튼, 유튜브는 말할 것도 없고, 공영방송에서조차 미래시제를 못 쓰는 동사에 미래시제 어미를 붙여 쓰는 경우가 허다하다. 그렇게 되면 좋지만, 유튜버들에게 바른 말 사용을 기대하는 것은 무리일지 모르겠다. 하지만, 공영방송 종사자들에게는 기대해도 괜찮지 않은가?

꼭지 21. 싶다

국민 여러분께 진심으로 사과하고 싶다.
미래를 어른들이 준비해 줘야 하는데 그게 과연 가능할까 싶다.
제 리더쉽이 부족해서 아닌가 싶다.
모든 내 외국인들에 대해서 특별입국절차가 필요하지 않나 싶다.
그 선수는 팀에서 벌써 중심 타자가 됐어야 싶다.

위는 신문기사에 실린 면담 내용 중, '싶다'라는 말이 들어간 문장의 일부이다. 첫째 문장은 문법상 문제가 없다. 둘째 문장은 따져 볼 필요가 있다. 셋째 문장은 말도 안 된다. 나머지 두 문장은 어색한데, 딱히 어디가 문제인지 짚기 어렵다. 그 이유는 그런 말을 많이 보고 많이 들었기 때문이다. 여기서, '싶다'를 한 번 짚어 보고자 한다.

우선, '싶다'가 동사인지 형용사인지 구별이 안된다. 이럴 때, 영어로 바꾸면 가끔 도움이 된다.

I would like to sincerely apologize to the people.
Adults should prepare for the future, but I wonder if it's possible.
Maybe it's because I lack the leadership. → I wonder if I lack the leadership.
I think special entry procedures are needed for all Koreans and foreigners.
The player should have already been a cleanup hitter in the team.

'원하다, 생각하다, 의아해하다' 뜻으로 번역되는 '싶다'는 동사로 보인다. 그런데, 『표준국어대사전』에서 찾아보니, '싶다'는 보조 형용사로서, 다음의 용도를 가진다고 정의되어 있다. 각 용도의 첫 번째 예는 영어번역을 함께 적었다.

(1) (동사 뒤에서 '-고 싶다' 구성으로 쓰여) 앞말이 뜻하는 행동을 하고자 하는 마음이나 욕구를 갖고 있음을 나타내는 말.
- 먹고 싶다./I want to eat.
- 보고 싶다.
- 가고 싶은 고향.

(2) (동사나 형용사, 또는 '이다'의 일부 종결형 뒤에 쓰여) 앞말이 뜻하는 내용을 생각하는 마음이 있음을 나타내는 말.
- 꿈인가 싶다./I wonder if it's a dream.
- 비가 오는가 싶어 빨래를 걷었다.
- 오늘이 자네 생일인가 싶어서 선물을 샀네.

(3) (동사나 형용사, '이다' 뒤에서 '-을까 싶다' 구성으로 쓰여) 앞말대로 될까 걱정하거나 두려워하는 마음이 있음을 나타내는 말.
- 누가 볼까 싶어 고개를 푹 숙였다./He bowed his head in case anyone would see him.
- 시험에 떨어질까 싶어서 조마조마하였다.
- 무슨 실수나 한 것이 아닐까 싶어 몹시 불안하다.

(4) (동사나 형용사 뒤에서 주로 '-었으면 싶다' 구성으로 쓰여) 앞말이 뜻하는 행동을 하고자 하는 마음이나 생각을 막연하게 갖고 있거나 앞말의 상태가 이루어지기를 막연하게 바람을 부드럽게 나타내는 말.
- 일찍 잤으면 싶었다./I wanted to go to bed early.
- 일이 좀 적었으면 싶다.
- 방이 더 밝았으면 싶다.

(5) (동사 뒤에서 '-을까 싶다' 구성으로 쓰여) 마음속에 앞말이 뜻하는 행동을 할 의도를 가지고 있음을 나타내는 말.

- 머리도 아픈데 그냥 집에 갈까 싶었다./I had a headache, so I thought I'd just go home.

'싶다'는 본용언과 '고, 가, ㄹ까, 면'으로 연결되어, '희망, 추측, 걱정, 바람, 생각'을 나타낸다. '싶다'를 한국어에서는 마음의 상태로 간주해 형용사로, 영어에서는 동작으로 간주해 동사로 쓰는 듯하다. 품사 구별에 도움이 될까 해서 영어로 바꾸었더니, 뜻만 분명해졌다.

문법상 문제가 없는 첫 번째 문장은 논외다. 두 번째 문장은 얼핏 문제가 없어 보인다. 사전의 (3)번 정의에 해당되는데, '누가 볼까 싶어'는 누가 보지 않기를 바라는 말이다. '싶다'라는 말을 '두렵다'로 바꾸어 해석할 수 있다. 예를 들어, '누가 볼까 싶어'는 '누가 볼까 두려워'와 비슷한 의미다. 그렇다면, '과연 가능할까 싶다'는 '과연 가능할까 두렵다'라는 말이 되어야 한다. 따라서, '과연 가능할까'가 부정의 뜻인 '가능하지 않을까'의 의미를 가진 것으로 해석해야 된다. 그런데, 바꾼 문장 '미래를 어른들이 준비해 줘야 하는데, 그게 가능하지 않을까 싶다.'도 무엇인가 이상하다. 이 문장은 사전의 예와 달리, '싶다'로 끝나기 때문이다. 따라서, 걱정 혹은 두려움 용도의 '싶다'로 끝나는 함부로 쓸 말이 아니다.

한편, 말도 안 되는 세 번째 문장을 아래와 같이 네 가지 문장으로 고쳐 보았다. 솔직히 말해서, 어느 문장이 제일 마땅한지 모르겠다. 긍정과 부정 둘 다 말이 되는 것 같아, 더욱 헷갈린다. 또한, 네 번째 문장의 '나 싶다'와 다섯 번째 문장의 '야 싶다'는 사전에 없는 표현이라, 제대로 된 표현인지 조차 모르겠다. 다른 표현으로 바꿔 보았다.

> 제 리더쉽이 부족한가 싶다.
> 제 리더쉽이 부족해서 그런가 싶다.
> 제 리더쉽이 부족하지 않은가 싶다.
> 제 리더쉽이 부족하지 않나 싶다.
> 모든 내 외국인들에 대해서 특별입국절차가 필요해 보인다.
> 그 선수는 팀에서 벌써 중심 타자가 됐어야 했다.

'싶다'를 이 꼭지의 주제로 올린 이유는 품사를 가리기 위함도 아니고, 뜻을 확실히 하기 위함도 아니다. 그것은 혹시 말 뒤에 숨어 있을 수 있는 우유부단을 끄집어내기 위함이다. 우유부단은 넓은 의미에서 결정장애란 심리학 전문용어로 설명되지만, 여기서는 모호한 의사표시를 가리키는 말로 사용한다. 예를 들어, 첫 번째 예문의 '사과하고 싶다'라는 말은 사과를 하더라도 나중에 하겠다는, 혹은 상황을 봐서 안 할 수도 있다는 뜻으로 들린다. 당사자가 최종적으로 판단해서 잘못이 있으면, 사과를 받는 사람에 상관없이, 사과하면 그만인데, '싶다'는 무슨 말인지 애매하다. '싶다'에 확고한 의사표현이 들어간 말은 '나는 가고 싶다./I want to go.'에서처럼 'want'로 번역될 수 있어야 한다. 이런 관점에서 볼 때, '싶다'의 보조를 받는 동사, 예를 들어, '가다'와 '사과하다'에 따라 말하는 사람의 의사표현이 확고한지 모호한지가 결정된다. 여러 예문의 한국어와 영어 번역을 비교하면, 그 감의 차이를 느낄 수 있다. 전반적으로, '싶다'는 꼭지19 에 기술된 '것 같다'와 비슷한 성격의 단어다.

일곱째 마당

한자어 제대로 읽기

꼭지 22. 한자어 된소리

'꽈사를 왜 과사라고 해요?'

우리나라에서 수년째 유학생활을 통해 한국말을 그런대로 유창하게 하는 외국 학생이 물어본 말이다. 과사무실(科事務室)이 [꽈사무실]로 발음되고, [꽈사]로 줄었다. 학과 (學科)의 발음이 [학꽈]인 그 [꽈]가 낱말의 머리에도 살아 있다. 하지만, 몇 십 년 전에 누군가 '과사'를 [꽈사]로 발음했다면, 분명히 '과사를 왜 꽈사라고 해요?'라고 물었을 것이다.

"오늘 주가는 어땠어요? 최고가는 얼마였어요? 내일은 상종가까지 갈까요?" 한국말이 아직 서툰 외국인한테 이 글을 읽으라고 하면 '[주까], [최고까], [상종까]' 대신 '[주가] [최고가] [상종가]'라고 말할 수도 있다. 그 외국인은 쓰인 대로 읽었는데, 우리에게는 어색하게 들린다. 외국인 우리말을 어색하게 발음하는 이유는 여러 가지가 있지만, 이 된소리가 차지하는 부분도 상당하다. 價(가)는 뒤 음절로 올 때 예외 없이 [까]로 발음되기 때문에 쉬운 편이나, 이것도 '가'의 의미가 '價'인 것을 알고 있을 때나 쉽다. 하지만, 많은 한자가 의미나 기능에 따라, 어떤 때에는 된소리로, 그리고, 다른 때에는 예사소리로 발음된다. 한자어 된소리는 외국인에게 정말로 어렵다. 아니, 우리에게도 어렵다.

소리글자인 영어를 제대로 발음하려면, 발음기호가 필요하다. 자음에 대한 부호는 필요하지 않은 반면, 장음, 강세, 모음에 대한 부호는 필요하다. 특히, 모음이 수시로 변하므로, 단어 하나하나마다 부호가 뒤따른다. 장음표시도 발음기호를 적는 김에 표시하면 된다. 한편, 또 다른 소리글자인 한글은 모음의 소리가 변하지 않고, 자음도 대부분 자기 소리를 가지고, 강세가 없으므로, 기본적으로 부호가 필요하지 않지만, 자음의 특성상, 두 가지 경우에 한해서 부호가 필요하다. 부호라고 칭했지만, 영어와 달리 한글 자모 자체가 부호이다. 장음은 단음을 기본으로 하고, 필요할 경우에만 표시하면 된다. 자음 부호가 필요한 두 가지는 앞 음절과의 연계성으로 인한 음운변화가 일어날 경우와 복자음 받침의 경우이다. 발음 부호가 필요하다는 말은 발음과 표기가 일치하지 않는다는 말이다. 이 꼭지의 주제는 음운변화에 따른 한자어의 된소리발음에 관한 것이다.

다른 꼭지에서 언급했듯이, 우리말 어휘는 약 36만 개이고, 그 중 한자어는 약 52%를 차지한다고 한다. 약 27만 개의 명사에 국한하면 19만 개로 70%에 이른다. 대부분의 한자는 그 자체로는 된소리로 발음되지 않지만, 앞 음절의 영향으로 인한 음운 변화에 된소리로 발음되기도 한다. 우리말의 음운 변화는 아주 다양하지만, 현재 국립국어원의 한자어(漢字語)의 된소리 발음에 관한 규정은 『표준발음법』 제 26 항 단 하나밖에 없다. 그것은 "한자어에서 'ㄹ' 받침 뒤에 연결되는 'ㄷ, ㅅ, ㅈ'은 된소리로 발음한다"라는 원칙이다. 예를 들어, 갈등(葛藤)은 [갈뜽]으로, 말살(抹殺)은 [말쌀]로, 물질(物質)은 [물찔]로 발음된다. '하나의 원칙'이라는 말은 두 가지로 해석할 수 있다. 첫째, 우리말 된소리 발음 원칙에 준하되, 거기에 담을 수 없는 경우를 모아 별도의 항, 즉, 제26항으로 규정한다. 혹은 둘째, 한자어(漢字語)의 된소리 발음은 규칙으로 담아낼 수 없을 정도로 복잡해서, 제 26 항 하나만 규정하고 나머지는 아닌 말로 '알아서 해라'의 경우이다.

한자어(漢字語)의 된소리 발음에 관한 규정이 26 항 하나밖에 없는 이유를 해석하기 위해서, 우리말 된소리 발음 조항부터 알아볼 필요가 있다. 『표준발음법』 제 6 장(경음화) 제 23 항부터 제 28 항까지, 그리고, 제 7 장(음의 첨가) 제 30 항(사이시옷) 1 절에서 우리말이 된소리로 발음되는 경우를 정의하였다. 다양한 품사에 적용되는 대표적인 예외와 함께 각 항을 살펴보자.

제23항 받침 'ㄱ(ㄲ, ㅋ, ㄳ, ㄺ), ㄷ(ㅅ, ㅆ, ㅈ, ㅊ, ㅌ), ㅂ(ㅍ, ㄼ, ㄿ, ㅄ)' 뒤에 연결되는 'ㄱ, ㄷ, ㅂ, ㅅ, ㅈ'은 된소리로 발음한다.
  예) 국밥 [국빱], 옷고름 [옫꼬름], 덮개[덥깨]
제24항 어간 받침 'ㄴ(ㄵ), ㅁ(ㄻ)' 뒤에 결합되는 어미의 첫소리 'ㄱ, ㄷ, ㅅ, ㅈ'은 된소리로 발음한다.
  예) 신고 [신꼬], 더듬지 [더듬찌]
다만, 피동, 사동의 접미사 '-기-'는 된소리로 발음하지 않는다.
  예) 안기다, 감기다, 굶기다

제25항 어간 받침 'ㄼ, ㄾ' 뒤에 결합되는 어미의 첫소리 'ㄱ, ㄷ, ㅅ, ㅈ'은 된소리로 발음한다.
  예) 넓게 [널께], 핥다 [할따], 훑소 [훌쏘], 떫지 [떨 찌]
'ㄹ' 받침 뒤에 연결되는 'ㄷ, ㅅ, ㅈ'은 된소리로 발음한다.
  예) 갈등 [갈뜽], 말살 [말쌀], 물질 [물찔]
다만, 같은 한자가 겹쳐진 단어의 경우에는 된소리로 발음하지 않는다.
  예) 허허실실 [허허실실] (虛虛實實), 절절-하다 [절절하다] (切切-)

제27항 관형사형 '-(으)ㄹ' 뒤에 연결되는 'ㄱ, ㄷ, ㅂ, ㅅ, ㅈ'은 된소리로 발음한다.
  예) 할 것을 [할꺼슬], 할 도리 [할또리], 할 바를 [할빠를], 만날 사람 [만날싸람], 할 적에 [할쩌게]
다만, 끊어서 말할 적에는 예사소리로 발음한다.
[붙임] '-(으)ㄹ'로 시작되는 어미의 경우에도 이에 준한다.
  예) 할걸 [할껄], 할밖에 [할빠께], 할수록 [할쑤록], 할지라도 [할찌라도]

제28항 표기상으로는 사이시옷이 없더라도, 관형격 기능을 지니는 사이시옷이 있어야 할(휴지가 성립되는) 합성어의 경우에는, 뒤 단어의 첫소리 'ㄱ, ㄷ, ㅂ, ㅅ, ㅈ'을 된소리로 발음한다.
  예) 문-고리[문꼬리], 눈-동자[눈똥자], 신-바람[신빠람], 산-새[산쌔], 손-재주[손째주]

제30항 사이시옷이 붙은 단어는 다음과 같이 발음한다.
1. 'ㄱ, ㄷ, ㅂ, ㅅ, ㅈ'으로 시작하는 단어 앞에 사이시옷이 올 때는 이들 자음만을 된소리로 발음하는 것을 원칙으로 하되, 사이시옷을 [ㄷ]으로 발음하는 것도 허용한다.
  예) 냇가 [내ː까/낻ː까], 빨랫돌 [빨래똘/빨랟똘], 깃발[기빨/긷빨], 햇살[해쌀/핻쌀], 뱃전[배쩐/밷쩐]

자, 이제 순우리말의 된소리 발음에 해당하는 원칙을 순우리말에 적용하고, 순우리말에 해당하는 원칙을 한자어에 적용해보자.

다만, 한자어는 조사나 어미 앞의 명사밖에 없으므로, 궁극적으로, 명사만 취급하는 모양이다. 또한, 복자음이 없고, 받침으로 'ㄱ, ㄴ, ㄹ, ㅁ, ㅂ, ㅇ'밖에 없고, 어미와 접미사가 없으므로, 각 항마다 약간의 수정이 필요하다. 복자음은 대표소리로 바꾼다. 한자어에는 사이시옷이 없으므로, 제 28 항과 제 30 항은 적용불가다. 또한, 장음은 기본적으로 된소리를 유발하지 않으므로, 모든 단어는 단음에 국한한다. 요약하면, 제 23 항, 제 24 항, 제 25 항, 제 27 항을 한자어에, 제 26 항을 순우리말에 교차 적용한다. 서로 일치하지 않는 경우, 예를 많이 들었다. 결과는 각 항 밑에 적었다.

제23항 받침 'ㄱ, ㅂ' 뒤에 연결되는 'ㄱ, ㄷ, ㅂ, ㅅ, ㅈ'은 된소리로 발음한다.
  예) 학교(學校) [학꾜], 숙고(熟考) [숙꼬], 갑골(甲骨) [갑꼴]

결과: 순우리말과 교차 일치한다.

제24항 받침 'ㄴ, ㅁ' 뒤에 결합되는 'ㄱ, ㄷ, ㅅ, ㅈ'은 된소리로 발음한다.
  예) 인기(人氣) [인 끼], 관건(關鍵) [관건/관껀], 전과(轉科) [전ː꽈], 신고(申告) [신고], 인도(人道) [인도], 인사(人事) [인사], 건조(乾燥) [건조], 감격(感激) [감격], 감당(堪當) [감당], 감사(監事) [감사], 감정(感情) [감정]

결과: 'ㄴ'은 대부분 일치하지 않고 'ㅁ'은 전혀 일치하지 않는다.

제25항 받침 'ㄹ' 뒤에 결합되는 'ㄱ, ㄷ, ㅅ, ㅈ'은 된소리로 발음한다.
  예) 실기(失機) [실기], 갈등(葛藤) [갈뜽], 발사(發射) [발싸], 졸지(猝地) [졸찌]

결과: 'ㄱ'은 일치하지 않고 나머지 'ㄷ, ㅅ, ㅈ'은 일치한다.

제26항 순우리말에서, 'ㄹ' 받침 뒤에 연결되는 'ㄷ, ㅅ, ㅈ'은 된소리로 발음한다.
  예) 갈대 [갈때], 올 수 (올쑤), 갈지 말지 [갈찌말찌]

결과: 한자어와 교차 일치한다.

제27항 받침 'ㄹ' 뒤에 연결되는 'ㄱ, ㄷ, ㅂ, ㅅ, ㅈ'은 된소리로 발음한다.
  예) 결과(結果) [결과], 불발(不發) [불발]

결과: 원래 26항에서 'ㄷ, ㅅ, ㅈ'를 콕 집어서 언급한 이유는 'ㄱ, ㅂ'은 해당 안 되기 때문이다.

이상과 같이, 순우리말과 한자어의 된소리 발음 원칙을 교차 적용한 결과, 제 23 항과 제 26 항은 일치, 제 24 항은 대부분 불일치, 제 25 항은 대부분 일치한다. 이 결과의 의미는 한자어 된소리 발음법칙을 어느 정도 확장할 수 있다는 것이다. 즉, 받침 뒤에 오는 한자어 된소리 발음은 일치하지 않는 경우도 있지만, 기본적으로 순우리말의 음운변화와 비슷하다.

눈치 챘을지 모르지만, 위의 한자어 발음은 앞 음절에 받침이 있는 경우다. 하지만, 정작 한자어 된소리 발음의 문제는 다른 데에 있다. 언제부턴가, TV 아나운서들이 '효과(效果)'를 [효:과]로, '관건(關鍵)'을 [관건]으로, '조건(條件)'을 [조건]으로 발음한다. 각각, [효:꽈], [관껀], [조껀]으로 알고 있는 사람들에게는 적잖이 당황스러울 것이다. 문제인즉슨, 앞 음절에 받침이 없는, 다시 말해, 앞 음절이 모음으로 끝나는 한자어 발음으로, 이에 대해 정해진 원칙이 없다는 점이다. 무원칙의 의미는 '마음대로'이다.

'마음대로'의 문제점은 발음을 예측할 수 없다는 것이다. 예측 불가능이란 말은 비과학, 부자연, 혼돈과 같은 말이다. '효과(效果)' 한 단어의 가능한 발음이 [효:과]와 [효:꽈] 두 가지이지만, 그런 단어가 둘이 되면 조합으로 4 가지 발음, 셋이 되면 조합으로 8 가지 발음이 가능하다. 말이 말이기 위해서 어느 발음이 다른 사람들과 묵시적으로 동의된 것인지 알아야 하는데, 이를 위해 매 단어마다 사전을 참고해야 한다면, 그것은 어마어마한 고통이다. 과연, 한자어의 된소리 발음은 예측 불가능일까?

된소리 한자어들의 또 다른 특징은 2 음절 단어라도 한자의 특성상 별개 단어의 합성어나 마찬가지인 단어가 많다는 점이다. 이 사실은 매우 중요하다. 그 이유는 앞 음절과 뒤 음절 사이에 '동격의 사이시옷'을 쓸 수 있는데, '한자어는 사이시옷을 쓰지 않는다'라는 원칙에 근거하여 사이시옷이 없을 뿐, 음가에는 그대로 남아 있어, 뒤 음절 첫 자음이 된소리로 발음되기 때문이다. 예를 들어, 헌법(憲法)은 [헌뻡]으로, 치과(齒科)는 [치꽈]로, 인권(人權)은 [인꿘]으로 발음되는데, 각각 '헌ㅅ법', '치ㅅ과', '인ㅅ권'의 음가가 있기 때문이다.

결론적으로, 한자어의 된소리 발음은 기본적으로 두 가지 원칙, 즉, '우리말 된소리 규정'과 '보이지 않는 사이시옷'에 의해 결정된다. 이러한 원칙의 의미는 한자어의 된소리 발음을 예측할 수 있다는 것이다.

법(法)으로 끝나는 2 음절 단어들을 예로 들어보자. 발음과 뜻은 『표준국어대사전』에 의거하였다.

적법 (適法) [적뻡] : 법규에 맞음. 또는 알맞은 법.
입법 (立法) [입뻡] : 법률을 제정함.
논법 (論法) [논뻡] : 말이나 생각을 논리적으로 전개해 나가는 방법.
범법 (犯法) [범ː뻡] : 법을 어김.
공법 (工法) [공뻡] : 공사하는 방법.
방법 (方法) [방법] : 어떤 일을 해 나가거나 목적을 이루기 위한 수단이나 방식.
불법 (佛法) [불법] : '불교'를 달리 이르는 말.
불법 (不法) [불법] : 법에 어긋남.
기법 (技法) [기뻡] : 기교와 방법을 아울러 이르는 말.
서법 (書法) [서뻡] : 글씨를 쓰는 법.
무법 (無法) [무법] : 도리나 예의에 어긋나고 난폭함.
위법 (違法) [위법] : 법을 어김.
마법 (魔法) [마법] : 마력(魔力)으로 불가사의한 일을 행하는 술법
호법 (護法) [호법] : 법을 수호함.

발음에 대해 해설을 하면, 다음과 같다.

'적법'과 '입법'은 교차적용 제 23 항과 일치한다.

'논법'과 '범법'은 교차적용 제 24 항의 결론('ㄴ'은 대부분 일치하지 않고, 'ㅁ'은 전혀 일치하지 않는다)에 부합하지 않는다.

논설(論說)의 '설'은 규정에 합당하면 된소리로 발음되는 글자

인데, [논설]로 발음되는 것으로 보아, '논'에 사이시옷이 내재 되어 있다고 보기 어렵다.

'범법'의 '범'은 꾸밈형으로, 사이시옷이 내재되어 있지 않다. 따라서, 각각 [논법]과 [범법]으로 발음되어야 할지도 모른다. 실제로, 범법과 같은 뜻인 범과(犯科)는 뒤 음절의 대표적 된 소리 글자인 과(科)가 있음에도 불구하고, [범:과]로 발음된다.

'공법'과 '방법'의 '법' 발음이 다른 이유는 동격 사이시옷의 내재여부 때문이다. 공법의 '공'과 '법'은 동격으로, 사이시옷이 내재되어 있어 [뻡]으로 발음되지만. 방법의 '방'은 꾸밈형으로, '법'과 동격이 아니므로, [법]으로 발음된다.

'불법(佛法)'과 '불법 (不法)'의 발음이 [불법]으로 같지만. 사람에 따라 불법(佛法)은 [불법]으로 불법 (不法)은 [불뻡]으로 발음한다. 하지만, 불법(佛法)의 '불'과 '법'은 동격으로, 사이시옷이 내재되어 있어 [불뻡]으로, 불법 (不法)의 '불'은 꾸밈형으로, '법'과 동격이 아니므로 [불법]으로 발음되어야 한다.

'기법(技法) [기뻡], 서법(書法) [서뻡], 무법(無法) [무법], 위법(違法) [위법], 마법(魔法) [마법], 호법(護法) [호법]' 모두, 앞 음절에 받침이 없으나, 사이시옷 내재되어 있으면 [뻡]으로, 앞 음절이 꾸밈형이면 [법]으로 발음된다. 실제로 그렇지 않지만, 만약 마법(魔法)이 마귀의 법으로 해석되면, [마뻡]으로 발음된다.

일반적으로, 어떤 발음 현상으로부터 예측 가능한 규칙을 얻어 내려면, 실생활에서 흔히 쓰는 말의 예가 많으면 많을수록 좋다. '效果 [효:과/효:꽈]' 발음 또한 그렇다. '效ㄱ'이나 '모음+果'의 단어들이 많을수록 좋다. 국어사전을 조사해 보면, '效ㄱ'의 각도에서 바라볼 수 있는 단어는 단 하나도 없다. '모음+果'의 각도에서 바라볼 수 있는 단어는 사극 드라마 대사로 나옴직한 "네 이놈, 후과(後果)가 두렵지 않느냐?"의 '후과'밖에 없다. 사이시옷 원칙에 맞지 않지만, '훗날'처럼 '後'뒤에 사이시옷이 오는 단어도 있으니, 이것을 확장해 '후과'의 발음을 [후꽈]로 할 수도 있지만, 사전 발음은 [후:과]이다. '後果'를 '效果'와 연결할 논리는 없지만, '效果'를 딱히 [효:꽈]로 발음할 이유도 없다. 또한, '效'는 꾸밈형으로, 사이시옷 음가가 없으므로, [효:꽈]로 발음할 이유는 더욱 없다.

우리말에, 엄격하게 예기하면 우리글에, 된소리가 나타나기 시작한 것 때는 16 세기로 추정된다. 하지만, 말까지 그렇다고 단정할 수 없음을 지금 이 순간에도 확인하고 있다. 글은 글이고, 말은 말이다. 글자가 없다고 소리까지 없는 것은 아니다. 그런 언어는 세상에 없지만, 좋은 언어란 배우기 쉽고, 말과 글이 일치하는 언어다. 500 년 후, '가격(價格), 원가(原價), 단가(單價), 매매가(賣買價)' 등을 문헌에서 보고, "21 세기 초에는 '價'는 [가]로 발음되었다"라고 추정할지도 모른다. '오바', '아바'라고 써놓고, [

오빠], [아빠]로 발음하는 것은 거의 추리 수준이다.

'한자어가 언제부터 된소리로 발음되었나?'는 국어사를 연구하는 학자들의 몫이지만, 근래에 된소리 한자어가 늘어난 것은 분명하다. 고가도로(高架道路)를 [고까도로]로, [상짱]으로 발음되는 상장(賞狀)이 있음에도 상장(上場)을 [상짱]으로, 인사고과(人事考課)를 [인사고꽈]로, 관세(關稅)를 [관쎄]로 발음하는 등, 수없이 많다. 이런 현상을 새로움을 추구하는 일종의 흐름이라고 해석하는 사람도 있다. 고지(高地)를 [고찌]로, 물건(物件)을 [물껀]으로 발음하는 등, 특수 사회의 특수 언어는 어느 정도 인정할 수 있지만, 어휘란 동시대를 사는 사람들의 약속으로, 어디까지 깨질지 두고 볼 일이다.

위에서, 우리말의 된소리 발음법에 한자어를 대입해도 크게 벗어나지 않음을 보았다. 다시 말해, 한자어 발음도 기본적으로 우리말 음운체계를 따른다. 앞 음절 자모의 영향을 받아, 예사소리보다 된소리의 발음이 편하고 자연스러울 수 있다. 한자어가 된소리가 되는 이유를 음성학적으로 자연스럽고 편하기 때문이라고 주장하는 사람도 있으나, 사실, 된소리는 구멍을 아주 좁게 하였을 때 나는 소리로, 자연스러운 소리는 아니다. 선입견 없이, [효과]와 [효꽈], [관건]과 [관껀], [조건]과 [조껀]을 비교해보자. 된소리 발음이 자연스럽고 편한가? 된소리 발음이 편하다는 주장은 동양인 구강구조가 서양인의 그것과 달라, 영어발음을 잘

못한다는 말과 같다. '잠자리'가 [잠자리]인지 아니면 [잠짜리]인지 구별하는 것이 문제이지, 어느 것이 편하고 불편하고의 문제는 아니다. 경상도 사람들이 [쌀]을 발음하기 힘들 듯이, 일본 토박이들이 영어발음 잘 못하듯이, 발음은 습관이다. 그래서, 각 언어마다 정말로 불편한 발음들이 대대로 이어져 내려올 수 있는 것이다. 결론적으로, 우리말이든 한자어든 된소리 문제의 본질은 언문불일치이다.

꼭지 23. 돌려주어야 할 한자어 본음

시대는 밧귀엇다. 륙상의 장거리 전화도 신긔하기 짝이 업지만, 이번은 조흔 긔선을 타고도 륙칠시간을 걸리는 현해탄을 건너 대판(大阪 오사카)과 전화가 통하야 마치 마주 안즌듯이 이야기를 하게 되엿다. 이것은 확실히 례찬할 조선의 과학문명 시설의 력사적 사실이다.

1933년 1월 15일자 『조선일보』는 전날 체신국에서 열린 경성(서울)~대판 간 전화 개통식을 위와 같이 전했다. 마치, 북한 신문을 보는 것 같다. '륙상(陸上), 륙칠(六七), 례찬(禮讚), 력사(歷史)'을 요새 글로 쓰면, 각각 '육상', '육칠', '예찬', '역사'다.

한자를 모르면, 지금 쓰고 있는 '육상, 육칠시간, 예찬, 역사'의 본음이 '륙상(陸上), 륙칠(六七), 례찬(禮讚), 력사(歷史)'인 것을 알 수 없다. 이것은 한자어 유래 단어를 많이 쓰는 우리로서는 근원을 잃는 것이며, 원래 음과 현재 음이 다른 현상에 대해 이론적 근거를 대지 못할 것이다. 따라서, 한자어의 본음을 찾는 일은 근본적으로 한글전용과 깊은 관계가 있다.

五十餘國百餘都市와 朝鮮서도 "여보시오"
國際電話, 九月에는 一齊開通

위는 1939년 8월 9일자 『조선일보』에 실린 조선의 국제전화 개통을 예고한 기사의 제목이다. 한자로 쓸 수 없는 글자만 한글로 썼다. 지금 이런 기사 제목을 썼다가는, 그냥 폐간해야 한다.

1980년대 신문을 보면, 이와 별로 다르지 않다. 하지만, 1990년대 신문은 그야말로 확 바뀌었다. 전혀 딴 세상 신문이다. 이 10년 동안 도대체 무슨 일이 일어난 걸까?

먼저 한글전용에 대해 알아보자. 한글전용 세대는 한글전용이 무슨 말인지도 모를 일이다.

> 한글전용에관한법률
> 대한민국의 공용 문서는 한글로 쓴다. 다만, 얼마 동안 필요한 때에는 한자를 병용할 수 있다.

1948년 10월 9일, 대한민국 정부는 『한글전용에관한법률』을 위와 같이 제정한다. 당시, 정부가 여섯 번째로 제정한 법률로서 (법률 제6호), 유서가 깊다. 쓰되 안 써도 된다? '무슨 이런 법률이 다 있나' 하고 의아해 할 것이다. 2005년, 『국어기본법』이 제정되며 이 법률은 폐지되고, 해당 규정은 『국어기본법』으로 이전되며, 약간의 보완을 거친다. 『국어기본법』은 사적인 문서의 한글 전용을 강제하지는 않으며, 한자병기를 일정 부분 허용한다. 그럼, 공적인 문서는 어떻게 하겠다는 건가?

1948년 이후 공문서를 한글로만 썼는지 조사하지는 않았다. 초등학교 4학년 교과서부터 한자가 나올 정도로, 관공서 밖에서는 한자가 계속 쓰였다. 내 기억으로는 제일 처음 본 한자가 '小年'이었다. 다음은 『위키백과』를 인용한 한글전용의 역사다.

이승만 시대에는 초등학교에서부터 한자 교육을 했지만, 박정희 시대인 1970년에는 한자 폐지 선언을 발표, 보통 교육에서 한자 교육을 전면 폐지했다. 그러나 언론계를 중심으로 이에 대한 반대가 강해서 1972년에 다시 한자 폐지 선언을 철회해 중학교와 고등학교의 한문 교육이 부활하였다. 그러나 그때부터 한문은 선택 과목이 됐으며 시험에도 거의 관계가 없고, 실제 사회에서도 거의 쓰이지 않는 한자는 학생들의 학습 동기를 불러일으키지 못했다.

1980년대 후반부터, 한국의 신문 잡지도 점차 한자를 쓰지 않기 시작했다. 한글 교육 세대가 많아지면서, 한자를 섞어 쓴 출판물이 선호되지 않게 된 점이 한 이유라 할 수 있다. 또한 1990년대 초반부터 개인용 컴퓨터와 PC통신이 널리 보급되면서 한글 문서들이 광범위하게 작성되고 통용됨으로써 한글 전용의 현실성이 자연스럽게 실증되었다.

한편 1990년대 후반부터 한자 교육 부활을 요구하는 소리가 거세지자, 1998년 김대중 당시 대통령이 공문서에 한자를 섞어 쓰는 데에 손을 들어 주었다. 대통령의 지시로 도로 표지나 철도역 버스 정류소에서 한자 병기는 실현되었지만, 한글 전용파의 저항이 완강해서 초등학교에서 한자 교육 의무화나 젊은 층에서 한자 사용 일상화는 실현되지 않았다. 서울 시내의 버스 정류소의 한자 표기는 버스 개편으로 없어졌다.

한자 혼용을 주장하는 사람은 한국어에서 한자로 이루어진 낱말이 70% 또는 80% 이상을 차지한다고 주장한다. 한글 전용을 주장하는 사람에 따르면 국립국어원이 펴낸 표준국어대사전을 기준으로 조사했을 때 한자어가 차지하는 비율은 50% 가량이라 한다. 한자를 쓰지 않기 때문에 한자어 낱말이 그만큼 줄어들었다고 여기는 사람도 있다.

한글 전용인지 한자 혼용인지에 대해서는 여론 조사에서도 국론이 양분되어 왔다. 정치가들도 이것을 쟁점화하기에 난색을 보여 광복 이래 계속된 이 논쟁을 '문자 전쟁'이라고 부르기도 한다.

한글만 아는 세대를 한글전용 세대라 부른다. 1957 년생부터, 아마도, 1960 년생까지가 한글전용 제 1 세대다. 그 뒤 언제부터

가 제 2 세대인지 모르지만, 요즈음 대학생들은 아래 첫 문장을 읽을 수 없을 것이다. 그 바로 아래 문장은 한글로 바꾼 문장이다.

量子物理學은 一般人들이 理解하기 어려운 理論이다.
양자물리학은 일반인들이 이해하기 어려운 이론이다.

한자 '理'는 3 번 나온다. 한글로 바꾸면, 첫 번째는 '리', 두 번째와 세 번째는 '이'로 읽힌다. '理'는 동사 '다스리다, 수선하다, 깨닫다'라는 뜻을, 명사 '도리, 이치'라는 뜻을 가진 글자이며, 중국어로 겹리을 발음 [lǐ]로 난다. 같은 '理'인데, 중간, 엄밀히 말하면, 말머리가 아닌 위치에 있을 때는 '리'로, 말머리에 있을 때는 '이'로 발음된다. 이른 바, 두음법칙이다.

우리말로 '이'라는 한자어는 중국어로 [lǐ], [yǐ], [ěr] 세 가지로 발음된다. [lǐ] 발음 한자는 里, 理, 利, 李, 離, 梨 裏, [yǐ] 발음 한자는 以, 姨, 夷, 異, 伊, [ěr] 발음 한자는 二, 貳, 耳, 而이다. 따라서, 성 '李'를 영어로 'Rhee'라고 썼으면, 'Li'든 'Lee'든 겹리을 발음인 'L'이 들어있게 고쳐야 한다. 柳와 劉도 '유'라 하지만 겹리을 '류'가 맞다. 야구선수 유현진의 '유'가 한자로 무엇인지는 몰라도, 柳와 劉 둘 중의 하나라면, 'Ryu'는 잘못된 것이다. 盧와 魯도 '노'가 아니라, 겹리을 '로'가 맞다. '梁'은 겹리을 '량'이 맞다. 하지만, '楊'은 '양'이 맞다. '羅'는 '나'가 아니라, 겹리을 '라'이다. 여기서 다시 'L'과 'R'의 음가가 문제되는데, 훈민정음에서 겹리을과 홑리을을 구별하지 않은 것은 옥의 티다. 아무튼, 안 쓸 거면 몰라도, 쓸려면 제대로 써야 한다. 두음법칙은 이렇듯 성도 바꾸었다.

두음법칙이란, 특정 모음 앞에 있는 'ㄴ'이나 'ㄹ'이 단어의 첫머리에 발음되는 것을 꺼려 없애되, 표시는 음가가 없는 'ㅇ'으로 나타내거나, 역시 특정 모음 앞에 있는 'ㄹ'이 'ㄴ'으로 발음되는 현상을 말한다. 예를 들어, '림(林)'은 '임'으로, '념(念)'은 '염'으로, '로(路)'는 '노'로 발음한다. 두음법칙은 한자어에만 국한하는 것이 아니라, 니르다/이르다, 님/임, 닙다/입다 등 고유어에도 적용된다. 하지만, 외래어와 외국어에는 두음법칙이 적용되지 않는다.

두음법칙은 1933년의 『한글맞춤법통일안』제 4 장의 '한자음' 규정이 정한 법칙이다. 이 법칙을 제정한 이유는 한자어 머리글자를 읽을 때 글자의 원래 소리대로 적지 않고 예외를 두어, 사람들이 편리하게 발음하게끔 음가를 바꾸는 것이다. 현재 쓰이는 규정은 1988년에 고시된 『한글맞춤법』제 5 절 제 10~12 항으로서, 다음과 같다.

제10항: 한자음 '녀 뇨 뉴 니'가 단어 머리에 올 적에는 '여 요 유 이'로 적는다.
제11항: '랴 려 례 료 류 리'가 단어 머리에 오면 '야 여 예 요 유 이'로 적는다.
제12항: '라 래 로 뢰 루 르'가 단어 머리에 오면 '나 내 노 뇌 누 느'로 적는다.

물론, 두음법칙에도 예외는 있다. 그러니까, 예외의 예외가 있는 셈이다. 예외 원칙은 다음과 같다.『위키백과』를 인용했으며, 약간 수정하였다.

(1) 한자 파생어나 합성어 등은 뒷말에 두음법칙을 적용한다.
 예) 신여성(新女性), 공염불(空念佛), 회계연도(會計年度)
(2) 고유어나 외래어 뒤에 한자어가 결합한 경우 두음법칙을 적용한다.
 예) 구름양(量), 칼슘양, 어린이난
(3) 단어의 첫머리 이외에서 본음대로 적는다.
 예) 남녀(男女), 은닉(隱匿), 독자란(讀者欄), 비고란(備考欄), 공란(空欄)
(4) 준말에서 본음으로 소리 나는 것은 본음대로 적는다.
 예) 전경련(전국경제인연합회), 한총련(한국대학총학생회연합), 소련(소비에트사회주의공화국연방)
(5) 의존명사는 본음대로 적는다.
 예) 냥(兩), 년(年), 리(里), 리(理), 량(輛)
(6) 외자로 된 이름을 성에 붙여 쓸 경우에는 본음대로 적을 수 있다
 예) (조선시대 장수) 신립(申砬)
(7) 반대로 이름이 외자가 아닌 경우에는 두음법칙을 적용한다.
 예) 허난설헌

지금까지, 두음법칙은 발음을 쉽게 하는데 도움이 되지만, 단어의 근원을 알 수 없게 하며, 성(姓)도 바꿀 수 있음을 보았다. 사실, 두음법칙의 존폐를 두고 그 전부터 오래 동안 학자들 사이에 의견이 분분했었다. 그러다가 2007 년, 대법원은 '한자 성(姓)과 이름의 한글표기에 두음법칙의 예외를 인정한다'는 판결을 내렸다. 성(姓)과 이름에 국한된 것이지만, 언어 관습에 사법기관이

관여하는 상황이 벌어졌다. 물론, 가족관계를 등록해야 하는 법 때문에 이해는 된다. 혹시, 원한다면 아버지와 아들이 다른 성을 쓰는 것이 가능한지 모르겠다.

2000년대 들어, 북한과 교류하면서 국내 언론은 인명, 지명 등 북한의 고유명사를 최대한 북한식으로 표기했다. 북한에서는 일부 예외가 있지만, 두음법칙 자체가 없다. 2013년, 국립국어원은 북한 인사 최룡해와 리설주의 이름을 1992년 결정에 따라, 각각 '최용해'와 '이설주'로 표기해줄 것을 언론사에 요청했다. 1992년 결정이란, 그해 한국의 어문정책 담당부서인 문화부가 북한의 인명, 지명 등 고유 명사를 표기할 때, 말머리에 'ㄹ' 음을 써서는 안 된다는 것을 재확인함을 말한다. 이에 따라, '리득춘(李得春)'과 '량강도(兩江道)'는 각각 '이득춘'과 '양강도'로 표기해야 한다. 1992년이면 김일성이 죽기 전인데, 국립국어원은 앞으로 일어날 일을 예상한 모양이다.

최근에, 두음법칙을 없애자는 주장을 심심치 않게 접한다. 그런 주장의 뒤를 바치는 논리 중의 하나는 남북통일에 앞선 언어 통일이다. 북쪽의 '리'씨가 남쪽에 오면 '이'씨가 될 수 있으니, 통일이 되기 전에, 예를 들면, 남쪽의 '이'씨를 '리'씨로 바꾸자는 것이다. 이 논리대로라면, 두음법칙을 유지해서, 북쪽의 '리'씨를 '이'씨로 바꿀 수도 있다. 어떤 언어의 음운현상을 정치적 논리로 해결하는 것은 될 수도 없고, 해서도 안 된다. 그럴 성질의 것도 안 되지만, 혹여 국민투표에 부친다면 모를까, 그도 아니라면, 객관적으로 그리고 과학적으로 접근해야 후유증을 최소화 할 수 있다.

한편, 두음법칙을 그대로 유지해야 한다는 주장도 만만하지는 않다. 두음법칙 옹호론자들은 알타이 어족의 언어는 말머리의 'ㄴ'과 'ㄹ'이 특정 모음과 결합하면, 발음이 부자연스럽고, 따라서, 알타이 어족의 하나인 한국어에서 두음법칙은 자연스러운 음운현상이라고 주장한다. 하지만, 이 주장 역시 주관적이다. 한국어는, 한편으로, 넓게 보아 알타이 어족의 일원이지만, 다른 한편으로는, 언어법칙이 주변 언어와 많이 다른 고립어다. 몽골어의 경우 말머리에 'R' 발음이 안 온다고 해서, 한국어도 그러리라고 단언할 이유는 하나도 없다.

한국어에서 두음법칙이 언제부터 존재해 왔는지 알 수는 없다. 신문기사에 두음법칙이 드러난 때는 1940년경으로 추정된다. 다음은 이 꼭지 첫머리에 보인 기사 작성일로부터 꼭 1년 후인 1940년 8월 9일 『조선일보』 기사다.

> 작팔일(昨八日)은 입추(立秋)이다 아직것 조선내(朝鮮內)의 각종학교(各種學校)는 하계방학중(夏季放學中)으로 아프로도 일주일(一週日)가량 더잇서야 개학(開學)될터이나 때는 바야흐로 양풍(凉風)이 불기시작(始作)하여 등화(燈火)를 친(親)히 할때가 되엇다

1940년이면, 독일과 일본이 전쟁터에서 승승장구하던 때다. 이 기사는 이렇게 시작해서 학생들과 청년들이 일본제국을 맹주로 한 동아신질서건설운동에 적극적으로 참여하라는 내용으로 끝난다.

지금까지 위에서 'ㄹ→ㅇ' 두음법칙의 예로 든 한자를 현재 중국표준어격인 보통화(普通話, mandarin) 발음과 함께 늘어놓으면, 다음과 같다.

陸 [liù], 六 [liù], 禮 [lǐ], 歷 [lì], 理 [lǐ], 李 [lǐ], 柳 [liǔ], 劉 [liú], 梁 [liáng], 林 [lín], 量 [liáng], 兩 [liǎng], 里 [lǐ], 輛 [liàng], 砬 [lá], 立 [lì], 凉 [liáng], 聯 [lián]

혹시, 'ㄹ→ㅇ' 두음법칙 글자들의 공통점을 발견하였다면, 날카로운 관찰력을 가진 사람이다. 모두 [L] 발음을 가진다. 우리말 'ㄹ'은 겹리을(ㄹㄹ)과 홑리을(ㄹ) 두 가지로 발음된다. [ㄹㄹ]은 영어발음 [L]이고, [ㄹ]은 [R]에 가깝다. 'ㄹㄹ'과 'ㄹ'의 발음 차이점을 분명히 알면, 왜 우리말에서 두음법칙이 생기게 되었는지 이미 반은 이해한 것과 다름없다. 결론부터 얘기하면, 우리가 알고 있는 한자어 두음법칙은 실제로 'ㄹㄹ→ㅇ' 두음법칙이며, 한자어 'ㄹ→ㅇ' 두음법칙은 우리말에 없다.

이쯤 되면, 두 가지 질문이 생길 법하다. 하나는 '도대체 우리말 발음이 중국어 발음과 무슨 상관있냐?'이고, 다른 하나는 '우리말에 왜 'ㄹ→ㅇ' 두음법칙이 없냐?'이다. 우리말에 [ㄹㄹ] 글자가 없기 때문에, 우리 선조들이 세종 전후를 막론하고 중국어 [L] 발음을 어떻게 발음했는지는 모른다. 짐작하건대, 아주 특수한 경우를 제외하고 우리의 한자어 발음에서 받침 'ㄱ, ㄹ, ㅁ, ㅂ, ㅅ'을 떼어내면, 성조를 무시한 현대 중국어 발음과 거의 비슷하다. 이것으로 보아, 중국어 초성 [L] 발음은 우리 발음에서 살아 있었을 가능성이 매우 크다. 사실, 초성 [L]은 편한 발음이 아니다. 하지만, 이런 현상은 한국어 혹은 알타이 어족 언어에만 국한된 것은 아니고, 중국어와 영어를 포함하여 [L]이 있는 모든 언어에 해당된다. 한국어만 특별하지 않다.

두 번째, 우리말에 한자어 'ㄹ→ㅇ' 두음법칙이 없는 이유는 그 법칙을 적용할 만한 'ㄹ'로 시작하는 한자어가 없기 때문이다. 중국어 초성 [R] 발음은 한국어에서는 이미 사라져, 세종 때 음가 없는 'ㅇ'으로 표기할 수밖에 없었다. 예를 들어, '人民'은 중국어로 [rénmín]이지만 한국어로는 '인민'이다. '自然'도 중국어로 [zìrán]이지만 한국어로는 '자연'이다. 우리 선조들은 고대중국어에서 발음을 가져올 때, 애초에 [R] 없이 가져왔다. 단어 머리에 오든, 뒤에 오든, 상관없다. 이런 전환이 바로 위에서 말한 '아주 특수한 경우' 중의 하나를 가리킨다. 혹자는 우리 한자어 발음이 중국어 발음에서 유래했다는 근거가 있냐고 물을 수 있다. 하지만, 거꾸로도 상관없다. 인민에서 rénmín이 되었다면, 우리말에 한자어 'ㄹ→ㅇ' 두음법칙은 원래 없었을 것이다.

만약, 우리가 두음법칙에 근거해 외래어를 표기한다면, '리비아(Lybia)'는 이비아'로, '뉴스'는 '유스'로, '라디오'는 '나디오'로 표기해야 한다. 하지만, 우리는 문제없이 말머리를 원음대로 잘 발음하고 있지 않은가. 소리는 소리 나는 대로 적어야 한다. 그것이 세종대왕께서 정음을 만드신 이유다. 비록 [ㄹㄹ]과 [ㄹ]을 구별하여 적지는 않았으나, 어리석은 후예들은 발음이 어렵다는 이유로 모든 [ㄹㄹ]을 [ㄹ]로 바꾸고, 그나마 [ㄹ]이 말머리에 오면, 그것도 불편하다고 소리를 없애 버렸다. '사리가 밝다'의 '事理'나 '사리를 취하다'의 '私利'는 원래 발음은 [살리]다. 먼 훗날이 아니라 당장이라도, '理'나 '利'의 본음이 [ㄹ리]인줄 아는 사람이 있을까? 이제 초성 [ㄹㄹ]은 화석발음이 되어, 외래어 혹은 외국어에서나 볼 수 있게 되었다.

신문기사 기록으로 보면, 두음법칙은 80년의 역사를 가진다. 하지만, 그 영향은 어마어마하다. 두음법칙을 없애, '이과'를 '리과 [ㄹ리꽈]'로, '여자'를 '녀자'로, '허난설헌'을 '허란설헌 [헐란설헌]'으로 발음한다면, 이를 감당할 수 있겠는가? 두음법칙으로 인해, 우리는 발음의 편리함을 얻었지만, 너무 많은 것을 잃었다. 앞으로 계속 한자를 쓰지 않으면, 한자 본음이 사라질 수 있으며, 이는 궁극적으로 한국어 조어과정을 알 수 없게 만들 것이다. 또한, 한국어와 외래어 사이에 음운현상의 일관성이 결여되는 결과를 가져왔다. 편한 소리로만 된 언어는 이 세상에 없다. 좋은 언어와 나쁜 언어가 있다면, 예외가 적은 언어가 좋은 언어요, 예외가 많은 언어는 나쁜 언어다. 두음법칙이 지나친 예외인지 아닌지를 놓고 진지하게 토론해서 지나친 예외라고 판단되면, 더 늦기 전에 결단을 내려야 한다. 시간이 흐르면 흐를수록, 호미로 막을 것을 가래로 막게 된다. 아니, 아주 못 막을 수도 있다.

꼭지 24. 유럽이 왜 구라파인가?

구라파라는 한 단어를 놓고 한국인을 3 세대로 나눌 수 있다. 말이든 글이든 구라파라는 단어를 사용하는 세대, 구라파라는 단어는 알지만 사용하지 않는 세대, 그리고 구라파라는 단어를 알지도 못하는 세대다. 세월이 많이 흘러 대부분의 한국 사람들은 마지막 세대에 포함될 것으로 짐작된다.

요즈음 누가 그런 구식 말을 사용하느냐고 비웃을지 몰라도, 알게 모르게 세대에 상관없이 쓰이는 그런 말은 지금도 많다. 그런 말이란 중국과 일본에서 만든 영어 유래 한자어인데, 뜻과 아무 상관없이 단순히 음만 빌려온 외래어임에도 불구하고, 한국식으로 읽는 한자를 말한다. 그들 입장에서 영어 발음에 최대한 가깝게 적은 것이지만, 한자 발음이 그들과 많이 다른 한국식으로 읽으면 우습게 되는 경우가 많다.

그 이유는, 중국어의 경우, 받침이 'ㄴ'과 'ㅇ', 일본어의 경우, 'ㄴ'밖에 없고, 중국어의 'ㄹ'은 실제 겹리을 발음, 즉, 영어 [L]이지만, 한국과 일본에서는 모두 홑리을, 즉, 영어 [R]에 가깝게 읽기 때문이다. 그런 단어들을 모아, 필요한 경우, 약간의 해설과 함께, 사전식으로 만들어 보았다. 한국식 한자발음, 한자, 중국 혹은 일본식 발음, 한국식 영어발음, 영어, 필요한 경우, 해설의 순서로 나열하였다. 중국에서 번역한 서양어휘, 일본에서 번역한 서양어휘로 나누었다.

중국에서 번역한 서양어휘

국가명

미국 美國 [Měiguó] 아메리카 America
  '美'는 America의 'me'에서 온 듯하다.

비율빈 比律賓 [Bǐlǜbīn] 필리핀 Phillipine

서반아 西班牙 [Xībānyá] 스페인 Spain

아라사 俄羅斯 [Éluósī] 러시아 Russia
  羅앞에 俄를 붙인 이유가 몽고어의 영향 때문으로 보는 사람도 있다. 몽고어에서는 한국어 두음법칙처럼 말머리에 'ㄹ'을 꺼리고 모음을 더하는 경향이 있다. 아관파천(俄館播遷)이란 1896년 고종이 아라사, 즉, 러시아 공사관으로 피신한 사건을 말한다.

영국 英國 [Yīngguó] 잉글랜드 England
  '英'은 'Eng'에 대응한다. England의 원역은 英格蘭 [Yīnggélán]이다.

영란 英蘭 [Yīnglán] 잉글랜드 England
  英蘭은 英格蘭 [Yīnggélán]의 줄임말이다. 英蘭은행은 영국은행(Bank of England)이다.

이태리 伊太利 [Yītàilì] 이탈리아 Italy (본국에서는 Italia)

인니 印尼 [Yìnní] 인도네시아 Indonesia
  원역은 印度尼西亞로서 줄여서 印尼라 한다.

인도 印度 [Yìndù] 인디아 India

지나 支那 [Zhīnà] 차이나 China

태국 泰國 [Tàiguó] 타일랜드 Thailand
　'泰'는 'Thai'에 대응한다.

희랍 希臘 [Heilì] 그리스 Greece
　그리스의 정식명칭은 헬레니 공화국(Hellenic Republic)이다. 헬라를 중국 남부 광동어 발음으로 표기한 것이다. 중국표준어 발음은 실라[Xīlà]이다. 한국어 'ㅎ'은 글자에 따라 중국어 'ㅅ'에 대응한다. '學 [xué]'를 '수에'라 발음하는 것과 같다. 광동어 자음 음가는 중국표준어보다 한국어와 많이 일치한다.

지명

가주 加州 [Jiāzhōu] 캘리포니아 California
　'加'는 California를 음역한 加利福尼亞州의 '加'에서 왔다.
　남가주(Southern California), 가주대학교(University of California)라는 말을 심심치 않게 보았을 것이다.

구라파 欧羅巴 [Ōuluóbā] 유럽 Europe
　번자체는 歐羅巴. '歐'의 중국어 발음은 [ou]다. 보통, 한국어 'ㄱ'은 중국어 'ㄱ'혹은 'ㅈ'에 대응하지만, 중국어 [o]가 발음이 한국어 [ㄱ]으로 바뀐것이 특이하다. 구(歐·오우)와 파(巴·바)는 음역에 주로 쓰이는 한자다. 같은 예로, 歐巴(오우바)는 한국어 '오빠'의 중국식 표기다. 歐巴馬는 '오바마'다.

나성 羅城 [Lóxíng] 로스앤젤레스 Los Angeles
　미국으로 여행가는 친구에게
　"너 어디로 가니?"
　"라."

"어디?"

"LA."

그 LA다. 중국 광동지방에서 미국으로 이민 간 사람들은 LA를 羅城[Lóxíng]으로 불렀다. 북부에서는 羅城이 [Luóchéng]으로 발음되니, 비슷한 발음의 羅省으로 썼다.

백림 柏林 [Bólín] 베를린 Berlin

1967년, 당시 대한민국 중앙정보부가 독일과 프랑스로 건너간 유학생과 교민을 간첩으로 몬 사건이 있었다. 이른바, 동백림 간첩단 사건이다. 중앙정보부는 그들이 동베를린의 북한 대사관과 평양을 드나들고, 간첩교육을 받으며, 대남적화활동을 하였다고 주장하였다.

종교

기독 基督 [Jīdū] 크라이스트 Christ

그리스어 '그리스도(Χριστός, 크리스토스)'의 중국어 음역인 '基利斯督'의 줄임말이다. 현대 북경어로, [jīlìsīdū][지리스두]라고 발음되나 청나라 말기 북경어에 구개음화가 일어나기 전의 발음은 [īlìsīdū][기리스두]이다. 1887년에 발간된 우리나라 최초의 신약 번역성경에는 '키리쓰토'라 쓰였다.

야소 耶蘇 [Yésū] 예수 Jesus

석가모니 釋迦牟尼 [Shìjiāmóuní] 샤카모니 Shakamoni

샤카모니는 광동어 발음이다.

열반 涅槃 [Nièpán] 니르바나 Nirvana

'녈반'이나 두음법칙에 의해 열반으로 읽힌다.

불타 佛陀 [Fótuó] 부다 Buddha

세종 정음으로는 '붓다'이다.

기타

희래등 喜來登 [xǐláidēng] 쉐라톤 Sheraton
  한국에서 중국음식점으로 유명한 상호다. 한국어 'ㅎ'은 글자에 따라, 중국어 'ㅅ'에 대응한다.

아편 (阿片) [āpiàn] 오피움 opium

일본에서 번역한 서양어휘

국가명

노서아 露西亞 [ロシア] 러시아 Russia

독일 獨逸 [ドイツ] 도이치란트 Deutchland
  중국에서는 德意志 (德國) 로 부른다.

불란서 佛蘭西 [フランス] 프랑스 France
  중국에서는 法蘭西 (法國) 로 부른다.

화란 和蘭 [オランダ] 네덜랜드 Netherland
  네덜랜드의 다른 이름인 Holland를 음역했다. 중국에서는 荷蘭 [Hélán]으로 부른다.

기타

구락부 俱樂部 [くらぶ] 클럽 club
  예전에 농촌조직체인 4 H 클럽을 4 H 구락부로 부른 적이 있다.

낭만 浪漫 [ろうまん] 로망 Roman
  원래 '제멋대로 하다'라는 뜻이었으나, Romanticism을 일본에서

낭만주의(浪漫主義/ろうまんしゅぎ)'로 음역하였다. 한국어로 '랑만'이나 두음법칙에 의해 '낭만'으로 읽힌다.

와사(瓦斯) [ガス] 가스 gas
중국에서는 嘎斯 [Gāsī]로 부른다. 김광균의 시 『와사등』은 가로등인 가스등을 뜻한다.

중국과 일본이 주로 영어인 서양 외래어를 음역한 한자를 한국어로 읽으니, 한중일 3국이 한자를 읽는 소리가 이렇게나 다르다는 사실을 새삼 느낀다. 그 이유는, 첫째, 중국과 일본어에는 없는 받침 때문이고, 둘째, 한국어에서 겹리을이 모두 홑리을로 발음되기 때문이고, 셋째, 한국어로 읽을 때 한국어 문법규칙에 의해 변하기 때문이다. 특히, 중국어 음역인 경우, 일부 받침이 살아있는 광동어 발음이 한국어 발음에 훨씬 가깝다. 음역어 중 그럴 듯한 말도 있고, 생뚱맞은 말도 있지만, 한 가지 분명한 사실은 아무 뜻도 없으니, 맞네 안 맞네 할 것이 없다.

국력이 강했다면, 아무 뜻도 없는 중국어 일본어 음역 외래어를 그대로 받아들일 리가 없었을 것이다. 지금도 신문기사에서는 스페인 언론을 西언론, 이탈리아 언론을 伊언론이라 부른다. 물론 美언론, 日언론은 되는데, 西언론, 伊언론이 안 될 이유는 없다. 말이란 그런 것이다. 뿌리내리기가 힘들어서 그렇지, 한번 뿌리내리면, 뽑을 재간이 없다. 하지만, 힘들더라도 이제는 뽑아 버릴 때도 됐다.

완전히 뽑히지도 않겠지만, 뽑고 나서도 문제다. 영어 외래어를 어떻게 할 것인가? 요즈음 같은 세상에 어느 나라 말이건 외래어가 없을 수 없다. 하지만, 정도 문제다. 한국어의 경우, 특정 분야 용어의 5%가 영어유래 외래어다. 우리가 대처하는 속도보다 들어오는 속도가 더 빠르다. 신속하게 대처하지 않으면, 남는 것은 한탄일 것이다.

여덟째 마당

외래어

꼭지 25. 영어 유래 외래어, 어떻게 표기할 것인가?

사전적 정의에 의하면, 외국으로부터 들어와 우리말에 동화되어 우리말처럼 사용되는 단어를 외래어라 한다. 인명이나 지명처럼, 우리말에 동화되었다고 할 수 없는 경우도 여기서는 그냥 외래어라 하겠다. 외래어는 우리말 음운체계와는 전혀 다른 언어로부터 차용되는 것이므로, 통일되게 표기하기가 쉽지 않다. 외래어를 표기하는 방법은 두 가지가 있는바, 하나는 되도록 원음에 가깝게 표기하는 방법과, 다른 하나는 원음과는 다소 다르더라도 우리말의 음운구조에 합당한 한도 내에서 표기하는 것이다. 두 표기법 각각의 장단점이 있고, 시대에 따라 혹은 개개인의 교육 환경으로 인한 호불호에 따라, 두 표기법의 장단점이 뒤바뀔 수 있어, 어느 것이 더 좋다고 말할 수 없다.

현재, 우리는 34년 전에 제정된 『외래어표기법』에 준해 외래어를 표기한다. 우리나라에서 사용되는 대부분의 외래어는 영어, 드물지만 중국어, 더 드물게 기타 언어로부터 유래한다. 이 꼭지와 다음 2개의 꼭지에서는 영어 유래 외래어 표기의 문제점을 다루고자 한다.

중국어 유래 외래어의 문제점을 굳이 다루지 않는 이유는 'f'를 'ㅍ'로 표기하고 성조를 고려하지 않는 조건하에, 표기하는데 좀 더 신경을 쓰고, 번체와 간체 중 선택의 동의만 이루어지면, 해결되기 때문이다. 예를 들어, 신문에서 중국 음력설을 '춘제,(春節)'라고 표기한다. '춘제'는 분명히 틀렸고, '춘지에,[chūnjié]'가 맞다. '지에'를 '제'로 할 근거는 전혀 없다. 틀리게 표기할 바에야, 차라리, 우리음대로 춘절이라고 하는 편이 낫다. 친절하게 병기해 주는 한자 春節의 節은 번체이며, 현재, 간체를 사용하는 중국에서는 节라고 표기된다. 번체와 간체 중, 어떤 것을 사용할지 동의가 필요하다. 동의가 번거로우면, 영어 유래 외래어를 사용할 때 alphabet을 병기하지 않는 것처럼, 한자를 병기하지 않으면 된다.

여기서는, 미국식 영어 유래 외래어를 되도록 원음에 가깝게 표기하는데 있어서 생기는 문제점들을 다룬다. 미국식 영어인 이유는 그저 대세를 따름일 뿐이고, 되도록 원음에 가깝게 표기하는 이유는 표기된 한글을 읽었을 때, 원래 영어 발음에 가깝도록 들리게 해, 소통에 도움이 되게 함이다. 예를 들어, lice(이)와 rice(쌀)를 우리말로 어떻게 표기해야, 이 둘을 구별할 수 있을까? 잘못 발음하면, 우리의 주식은 이가 된다. 이것을 해결하기 위해서는 많은 논의가 필요하다.

현재, 우리나라는 외래어를 표기할 때 1986년 정부에 의해 제정된 『외래어표기법』에 준한다고 되어있다. 이 법의 기본원칙은 다섯 가지로서 다음과 같다.

외래어는
① 국어의 현용 24 자모만으로 적는다.
② 하나의 음운은 원칙적으로 하나의 기호로 적는다.
③ 받침에는 'ㄱ, ㄴ, ㄹ, ㅁ, ㅂ, ㅅ, ㅇ'만을 쓴다.
④ 파열음 표기에는 된소리를 쓰지 않는 것을 원칙으로 한다.
⑤ 이미 굳어진 외래어는 관습을 존중하되, 그 범위와 용례는 따로 정한다.

대다수의 사전 교과서 일반서적들이 이『외래어표기법』원칙에 따라 표기해왔다. 하지만, 이 원칙이 최선인지는 여전히 논란거리이며, 서적보다 훨씬 자주 대중에게 노출되는, 따라서, 우리 말씨에 큰 영향을 미치는 대중 활자산업인 신문 잡지 등에서조차 잘 지켜지지 않는 듯하다.

국립국어원 『표준국어대사전』의 2020년 기준 사전통계에 의하면, 우리나라 말의 모든 품사원어 ('어미'와 '접사'는 문법적으로 품사에 속하지 않지만, 편의를 위하여 품사와 같은 층위로 처리하며, 그 수는 합쳐서 1000 개 정도이다)의 수는 363,074 개이다. 이 가운데 명사는 268,827 개 (73.9%), 동사는 56,184 개 (15.5%), 형용사는 13,364 개 (3.7%), 부사 12,286 개 (3.4%)이다.

명사(268,217 개)는 고유어 36,040 개 (13.4%), 한자어 185,385 개 (69.1%), 외래어 20,021 개 (7.5%), 혼종어 26,771 개 (10%)로 구성된다. 혼종어란 고유어, 한자어, 외래어가 서로 섞인 말을 의미한다. 명사 외래어 20,021 개는 외래어의 거의 전부(98.7%)를 차지한다. 이 중, 순외래어는 13,905 개로, 영어 (11662 개, 83.2%), 프랑스어 (523 개, 3.8%), 이탤리어 (451 개, 3.2%), 독일어 (417 개, 3.0%) 순이다. 우리나라의 문화에 끼치는 영향력 정도를 반영한 것처럼, 영어가 압도적으로 많으며, 나머지 국가도 예상할만하다. 분야별 외래어 점유율에 대한 통계가 없지만, 짐작하건대, 과학과 스포츠 분야에서 영어 유래 외래어의 점유율이 압도적일 것이다.

외래어는 그 나라의 표준어를 한글로 적은 말이다. 우리나라에서는 표준어를 '교양 있는 사람들이 두루 쓰는 현대 서울말로 정함을 원칙으로 한다.'로 정의해 놓고 있다. 미국에는 보편적으로 통용되는 영어가 존재하지만, 표준어에 대한 확실한 정의는 없다. 미국 정부에 어문정책을 관장하는 부서가 따로 존재하지 않는다. '보편적으로 통용되는'의 의미는 불문율로, 통상, '방송에서 쓰이는'이라고 이해하면, 큰 무리가 없다.

우리말에 외래어를 본격적으로, 그리고, 대중적으로 도입한 시기는 1908 년 성경을 한글로 번역한 때가 아닌가 짐작된다. 물론, 인명과 지명을 그야말로 완전 콩글리쉬로 할 수 밖에 없는 상황이었을 것이다. 그 후, 영어가 쓰이면서 일본의 영향으로 독일식 영어로 표기되었다가, 20 세기 후반 미국식 영어가 대세를 이루었다. 이 둘은 아직도 충돌하고 있다. 시대의 충돌이다. 현행의 『외래어표기법』은 이 갈등을 해결하지 못하고, 어정쩡하게 내버려두고 있다.

이후, 아래의 발음은 큰 괄호 [ ] 안에, 자모는 홑따옴표 ' ' 안에 표시한다. 예는 작은 괄호 ( ) 안에 들었다. 한글발음으로 표시하기 곤란한 경우, 영어 발음기호를 사용한다. 한글발음으로 표시하기 곤란한 경우, 영어 발음기호를 사용한다. 묶음은 따로 기술하지 않는다.

① 국어의 현용 24 자모만으로 적는다.

국어는 24 자모 (14 개의 자음 10 개의 모음), 영어는 26 자모 (21 개의 자음 5 개의 모음)를 사용한다. 그 숫자에서 알 수 있듯이, 영어의 자음은 한글 자음으로 적을 수 없는 것이 있으며, 반대로, 영어의 모음은 모두 2 개 이상의 음가를 가지며, 모두 한글로 적을 수 있다.

국어의 현용 24 자모만으로, 더 정확하게는, 14 개의 자음만으로 적을 수 없는 소리는 다음과 같다.

- f: 해당 한글 자음이 없다. 1948 년 제정된 외래어 표기법에서는 [f] 발음을 표기하는데 훈민정음 창제 당시 존재했던 'ㆄ(가벼운 혹은 순경음 피읖)'가 쓰였다. [ㆄ]는 아랫입술을 윗니에 살짝 대면서 파열시키니 그 파열 수준은 [f]보다 훨씬 덜하다.
- ph: 해당 한글 자음이 없다. [f]와 같다.

th: [θ] (thank)와 [ð] (this)의 발음은 해당 한글 음이 없다. 별도의 기호를 만들지 않는 한, [θ]는 [ㅆ]로, [ð]는 [ㄷ]로 표시하는 것이 타당한 듯 보인다.

v: 해당 한글 자음이 없다. 1948 년 제정된 외래어 표기법에서는 [v]발음을 표기하는데, 훈민정음 창제 당시 존재했던 'ㅸ(가벼운 비읍 혹은 순경음 비읍)'가 쓰였다. [ㅸ]는 아랫입술을 윗니에 살짝대면서 파열시키니, 그 파열 수준은 [v]보다 훨씬 덜하다. 인도네시아 찌아찌아어의 한글 표기법에서 [v]를 표기하는 데 쓰인다.

z: 해당 한글 자음이 없다. [ㅈ]으로 적으나, 약간 가는 소리다. 사라진 훈민정음 자음 'ㅿ'이 가장 가깝다.

'ㅸ'과 'ㆄ'은 훈민정음 28 자모에 포함되지 않고, 단지, 중국어를 용이하게 발음하기 위한 기호이다. '외래어를 현용 24 자모만으로 적는다'라는 원칙은 'ㅸ'과 'ㆄ' 같은 별도의 기호를 인정하지 않겠다는 말이다. 외국의 경우, 이와는 반대의 정책을 취하는 나라도 상당수다. 500여 년 전에도 외국어 발음 기호를 고안해 사용했는데, 지금 사용하지 못 할 이유가 있는지, 진지하게 따져 볼 일이다.

② 하나의 음운은 원칙적으로 하나의 기호로 적는다

영어의 26 개 자모 중 대부분은 2 개 이상의 음가를 가진다. 이를 음소 각각에 대해 살펴본다.

자음

하나의 자음이 묵음을 제외하고도, 두 개 이상의 음가를 가지기도 한다. 하나의 음가를 가지는 자음으로서 해당되는, 한글 자음이 있는 b, d, h, k, m, n, p, q, t는 제외한다.

c: [ㅋ] cake.
　　[ㅆ] cycle.
g: [ㄱ] game, get, give, go, guide. 단어 맨 앞. 다음에 'a', 'e', 'i', 'o', 'u'가 올 때.
　　[ㅈ] general, giant, gymnasium. 단어 맨 앞. 다음에 'e', 'i', 'y'가 올 때.
　　약한 [ㅗ] 또는 약한 [ㅜ] 음가 charge, technology. 끝음절. 다음에 'e', 'y'가 올 때.
j: [ㅈ] 약한 [ㅗ] 또는 약한 [ㅜ] 음가를 내재한다.
l: [ㄹ] 'R' 발음과 혼동된다. 다음 꼭지에서 다룬다.
r: [ㄹ] 'L' 발음과 혼동된다. 약한 [ㅗ] 음가나 약한 [ㅜ] 음가를 내재한다. 다음 꼭지에서 다룬다.
s: [ㅅ] smile, 단어 맨 앞
　　[ㅆ] sun, 단어 맨 앞
　　[ㅈ] boys
w: 해당 한글 자음이 없는 대신 모음으로 적을 수 있다. 약한 [ㅗ] 음가나 약한 [ㅜ] 음가를 내재한다.
x: [z] xylophone (자일로폰, 실로폰이 아니다). 단어 맨 앞.
　　[ks] exile, jinx
y: 해당 한글 자음이 없는 대신, 모음으로 적을 수 있다.
ch: [취] much
　　[ㅋ] character
sch: [쉬] Schiling. 사람 이름에만 보인다.
　　[스크] school.

모음

　　모음은 바로 앞뒤 글자, 혹은 아주 드물게, 뒤의 두 글자에 따라

변화무쌍하다. 홑소리, 겹소리, 긴소리, 짧은 소리로 발음된다.

 a: [아:] car, 우리말의 '아'보다 입을 크게 벌린다.
   [애] apple, 우리말의 '애'보다 입을 크게 벌린다.
   [이] banana
   [에] says
   [에이] say
   [오] ball
   [이] village
 e: [에] edit
   [어] vowel
   [아] eye
   [이] English
 i: [이] sit
   [아이] ice
   [어] birth
 o: [오우] home ('우'는 들릴 듯 말 듯하다)
   [오] order
   [어] of
   [아:] other
   [와]: once
   [우] into
 u: [어] umbrella
   [우] full
   [유] unit, 자음으로 취급된다.

 [애]에 대해서 한 마디 하자면, apple을 [애플]이 아니라, 입을 크게 벌린 [애쁠]에 가깝게 발음한다. 입을 크게 벌린 [애] 상태에서, 입술을 무겁게 닫는 'ㅍ'보다 가볍게 닫는 'ㅃ'로 전환하기 쉽기 때문이다.

영어는 한 마디로 '원칙 없는 원칙'에 의해 발음되고, 대부분의 영어 음운이 하나 이상의 음가를 가진다. 또한, 원칙①에 의하면, 영어는 두 음운이 하나의 음가를 가지기도 한다. [f] 발음의 부재로 'fox'의 'f' 와 'pox'의 'p'가 같은 음가를 가지고, [v] 발음의 부재로 'base'의 'b' 와 'vase'의 'v'가 같은 음가를 가진다. 이런 저런 이유로, '하나의 음운은 원칙적으로 하나의 기호로 적는다'는 원칙은 애당초 맞지 않는다. 이 원칙에 맞는 유럽어는 독일어 정도일 것이다.

③ 받침에는 'ㄱ, ㄴ, ㄹ, ㅁ, ㅂ, ㅅ, ㅇ'만을 쓴다

이 원칙은 음절에 대한 이해가 선행되어야만 설명할 수 있다. 우리말에서 음절은 초성 중성 종성의 3 가지 구성성분으로 이루어지는데, 중성은 없어서는 안 되는 필수적인 성분이고, 초성과 종성은 없어도 된다. 초성과 종성은 자음이어야 하고, 중성은 모음이어야 한다. 초성 중성 종성이 모여 이루어진 음절이 다시 하나의 글자가 되도록 했다. 그 결과, 초성으로 아무 자음이 없음을 표시하는 음가가 없는 'ㅇ'이 쓰이게 되었다. 우리말에서 받침의 발음은 받침 글자대로 나지 않는다. 'ㄲ ㅋ'은 'ㄱ'으로, 'ㅆ'은 'ㄷ'으로, 그리고 하나받침 'ㅅ ㅆ ㅈ ㅊ ㅌ'은 'ㄷ', 'ㅍ'은 'ㅂ'으로 발음된다. 따라서, 받침의 발음은 'ㄱ, ㄴ, ㄷ, ㄹ, ㅁ, ㅂ, ㅇ' 등의 7 소리에 국한된다. 이런 현상을 받침법칙 또는 말음(끝소리)법칙이라고 한다.

영어에서 음절(syllable)이란 Longman 『영어사전』에 의하면', 모음 한 개가 들어있는 단어 또는 단어의 일부'라고 되어있다. sun은 모음 한 개가 들어있는 단어로서, 음절이 하나이고, 모음 한 개가 들어있는 mo와 모음 한 개가 들어있는 ther로 이루어진 단어 mo-ther에서 각각은 mother의 일부분으로서, mother의 음절수는 2 개다. 여기서, 모음은 소리 나는 모음을 가리키며 소리 안 나는 모음은 음절로 간주하지 않는다. 예를 들어, strike나 syllable의 맨 끝 'e'는 소리가 안 나므로, strike는 1 음절, syllable은 2 음절 단어이다. 그러면, book과 relay는 몇 음절인지 알아보자. 소리 나는 대로 적으면, [북:]과 [릴레이]로 발음된다. [북:]의 'oo'는 첫 번 째 'o'가 [우] 발음을 내고, 두 번 째 'o'가 장음을 유도하는 것으로 해석할 수도 있고, 또는 두 개의 'o'가 합쳐서 [우:] 발음을 낸다고도 해석할 수 있다. 어떻게 해석하든, book은 1 음절 단어이다. [릴레이]는 [i:][e][i] 3 개의 모음소리가 들어있어서, 3 음절 단어일까? 이에 대한 원칙은 '이중 모음소리는 하나의 소리로 간주한다'이다. 따라서, [i:][ei] 2 개의 모음소리가 있으므로, relay는 2 음절 단어이다. 결론적으로, 음절을 구분하는 모음은 개수가 중요한 것이 아니라, 소리수가 중요함을 알 수 있다. 제일 짧은 1 음절 단어는 관사 'a'로 단 한 글자다.

한 가지 주목할 점은 syllable의 'y'가 자음이지만, 모음으로 간주된다는 점이다. happy가 모음이 'a' 하나 들어 있음에도 2 음절 단어인 것은 이런 이유이다. 위치에 따라 자음이 되는 'u'의 경우도 마찬가지다. 예를 들어, unit은 2 음절 단어다. 'y[이]'와 'u[유]'가 모음 소리가 남에도 불구하고 자음으로 분류되지만, 음절 구분에서 비로소 모음 구실을 하는 셈이다.

　지금까지 살펴본바, 영어의 음절 구분은 우리말의 그것과 다소 다르다. 1 음절 단어인 strike를 우리말로 옮길 때, '스트라이크'로 적으면 5 음절, '스트라익'으로 적으면 4 음절 단어다. '스트라익'의 'ㅋ'은 [ㄱ] 음가를 가지며, '[스트라익]으로 들린다. 우리말의 끝소리법칙과 같다. 이런 원리에 기초하여 외래어를 적을 때에는, 음절의 끝에 오는 자음의 소리가 우리말과 마찬가지로 'ㄱ, ㄴ, ㄷ, ㄹ, ㅁ, ㅂ, ㅇ' 등의 7 소리에 국한되는데, 다만, 적을 때에 'ㄷ'대신 'ㅅ'으로 한다. 'g k q'는 [ㄱ], 'n'은 [ㄴ], 'l'은 [ㄹ], 'm'은 [ㅁ], 'b f p v'는 [ㅂ], 'd f t'는 [ㅅ], 'ng'는 [ㅇ]으로 적는다. 복자음이 올 경우, 소리 나는 한 글자에만 적용해 'kick'을 '킥'으로 적는다. 이런 영어식 끝소리법칙은 한 단어의 끝에만 적용하는 것이 아니라, 그럴 필요가 있는 음절마다 적용한다. 여러 음절로 이루어진 단어는 끝소리법칙이 여러 번 나타날 수 있다. 예를 들어, 2음절 단어 'flagship'을 적을 때 '플래그쉽'이 아니라, 음절을 'flag-ship'으로 분리하고, 각각의 음절에 끝소리법칙을 적용해, '플랙쉽'으로 적는다.

끝소리법칙이 우리말과 영어에 있어서 차이점은 우리말에서는 발음과 표기가 다르지만, 영어에서는 발음과 표기가 같다. 예를 들어, 우리가 '부엌'을 발음할 때 '부억'으로 들리지만, 표기할 때는 맞춤법에 따라 'ㅋ'을 살려 '부엌'으로 쓴다. 하지만, 영어 'kig', 'kik', 'kiq'이 있다면, 끝소리 g·k·q 모두가 [ㄱ]으로 대표되어, '킥'으로 적는다.

  영어의 음절 구분이 중요한 이유는 영어 단어를 제대로 발음하는데 절대적인 역할을 하기 때문이고, 영어의 음절을 잘 이용하면, 우리의 영어 발음도 그럴 듯해질 수 있어, 영어로 대화할 때 소통에 많은 도움이 된다. 예를 들어, 'and'를 발음할 때, 우리는 2음절 '앤드'로 적고, [앤드]로 발음하지만, 영어로는 1 음절이다. 영어는 음절 전체를 한 번에 발음하기 때문에, [드]가 거의 들리지 않고 [앤]으로 들린다. 그렇다고 [드]가 완전히 사라지진 않는다. 말이 되는지 모르지만, [드]는 있는데 없다. 영어 발음에 대해서는 뒤에 자세히 다룰 예정이다.

  외래어 표기에 있어서, 끝소리법칙의 문제점은 일관성이 없다는 점이다. 예를 들어, 'hat'은 끝소리법칙에 의해 '햇'으로 적는다. 'hat trick'은 스포츠 기사에서 어떻게 적을까? 'hat trick'은 영국의 크리켓 경기에서 연속 3 명의 타자를 아웃시킨 투수에게 모자를 선사한 데서 생긴 말인데, 축구에서는 한 선수가 한 경기에서 세 골을 넣는 것을 말한다. 장담하건대, 100% '해트트릭'으로 적는다. '해트트리크'로 적지 않는 것이 다행이다. 끝소리법칙에 의하면, '햇트릭'이 맞다. 동일한 'hat'을 어떤 때는 '햇'으로, 다른 때는 '해트'라고 적는 것이다. '이런 경우는 예외고 관용적이다' 라고 하면 원칙은 없는 것에 다름 아니다.

④ 파열음 표기에는 된소리를 쓰지 않는 것을 원칙으로 한다.

 파열음은 폐에서 나오는 공기를 일단 막았다가 그 막은 자리를 터뜨리면서 내는 소리로, [ㄱ·ㄲ·ㅋ·ㄷ·ㄸ·ㅌ·ㅂ·ㅃ·ㅍ] 등의 소리가 있다. 이 중, 된소리는 [ㄲ·ㄸ·ㅃ]뿐으로, 발음상 영어에는 없고 이탤리, 프랑스, 스페인어에 많다. 정작 문제가 되는 것은 's' 발음이다. 영어에서 's'로 시작하고 다음에 모음이 오면, 's'는 [ㅆ], 다음에 자음이 오면, 's'는 [ㅅ] 발음이 난다. 예를 들어, 'sun'은 [썬]으로, 'smile'은 [스마일]로 발음된다. 된소리 원칙은 파열음만 언급했을 뿐이므로, 비파열음의 된소리는 써도 상관없다고 해석할 수 있다. 그럼에도 불구하고, 'sun'은 [선], 'song'은 [송]으로 표기된다. 이는 '쌀'을 '살'로 적고, '살'을 '쌀'로 읽는 것과 마찬가지다. 영어 외래어는 아니지만, 외래어 된소리 불용 원칙의 대표는 자장면이다. 자장면은 한자로 볶은 중국 된장 炸醬에 국수(麵)를 비빈 음식으로, 炸醬([zhájiàng])을 소리나는대로 적으면, '자장'이 아니라 '짜지앙'이다. 짜장면은 비표준어로, 한때는 '자장면'만을 맞는 표기로 인정했는데, 일상에서는 '짜장면'이라고 쓰는 사람들이 많았음으로, 2011 년 8 월부터는 '자장면'과 '짜장면' 모두 올바른 표기로 인정되었다. 외래어 된소리 불용 원칙의 근거가 참으로 궁금하다. 없는 발음도 만들 판인데, 있는 발음도 제대로 못 쓰다니, 도저히 이해가 안 된다.

⑤ 이미 굳어진 외래어는 관습을 존중하되 그 범위와 용례는 따로 정한다.

　민간에서 오랫동안 쓰여, 그 표기가 굳어진 말들은 관습을 존중하여 그대로 적는다는 이 원칙 또한 난감하다. 어떤 말을 관습이라고 감히 누가 정의하고, 누가 동의하느냐의 문제다. 관습으로 치면, 성경에 나오는 인명 지명을 넘어설 말들이 있을까? 그런 관행에 의하면, 예를 들어, 'David'을 [다윗]으로 계속 써야지, [데이비드] (사실 이것도 잘못되었지만)라고 할 이유는 하나도 없고, '데릴라'를 '딜라일라'로 부를 이유는 하나도 없다.

　잘못되었거나 비합리적인 것을 몰랐으면 모를까, 알았으면 제대로 고쳐야 한다. 원칙도 잘못 되었으면, 바르게 고쳐야 한다. 잘못된 것을 알고도 굳이 쓰겠다면 할 말이 없지만, 그래서 깨어 있는 사람들이 필요한 이유다. 특히 교육자나 방송인이나 기자는 더욱 그렇다.

꼭지 26. 외래어를 표기된 대로 발음하면 원어민이 알아들을까?

『외래어표기법』의 제 일 원칙은 현지 발음대로 표기하는 것이다. 그러나, 어떤 언어든 외래어를 현지 발음대로 표기하는 것은 불가능하다. "어디로 가더라도 통하지 않는 곳이 없고 바람소리, 학의 울음소리, 닭 울음소리와 개 짖는 소리까지 모두 표현해 쓸 수 있다"는 글자인 한글로도 불가능하다. 어법이 같을 수 없기 때문이다. '만약, 우리 글자에 없는 기호를 동원해서라도 최대한 비슷하게 적은 영어 외래어를 발음한다면, 원어민이 얼마만큼 알아들을 수 있을까?'가 이 꼭지의 주제다. 많이 알아들을수록, 한 편으로는, 우리말이 소리를 표기하기에 우수한 언어이고, 다른 한 편으로는, 『외래어표기법』이 잘 만들어졌다는 반증이 될 것이다.

예를 들어, 『외래어표기법』 원칙에 따라 적은 '콜라겐'을 열 사람의 원어민에게 말해서 한 사람도 못 알아듣고, '콜라젠'이라 말하면 다섯 사람은 못 알아듣고, '콜라쥐'이라 말하면 두 사람 못 알아듣는다면, 콜라겐은 잘못된 표기이고, '콜라쥐'은 보다 잘 된 표기일 것이다. 만약, 다른 발음으로 열 사람 모두 알아듣는다면, 그 표기가 바로 우리가 써야 할 외래어다.

아래에 비교적 많은 수의 일반명사 외래어를 영어와 함께 『외래어표기법』에 준하여 열거하였다. 표기된 외래어를 발음해보자. 우리나라에서만 사용하는 소위 콩글리쉬도 몇 개 포함하였다.

가스 (gas), 골인 (goal in), 넥타이 (necktie), 노트북 (notebook), 도넛 (doughnut), 라디오(radio), 마라톤 (marathon), 모델 (model), 바나나 (banana), 버스 (bus), 소시지 (sausage), 슈퍼스타 (superstar), 아파트 (apartment), 알코올 (alcohol), 오렌지 (orange), 올림픽 (olympic), 인터넷 (internet), 존 (zone), 저널 (journal), 체인 (chain), 카메라 (camera), 컴퓨터 (computer), 키로 (kilo), 택시(taxi), 컨테이너 (container), 터널 (tunnel), 테이프 (tape), 파이팅 (fighting), 피자 (pizza), 홈 (home)

위의 단어들을 적힌 대로 읽는다면, 원어민이 몇 개를 알아들을 수 있을까? 상당히 주관적이지만, 위 단어들을 알아들을 것 같은 단어, 알아들을 것 같기도 하고 못 알아들을 것 같기도 한 단어, 못 알아들을 것 같은 단어 3 가지로 분류해 보았다. 두 번째, 세 번째 단어들은 알아들을 수 있게 최대한 가깝게 고쳐 보았다. [오우]는 그냥 [오]로 적어도 무방하다 가정한다. [r]은 제대로 발음된다고 가정한다. 모음 사이에 있는 't'는 [d]에 가깝다고 가정한다.

알아들을 것 같은 단어
  넥타이 (necktie), 노트북 (notebook), 도넛 (doughnut), 올림픽 (olympic), 인터넷 (internet), 컴퓨터 (computer), 택시(taxi), 컨테이너 (container), 홈 (home)

알아들을 것 같기도 하고 못 알아들을 것 같기도 한 단어
  모델 (model) → 마들,

바나나 (banana) → 버내너
슈퍼스타 (superstar) → 수퍼스타
알코올 (alcohol) → 앨코홀
오렌지 (orange) → 아린쥐
저널 (journal) → 줘널
체인 (chain) → 췌인
카메라 (camera) → 캐머러
터널 (tunnel) → 터늘
테이프 (tape) → 테잎

못 알아들을 것 같은 단어

가스 (gas) → 개쓰
라디오 (radio) → 뢰이디오
마라톤 (marathon) → 매러싼
버스 (bus) → 버쓰
소시지 (sausage) → 싸씨쥐. 우리는 흔히 쏘세지로 쓴다.
존 (zone) → [z] 발음을 정확히 하지 않으면 소통 불능.
키로 (kilo) → 킬라미터 (kilometer). [l]이 [r]로 변한 키로는 콩글리쉬.
파이팅 (fighting) → 퐈이팅.
피자 (pizza) → 피짜.

위에 예로 든 단어들은 영어 외래어의 극히 일부분이다. 이 가운데, 알아들을 것 같은 단어의 수가 생각보다 적지 않은가? '나 오늘 아침으로 싸씨쥐 먹었어'라고 말했을 때, 자연스럽게 받아들일 수 있을까? '여기는 여러분의 KBS 뢰이디오입니다'라고 할 어나운써가 있을까? 예전에, 누군가가 '오렌지'를 '아린지'로 발음해야 한다고 했다가, 전 국민에게 엄청 밉상으로 보인 적이 있다. 그러면, 우리는 이런 외래어 표기를 정서상 어디까지 받아들일 수 있는가? 어느 수준까지가 낯간지럽지 않을까? 만약, 처음

부터 싸씨쥐, 뢰이디오, 아린쥐로 표기했다면 받아들여졌을까? 따라서, 외래어에 대한 거부감의 크기는 표기된 외래어에 우리가 얼마만큼 동의하느냐에 달려있다.

우리는 외래어를 잘못 쓰기도 하고, 그 잘못 쓴 것을 잘못 읽기도 한다. 예를 들어, '가스(gas)'라 쓰고 '까쓰'라고 읽는다. '버스(bus)'라 쓰고 '뻐쓰'라고 읽는다. 영어는, 우리말과 달리, 첫음절 된소리에 대체로 관대하지 않다. 우리에게는 당연한 듯 보이는 이 말들은 '개쓰'나 '버쓰'와는 다른 말이기 때문에, 알아들을 확률이 낮다. 원어민들이 우리 외래어를 알아듣는 것은 정말로 확률의 문제다. 더구나, 의미가 변질되면, 확률은 거의 바닥이다. 미국에서 '가스(gas)'는 가솔린(gasoline)을 의미한다. "가다가 차에 가스(gas)를 넣어"하면 차에 기름을 채우라는 말이다. gasoline은 휘발유를 의미하나 디젤도 포함된 차량 연료를 지칭하고, gas station은 주유소를 가리킨다. 우리가 말하는 가스(gas) 즉, 가정 취사용 가스(gas)는 '프로페인 (propane)', 즉, 프로판 까쓰다.

앞서 언급했듯이, 외국어를 우리말로 완벽하게 적을 수 없다는 말은 외래어를 우리식대로 발음하면 원래 영어 발음으로 되돌아갈 수 없다는 말과 같고, 이는 원어민이 못 알아들을 수 있다는 말과 같다. 방송에 나온 어떤 의사는 진료소견서에 쓰듯이 형용사와 부사는 거의 모두 영어로 말하다가, 안 되겠던지 우리말로 다시 번역하는 식으로 진행하는 것을 들은 적이 있다. 이 말 중, 몇 개나 원어민이 제대로 알아들었을지 의문이 들었다.

한국인과 미국인 친구 대화하는 다음 상황을 보자. 글자 크기는 분명히 들리는 정도이고 진한 글자는 강세를 나타낸다.

미국인: 그 여자애 이름이 뭐라고?
한국인: 엘리자베스.
미국인: 뭐라고?
한국인: 엘리자베스.
미국인: 다시 한번 더.
한국인: 엘리자베스.
미국인: 음... 스펠링이 어떻게 되지?
한국인: (한 글자 한 글자 또박 또박) E. L. I. Z. A. B. E. T. H.
미국인: 아하! 일리저벳.

이 쯤 되면, 얼굴이 벌개지고 자존심이 상하는 단계에 이른다. 심하게 말해서, 미국인이 '리저'만 크게 말하는 것 같이 들릴 때도 있다. 그러면, 이번에는 한국인이 '뭐라고?' 되물어야 할 판이다. 이름과 지명뿐 아니라, 일반 단어의 스펠링을 묻는 상황도 많이 생긴다. 그 단어들에 'V'나 'Z'가 들어있으면, 그걸 발음하다가 '뭐라고?'를 한 번 더 듣고, 따라서, 한 번 더 자존심이 상하게 될 것이다. 우리가 학교에서 'V'나 'Z'의 명칭을 잘못 배웠기 때문이다. 'V'는 '브이'가 아니고, 'venus [viːnəs]'의 've'다. 'Z'는 '제트'가 아니고, 'zebra [ziːbrə]'의 'ze'다 ('Z'는 혀끝을 아래 앞니에 대고 약간 가는 소리가 난다). '삼성 제트 플립 (flip)'이 아니고, '삼성 지([zi]) 플립'이 맞다.

자, 이제부터 우리 외래어를 완전하지는 않지만, 원어민이 알아듣게끔 하는 최소한의 요령을 배워본다. 달리 말하면, 영어 발음을 잘 하는 법을 배우는 것이다. 위에서 외래어를 현지 발음대로 표기하는 것은 불가능하며, 그 이유는 어법이 다르기 때문이라고 했다. 우리말과 영어의 어법은 여러 면에서 다르지만, 중요한 한 가지만 충실히 지키면 반은 이룬 것이나 다름없다. 그것은 바로 강세(stress)이다. 위 '일리저벳' 발음에서, '리'에 강세를 주고 나머지는 대충 얼버무리는 것으로 들린다. 어떤 한국 사람이 워싱톤 DC에서 Union Station에 가려고 지하철 표를 사는데, 'Union Station 행'을 어떻게 말하나 생각하다가, 매표원에게 'To Union Station, please'라고 했더니, 표 2 장을 주더라. 이 사람 'No. No. No. For Union Station'라고 했더니, 표 4 장을 주더라. 매표원은 'to'와 'for'가 강조되어 'two'와 'four'로 들렸던 것이다. 한 장만 사려면, 그냥 'Union Station.' 하면 된다. 영어 단어를 발음할 때 강세가 있을 경우, 어디에 있는지 반드시 알아야 한다. 많은 단어를 접하다보면, 유형을 저절로 알게 될 것이다.

본격적인 작업에 들어가기 전에, 발음상 전제되어야 할 것이 4 가지 있다.

첫째, 'R'의 발음을 연습하여 입에 붙도록 해야 한다.
둘째, 'F'를 'P'로 발음하지 않아야 한다.

　이것이 얼핏 보기에 쉬운 것 같아도, 우리나라 일부 지역 사람들에게는 어렵다. 'physics'를 '피직스'로 발음하면, 일단 깍이고 들어간다. 한 가지 희한한 점은 어떤 경상도 사람들은 'P' 발음을 단어에 따라 'F'와 'P'의 중간쯤에서 발음한다. 분명히 'F'도 아니고 'P'도 아니다. 그야말로, 지금은 사라진 훈민정음 기호 'ㆄ'의 발음이다. 'R'은 아예 없는 것과 마찬가지로 발음하는 이 사람이, 미국에서 parking lot(주차장)의 위치를 물어보면서 'P'를 그렇게 발음했다가, 곤욕을 치룬 적이 있다.

셋째, 'V'와 'B'도 확실하게 구분해야 한다.
넷째, 'th'의 [ð] [θ] 두 발음을 확실하게 구분해야 한다.

　마가렛 대처 (Margaret Thatcher)는 1979 년부터 1990 년까지 영국의 총리를 지낸 정치가다. 철의 여인 (Iron Lady)이라 불린다. 우리나라의 모든 매체에서는 '대처' 수상이라고 부른다. 발음대로 하면, '대처'보다는 '쌔처'에 가깝다. 하지만, '쌔처'라고 부른 매체는 단 하나도 없었다. 매체들이 어떻게 '대처'라는 암호를 만들었는지 참으로 궁금하고, 그 암호를 일사불란하게 사용했는지는 더 궁금하다. 'Thank you'를 '땡큐'라고 하는 것도 또 다른 예지만, 이런 예는 수없이 많다.

영어 발음을 잘 할 수 있는 기본자세는 'copy and paste', 즉, 흉내 내는 것이다. 왜 그렇게 발음되는지 따지지 말고, 그저 따라 하면 된다. 앞에서 보았듯이, 영어 알파벳의 발음이 중구난방인데, 따져 봐야 소용없는 일이다. 요즈음, 시절이 좋아서 구글이나 인터넷 사전에 들어가면, 단어 하나하나마다 발음을 들을 수 있고, 유튜브에는 영어 발음에 관한 영상들을 많이 볼 수 있다. '누구는 그걸 몰라서 못하나. 해도 안 되는데....'라고 푸념하는 사람이 분명히 있을 것이다. 사실, 그렇다. 방탄소년단의 춤을 따라 추어 본들, 방탄소년단처럼 춤출 수는 없을 것이다. 거울을 보며 동작도 고치고 자세도 가다듬으면서, 본인이 할 수 있는 최고의 능력치까지 끌어 올리면, 그것으로 족하다.

하지만, 가끔 무엇을 못하는지 모르는 경우, 아무리 열심히 해도 해결이 안 될 수 있다. 이럴 때 옆에서 누군가가 잘못 된 것을 지적해주고 이렇게 한 번 해보라며 조언해주면, 항상 그렇지 않지만, 문제를 어렵지 않게 해결 할 수도 있다. 잘 나갈 때 타이거 우즈도 그런 조언자가 늘 옆에 있었다. 영어 발음도 마찬가지다. 한 방향으로 수십 년 동안 굳어진 혀를 다른 방향으로 돌리는 일이 쉬운 일이겠는가. 새로운 영어 발음을 익히는 것을 새로운 언어를 배우는 것과 마찬가지로 여기고, 옛 발음을 생각해 새 발음을 낯간지러워 하면 안 된다. 이 꼭지의 목적은, 작게는, 외래어의 본 발음, 크게는, 전반적인 원어민 발음을 흉내 내는데 있어,

옆에서 한 번 튕겨주는 것이다. 그렇게 함으로써, 원어민들과의 소통에 도움이 되고자 한다. 자잘한 것 까지 하나하나 제시할 여유가 없고, 소리로 보여주는 것이 아니라 글로 이해시켜야 하는 한계가 있지만, 다음 몇 가지 조언이 최소한 다른 매체의 영어 발음 학습방법과 상승효과를 일으켜 발음 배우는 시간을 줄일 수 있기를 희망한다.

1. '으'를 죽여야 발음이 산다.

앞에서, 영어의 음절 정의는 우리말의 그것과 다르다고 언급하였다. 『외래어표기법』에서, 어말 또는 자음 앞의 자음들은 '으'를 붙여 적는다. 다음은 그 예들이다. 2 음절 단어에서 편의상 음절을 '-'로 나누었다.

긴 모음 다음의 어말과 [l], [r], [m], [n] 앞의 [p], [t], [k]
stamp [stæmp]	스탬프	1 음절
cape [keip]	케이프	1 음절
nest [nest]	네스트	1 음절
part [pɑːt]	파트	1 음절
desk [desk]	데스크	1 음절
make [meik]	메이크	1 음절
apple [æpl]	애플	1 음절
chip-munk [tʃipmʌŋk]	치프-멍크	2 음절
sick-ness [siknis]	시크-니스	2 음절

어말과 모든 자음 앞의 [b], [d], [g], [s], [z], [f], [v], [θ], [ð]
| bulb [bʌlb] | 벌브 | 1 음절 |
| land [lænd] | 랜드 | 1 음절 |

zig-zag [zigzæg]	지그-재그	2 음절
lob-ster [lɔbstə]	로브-스터	2 음절
kid-nap [kidnæp]	키드-냅	2 음절
sig-nal [signəl]	시그-널	2 음절
mask [mɑːsk]	마스크	1 음절
jazz [dʒæz]	재즈	1 음절
graph [græf]	그래프	1 음절
ol-ive [ɔliv]	올-리브	2 음절
thrill [θril]	스릴	1 음절
bathe [beið]	베이드	1 음절

영어의 음절수는 우리말의 음절수보다 많을 수 없다. 'strike 스트라이크'는 영어로 1 음절, 우리말로 5 음절이다. 이처럼, 우리는 'ㅡ'를 붙여 별도의 음절을 만들고, 그 음절을 또박또박 발음한다. 이 'ㅡ'가 문제다. 기본적으로, 우리말 모음과 영어 모음은 그 역할이 다르다. 우리말 모음은 없어서는 안 되는 음절의 중심인 반면, 영어 모음의 주된 역할은 자음을 부드럽게 이어주는 것이다. 이 때문에, 영어 모음 소리가 중구난방이어도 괜찮으며, 자음만으로도 소리가 나는 이유이다 (예를 들어, strike의 st).

결론적으로, 영어 단어를 원어민 발음에 가깝게 발음하기 위해서는 음절 단위로 발음하되, 아무리 철자 수가 많더라도 한 음절은 한음절로 한 번에 소리 내야하며, 그러기 위해서는 음절마다 'ㅡ'소리를 내는 둥 마는 둥 최대한 죽여야 한다. 예를 들어, zig-zag의 원어민 발음을 들어보면, 모음을 좀 길게 발음하는 '직잭'에 가깝다.

2. 선입관을 버려라.

영어 발음이 중구난방이고 마음대로 발음하는 것 같지만, 중요한 것은 어떻게 발음하든 상대방이 알아들어야 한다. 대화하는 사람들이 말하고 알아듣기 위하여, 철자를 보고 소리를 내든지, 소리를 철자로 적든지, 그들 나름의 약속이 있다. 우리는 그 약속을 알아야 소통할 수 있으므로, 단순히 철자만 보고 발음을 짐작하면 안 된다. 또한, 신문기사에 쓰인 외래어나 이미 익숙한 외래어도 일단 의심하고 사전에서 확인한다. 그럴만한 가치가 충분히 있다. 수많은 예 가운데 몇 가지만 들어보았다. 마지막 항이 맞는 발음이다.

레시피	recipe	뢰써피
콤마	comma	카:머
플렉시블	flexible	플렉써블
머레이	Murray	머리
무어	Moore	모어
커~쇼	Kershaw	커~샤
모나리자	Mona Lisa	모나 르리싸

3. 그리스 신화를 잊어라.

그리스 유래 영어는 대부분 인명이나 지명이다. 그리스 철학자 이름이나 그리스 신화에 나오는 신들의 이름이다. 우리가 알고 있는 그리스 유래 영어 발음은 100% 안 통한다고 가정하고, 매 단어 확인할 필요가 있다. 아예 철자부터 다른 말이 많다. 다음은 우리가 익히 알고 있는 고유명사들의 발음이 영어 발음과 얼마나 다른지 보여준다. 마지막 항이 맞는 발음이다.

아리스토텔레스	Aristotle	어리스토틀
아프로디테	Aphrodite	애프러다이티
알렉산더	Alexander	알렉잰더
플라톤	Plato	플래토(우)
헤라클레스	Hercules	허~큘리즈
헤르미온느	Hermione	허~마이아니
아테네	Athens	애씬즈

우리말 발음과 그런대로 비슷한 발음이 '알렉잰더' 정도이다. 다시 강조하지만, 강세를 안 넣으면 못 알아들을 수 있다. 그러면, Socrates(소크라테스)는 어떻게 발음될까? 네이버 사전을 참조하면 예상보다 한참 어긋날 것이다.

4. 제대로 알아라.

다음 말은 번역이 가능한가?

He played the quitar skillfully.
Every arrow hit the tarket.
The tollkate at the bridge gave him another excuse for delay.

이상의 예는 guitar, target, tollgate의 'g'를 'k(q)'로 바꾼 것이다. 눈치 채겠지만, 키타, 타켓, 톨케이트라는 말은 당연히 없다. 음악한다는 사람조차 키타라고 말하는 것을 심심치 않게 듣는다. 실제로, 키타, 타켓, 톨케이트로 구글검색을 하면, 말도 안 되게 많이 나온다. 권투에서 '그로키가 되었다'의 그로키도 그로기(groggy, 그라기)의 'gk' 바꿔치기다.

된소리도 주의해야 한다. '껌'이 아니고 '검(gum)', '께임'이 아니고 '게임(game)', '떠블'이 아니고 '더블(double)'이다.

모음도 바꿔치기를 한다. 대표적인 것이 '어여', '오요', '우유' 바꿔치기로, 유니버~썰(universal)을 유니버~셜로, 소파(sofa)를 쇼파로, 수퍼(super)를 슈퍼로 바꿔친 것이 그 예이다. 대미쥐(damage)는 데미쥐로 바꿔친다.

꼭지 27. 우리만 아는 외래어, 콩글리쉬

　우리말에 외래어처럼 보이는데, 원어민에게 그 발음을 제대로 하더라도 의미가 달라 못 알아듣거나, 아예 무슨 말인지 몰라 못 알아듣는 말들이 부지기수다. 소위, 콩글리쉬다. 외국어 단어의 일부만 쓴다든지, 2 개 단어의 앞 글자만 혹은 일부를 합쳐 쓴다든지 해서 종래에는 그 근원도 알기 힘들 정도다. 근래, 우리말은 외래어 사용률이 너무 크고, 무분별한 외국어와 콩글리쉬에 의해 너무 심하게 오염되어 있다. 그 중 상당수는 우리말로 대체 가능하다. 그렇게 하지 못하는 이유는 사용자의 낮은 의식 수준이 문제이기도 하지만, 더 근본적으로는, 사회가 그 뜻에 맞는 우리말 단어를 공급하지 못하기 때문이다. 아름다운 우리말을 확장하기 위해, 콩글리쉬를 대체하는 말을 만들고, 실생활에서 사용하게끔 유도하는 제도가 하루라도 빨리 확립되어야 한다.

　다음은 실제로 우리가 많이 사용하는 콩글리쉬를 모았다. 물론 수많은 콩글리쉬 중의 일부이다. 해당될 경우, 맨 오른 쪽 항이 맞는 표현이다.

과학
알레르기　　　　　allergie　　　　　　allergy
프로 (%)　　　　　영어의 percent에 해당하는 네덜란드어 procent의 일본식 발음. 일본에서는 거의 쓰이지 않는 반면, 한국에 선 아직 널리 쓰인다.

문구

노트	note	notebook
볼펜	ballpen	ball-point pen
샤프	상표 Sharp	clutch pencil
호치키스	상표 Hotchkiss	stapler

방송

개그맨	gagman	comedian
리모콘	remote control의 remo와 con의 합성어	
매스컴	mass communication에서 mass와 com의 합성어	
프로 (TV)	program의 pro	

생활

린스	rinse	conditioner
믹서	mixer	blender
밴드	band	band-aid/plaster
본드	bond	glue
비닐	vynyl	plastic
스탠드	stand	desk lamp
아르바이트	arbeit	part time
아이 쇼핑	eye shopping	window shopping
애프터 서비스	after-service	customer service
코스프레	코스튬 플레이(costume play)의 '코스'와 '플레'를 결합시킨 일본식 발음	
콘센트	consent	socket

운동

골인	goal-in	goal
백넘버	back number	jersey number
서브	serve	service
세레모니	ceremony 원래 뜻은 결혼식, 장례식 같은 의식	
센터링	centering	cross

아마	amateur의 ama	
츄리닝	training	sweat suit
프로	professional의 pro. 운동선수 이외에도 전문가를 뜻함	

음식

돈가스	pork cutlet의 일본식 발음 豚카추리추를 돈카추로 줄인 말	
오므라이스	omelette의 om과 rice가 합성된 일본식 발음	
카레	curry의 일본식 발음	
프림	상품명 Frima에서 a를 뗀 우리식 발음	cream
엑기스	extract ex의 일본식 발음	

의류

바바리	상표 Burberry	trench coat
빤쓰	panty	underwear
원피스	one-piece	dress

자동차

악셀	accelerator의 accel	
오바이트	overheat의 한국식 발음	
오토바이	auto-bi(ke)	motorcycle
크락션	상표 Klaxon	horn
펑크	punk	flat tire
핸들	handle	steering wheel

주거

빌라	villa	townhouse
아파트	apartment의 apart	
콘	condominium의 condo. 우리나라 아파트에 해당	

IT

| 노트북 | notebook | laptop |
| SNS | social networking service | social media |

꼭지 27. 우리만 아는 외래어, 콩글리쉬

어플	application의 appl	앱 (app)
핸드폰	hand phone	cell(ular) phone
홈페이지	homepage	website

기타

디스	disrespect의 dis.	'까내리다'의 뜻
미사일	미쓸(missile)의 한국식 발음	
싸인	signature의 sign	
셀렙 (셀럽)	셀러브러티(celebrity)의 celeb을 한국식으로 발음	
셀카	셀프 카메라 (self camera)의 한글 합성어	selfie
스킨십	skinship	touching
스펙	specification의 spec	
오바이트	overeat	vomiting
컨닝	cunning	cheating
커리어 우먼	career woman	working woman
클래식	classic	classical music

꼭지 28. 파이팅 화이팅

다음은 2018 인도네시아 아시안 게임 기간 중에 『한겨레신문』에 실린 기사 내용이다.

우리는 어딜 가나 '파이팅(Fighting)'을 외치는데. 그건 일본 군국주의 시대의 잔재입니다. 싸우자는 일본식 영어 '화이토'에서 온 말인데, 스포츠에 어울리지 않아요."지난 19일 2018 자카르타 팔렘방 아시안게임 참관을 위해 인도네시아에 온 조재기 국민체육진흥공단 이사장은 국내 취재진과 만나 한동안 이런 취지의 말을 하며 열변을 토했다. 1976년 몬트리올올림픽 유도 남자 무제한급 동메달리스트로 이후 오랫동안 고향인 부산 동아대에서 스포츠에 관한 연구를 해온 그는 "일본에서는 화이토라는 말이 1964년 도쿄올림픽 이후 없어졌는데 우리는 아직도 쓰고 있다"고 주장했다.
중략
어쨌든 파이팅은 실제 스포츠에서는 어울리지 않는 말 같다. 영어식 표현으로도 적합하지 않는데, 한국 선수들은 국제대회 행사 출전에 앞선 미디어 데이 행사 때나 경기에 앞서 선전을 다짐하며 파이팅을 외친다. 술자리에서 건배사를 할 때도 파이팅이 자주 등장하곤 한다.
우리 말에는 이를 대체할 멋진 말들이 있다. 가령 으랏차차 같은 말이다. 국어사전에는 '힘내자'는 뜻의 감탄사라고 돼 있다. 이와 비슷한 말로는 '아자'가 있다.

다음은 위 기사에 대한 댓글 중 하나다.

박찬호가 처음 다저스팀에서 경기하는 날 야구장에 있었는데 한국사람 한분이 갑자기 박찬호가 마운드 올라서자 '박찬호 파이팅' 하고 소리 질렀다. 사람들이 모두 놀라서 처다봤다. 박찬호가 싸우는 것 같지 않은데 어리둥절한 표정으로, 좀 쪽팔렸다.

위 기사와 댓글은 수많은 외래어 중의 하나일 뿐인 파이팅을 별도의 꼭지로 다루는 이유를 모두 담고 있다. 다만, '일본에서는 화이토라는 말이 1964년 도쿄올림픽 이후 없어졌다' 말했는데, 이 말은 사실이 아니다. 일본에서는 화이토라는 말이 아직도 많이 쓰인다. 우리가 쓰는 파이팅과 그 의미가 똑같다. '화이팅', 이 말은 정말로 우리 외래어 목록에서 없애고 싶은 말이다.

『동아영한사전』에 의하면 'fight'의 뜻은 다음과 같다.

1. 동사 (적과) 싸우다 [전투하다]
2. 동사 (서로 치고 받으며) 싸우다
3. 명사 (신체적인 힘을 이용한) 싸움

Meriam-Webster 사전은 동아사전의 정의 외에 다음과 같이 좀 더 자세히 정의한다.

동사형
1. 애쓰다. 깨어 있으려고 ~.
2. 온 힘을 다하다. (산)불 진화, 질병 극복, 회사 인수, 의지 관철, 국회 법안 가결, 법정 다툼 승소, 폭풍 항해 생존 등을 위해 ~.
3. (가까스로) 해내다. 무리한 방법을 써서라도 무엇을 ~. 혹은 부끄러워 대면 회피를 ~.

명사형
1. (정의 등 목적을 위한) 투쟁
2. 말다툼
3. 호전성

말의 어떤 의미가 사전에 나와 있다고 해서, 실생활에서 다 쓰이지는 않는다. 굳이 의미를 찾으려면 찾을 수 있는 그런 말과 글을 썼을 때, 영어로 'awkward'라 한다. 우리말로 하면, '어색한 또는 부자연스러운'이다. 작은 단추를 달아야 할 곳에 큰 단추를 달았을 때의 상황과 비슷하다. 'fight'이란 단어는 주로 동아사전에 나온 '무기를 사용하는 전투'나, '주먹이 왔다 갔다 하는 싸움'을 의미하거나, Webster 2 번 동사형 (예를 들어 '병마와 싸우다') 정도로 쓰인다. 부부싸움 후, 남편이 제 3 자한테 'I fought with my wife'라고 하면, 그 사람은 부부가 서로 치고 받은 것으로 알고 뜨악한 표정으로, '너희 부부 언제 이혼할 건데?'라고 되물을지도 모를 일이다. 단순히 말싸움했다면, 'I argued with my wife'라고 해야 한다. 위 야구 경기에서 박찬호 보고 상대방과 주먹질하라고 소리치니, 주위 사람들이 쳐다보지 않겠는가?

어찌 되었건, Fighting이란 말이 사기를 북돋우는 말로 쓰이는 이유를 도통 모르겠다. 옛날에는 운동선수들 사이에서만 쓰이던 말이 지난 삼사십 년 동안 그 빈도가 점점 늘어나서, 술자리나, 정당 전당대회나, 회사 신년모임이나, 시험 치러 갈 때나, 혼자서 회견할 때나, 심지어 가족이 모일 때조차, 정말로 아무 때나 쓰인다. 파이팅이나 화이팅이나 발음도 그렇고 해서 처음에는 못 알아들은 외국인이 Fighting이란 말에 '아니 왜?'의 표정으로 어안이 벙벙해지는 것은 당연하다.

사기를 북돋우는 말은 어느 사회이건 초기에 만들어진 말 가운데 하나일 것이다. 우리에게도 분명히 있었을 것이다. 중간 중간 변화는 있었을지언정, 수천 년 동안 전해내려 왔을 말이 근래 수십 년 사이에, 호전적인 일본사람들한테나 어울릴 뜻을 가진 외국어에 의해 공중던지기 한 판으로 나가떨어진 꼴이 되었으니, 부끄럽기 짝이 없다. 이제는 찾아야 한다. 진심을 다해서 찾아야 한다. 정 찾을 수 없으면, 제대로 만들기라도 해야 하고, 이미 만들었다면, 하루라도 빨리 바꾸어야 한다. 못한다면, 얼이 없는 민족이다. '만들었다'가 단순히 '제시했다'만을 가리키는 것은 아니다. 짐작하건대, 결전의 순간에 발음도 엉성한 외국어를 쓰는 민족은 지구상에 우리와 일본밖에 없을 것이다. 살다보면, 한국 때문에 영어권 국가들에서 'Fighting'의 의미가 변할지도 모르겠지만, 정말로 안 듣고 싶은 구호이다.

아홉째 마당

영어발음 제대로 하기

꼭지 29. 한국말은 'L'과 'R'을 구별하지 못할까?

말씀 또는 말을 뜻하는 한자 '言'의 어원에는 두 가지 설이 있다. 하나는 불어서 소리를 내는 악기에 입을 대고 있는 모습을 나타낸다는 설과, 다른 하나는 말소리를 낼 때 혀가 나오는 모습을 그렸다는 설이다. 말소리를 낼 때, 즉, 발음할 때 혀가 중요하므로, 말과 관련해서는 두 번째 설이 그럴 듯하다. 혀가 중요하다는 말은 단순히 혀의 유무를 뜻하는 것이 아니라, 혀의 입안에서의 위치와 모양을 뜻한다.

말할 것도 없이, 발음에 따라 의미가 확 달라지기 때문에, 정확한 발음을 하는 건 모든 언어에서 매우 중요하다. 현재, 거의 모든 언어는 'L'과 'R'을 분명히 별개의 소리로 구별해 발음하며, 유럽어를 비롯한 대부분의 표음문자들은 언어마다 기호는 다르지만, 이 둘을 달리 표기한다. 다음의 여러 영어 단어 조합들은 맨 앞에 오는 'L'과 'R'만 다르다. 뜻이 비슷하면, 여기에 제시할 까닭이 없겠지만, 실제로 둘 사이에 뜻의 유사성은 전혀 없다.

lace (끈) race (경주)
lack (결핍) - rack (선반)
late (늦은) rate (속도)
lap (한 바퀴) rap (노래 랩)
lash (채찍) rash (발진)
lay (놓다) ray (가오리)

leach (침출하다) reach (닿다)
lead (선도하다) read (읽다)
legal (법적인) regal (제왕의)
lice (이) rice (쌀)
lid (뚜껑) rid (없애다)
lip (입술) rip (찢다)
liver (간) river (강)
load (싣다) road (길)
lock (잠그다) rock (바위)

중간에 오는 'L'과 'R'을 바꿔 적으면, 뜻의 유사성은 둘째 치고, 어떤 경우에는, 아주 웃기기까지 해서, 가끔 미국 코메디(카미디) 방송의 소재가 되기도 한다. 'I love my whole family.'에서 'whole'의 'L'을 'R'로 바꾸면, 우리 가족은 졸지에 창녀(whore) 가족이 되고, 대통령 선거(presidential election)에서 'L'을 'R'로 바꾸면, 그 유명한 zipper gate의 Bill Clinton 대통령 발기(presidential erection)가 된다.

이 'LR 바꾸기' 방송에서 고정으로 놀림당하는 말이 일본어다. 일본어에는 'L' 발음이 없고 우리말 [소라]의 'ㄹ' 발음만 있어, 'L'도 'R'로 'R'도 'L'로 알아들을 수 있다고 생각하기 때문이다. 다음은 아주 친한 미국인과 일본인의 대화 내용으로, 수십 년 전 미국 코메디 프로그램에서 방송되었었다. 번역하지는 않겠다.

  미국인: How often do you erect?
  일본인: Well... Maybe every two to three years.
  미국인: Your wife must be so patient!

일본인: ?????

일본어에는 'L'이 없을뿐더러, 받침으로 오는 소리가 'ㄴ' 밖에 없다. 그래서, 'ㅇ'을 'ㄴ'으로 대신하고, 이런 이유로 배용준을 존칭으로 부를 때, '용'과 '사마(樣)' 합친 '용사마'가 '욘사마'가 된다. 일본 사람들이 맥도날드(맥다널드)를 '마구도나루도'로, '달러(dollar)'을 '도라'라고 말할 때, '왜 그럴까?'라고 이해 못하는 사람들이 분명히 있을 것이다. 바로 이 느낌이 우리가 'rice'를 'lice'라고 말할 때, 미국 사람들이 느끼는 것과 똑같을 것이다. 과연, 한국말은 'L'과 'R'을 구별하지 못할까?

영어 외래어를 적을 때, 한글자음으로는 'L'과 'R'을 달리 적을 수 없어, 이 둘을 'ㄹ'로 적는다. 적는 것은 그렇다 치고, 'ㄹ'로 적은 외래어를 읽을 때, 그 'ㄹ'이 'L'인지 'R'인지 알고 있다는 가정 아래, 'L'과 'R'로 구별해 소리 낼 수 있는지가 문제다. 어떤 사람은 한국말에는 'L'이 없고 'R'만 있다고 말하고, 또 어떤 사람은 거꾸로 'R'이 없고 'L'만 있다고 말하고, 또 어떤 사람은 둘 모두 없다고 한다. 먼저, 'L'이 없고 'R'만 있다는 주장에 의하면, [말]의 'ㄹ'이 'L'과 근사하지만 정확히 일치하지 않으며, [사람]의 'ㄹ'이 'R'이라는 것이다. 거꾸로 'R'이 없고 'L'만 있다는 주장은 [말]의 'ㄹ'이 'L'과 같으며, [사람]의 'ㄹ'은 'R'이 아니라는 것이다. 'L과 'R' 둘 모두 없다'는 주장은 앞의 두 주장의 '없다'라는 것만 골라 합치면 된다.

위 문제에 대한 답을 구하기 위해, 먼저 [말]의 'ㄹ'과 [사람]의 'ㄹ'이 어떻게 다르게 발음되는지 알아보자. [말]의 'ㄹ'을 발음할 때, 혀끝이 앞니 쪽 입천장에 붙은 채로 끝나는 한편, [사람]의 'ㄹ'은 혀끝이 앞니 쪽 입천장을 가볍게 치고 떨어지면서 발음된다. 일본어 'ライン line'의 [ラ]와 같은 발음이다. 혹시,. 예로 든 [사람]의 [람]이 두 번째 음절이라 적당하지 않다 생각되면, 우리말화 된 '라면'을 발음해 보기 바란다. 마찬가지다. 혀가 입천장을 치고 떨어지는 이유는 뒤에 오는 모음 때문이다. 이런 현상은 [말]도 마찬가지다. '말' 뒤에 모음, 예를 들어, 'ㅏ'가 오면 'ㄹ'의 연음현상으로 인해 [마라]로 발음된다. 그러나, 'ㄹ'이 혀끝이 앞니 쪽 입천장을 강하게 치고 떨어지면 [말라]로 발음된다. 이때의 'ㄹ' 발음이 영어의 'L' 발음이다. 우리말의 '신라'가 편하게 발음된 [실라]와 [콜라]를 비교해보면, 둘 모두 혀의 위치가 정확히 일치한다. 이는 우리말에 'L' 소리가 있다는 것을 의미한다. 따지고 보면, 'L' 소리는 'ㄹㄹ' 소리와 같다. 따라서, [사람]의 'ㄹ'은 [말]의 'ㄹ'과도, 'L' 소리와도 분명히 다르다.

[말]의 'ㄹ'과 [사람]의 'ㄹ' 발음이 이렇게 다를진대, 훈민정음에서 별개의 자모로 둘을 굳이 구별하지 않은 것은 의아하다. 이 꼭지에서는, 편의상, [말]의 'ㄹ'을 겹리을 'ㄹㄹ'로 표시하고, [사람]의 'ㄹ'을 'ㄹ'로 표시하기로 한다.

실생활에서 우리는 외래어를 표기할 때, 'ㄹㄹ'을 'ㄹ'로 쓰는 것을 많이 볼 수 있다. 외래어 맞춤법이 어떤지는 몰라도, '드라이클리닝(dry cleaning)', '클린랩(clean wrap)'의 '클린'을 '드라이크리닝', '크린랩'의 '크린'으로 쓰는 것은 아주 많은 예 중의 하나다. 물론, 'ㄹ'이 'ㄹㄹ'보다 발음하기는 쉽다. 하지만, 이 바꿔 쓰기는 '몰라도'를 '모라도'로 쓰는 것과 마찬가지다. 일본 사람들이라면 몰라도.... 이 꼭지가 영어 유래 외래어에 관한 내용임에도 불구하고, 'ㄹㄹ'과 'ㄹ'의 상이성을 강조하기 위하여, 중국어 유래 외래어를 잠깐 언급할 필요가 있다. 중국어에도 '말라탕(麻辣燙)'처럼 'ㄹㄹ'이 있다. 이것을 우리는 'ㄹ'로 바꾸어 '마라탕'이라고 한다. 이런 현상은 단음이 많은 인명 지명 등의 고유명사를 쓰고 읽을 때, 우리를 난감하게 만들기도 한다. 중국 축구선수 '武磊'와 바둑기사 '古力'를 우리나라 신문 방송에서 '우레이'와 '구리'로 적고 읽는다. 성씨가 한 글자라는 가정 하에, '우'와 '구'가 성씨인지는 알겠다. 둘은 두 번째 음절의 'ㄹㄹ'의 영향을 받아서 울레이([wǔlěi])와 굴리([gǔlì])로 발음되는데, 이대로 쓰면 성씨가 '울'과 '굴'인줄 잘못 알 수도 있다. 물론, 중국어를 조금이라도 아는 사람들은 받침으로 'ㄹ'이 올 수 없다는 것을 알기에, 'ㄹ'이 뒤 음절의 영향임을 알아차리고, 성씨를 구별할 수 있다. 어찌 되었든, '우레이'와 '구리'는 틀린 발음이다. 차라리, 표기할 때는 우ㄹ레이' 와 '구ㄹ리 ', 읽을 때는 울레이([wǔlěi])와 굴리([gǔlì])가 어떨까? 말하고자 하는 요점은, 외래어 표기에서 단어(동양권에서는 성과 이름을 붙여 쓰지만, 이 둘은 별개의 단어다) 첫소리의 'ㄹㄹ'과 'ㄹ'을 구별하는 기호가 있으면 좋겠다.

　잘 알다시피, 자음은 한 음절의 첫소리와 끝소리로만 올 수 있다. 우리말에서 음절의 받침으로 [말]에서와 같이 'ㄹ'은 올 수 있는데, 'ㄹ'은 절대 올 수 없다. 그 예로, [실라]에 'ㄹ'이 오면 [시라]로 된다. 그러면, 단어의 첫음절 첫소리로 오는 'ㄹㄹ과 'L'도 같은 소리를 낼까? 유감스럽게도, 이 둘은 비교할 수 없다. 왜냐하면, 우리말에서는 입을 다물고 있다가 처음부터 자연스럽게 'ㄹㄹ' 혹은 'ㄹ' 소리를 내기 어렵기 때문에, 'ㄹ'이 단어의 첫소리로 올 수 없는, 이른바, 'ㄹ두음법칙' 때문이다. 하지만, 요즈음 스포츠 중계 아나운서들의 영어 외래어 발음을 들어보면, 거의 모두 맨 앞이고 중간이고 상관없이, 그리고, 'L'이고 'R'이고 상관없이, 'ㄹㄹ'로 발음한다. 스포츠 중계 아나운서들이야 그렇다 치더라도, 심지어 공중파 팝쏭 프로그램 DJ 중에도 그런 사람들이 있다. 한번은, 'Run Run Run'이란 노래제목을 'Lun Lun Lun'으로 소개해, 'Learn Learn Learn'으로 잘못 알아들은 적이 있다. 하기야, 똑똑한 사람은 달리면서도 무언가 배울 수 있기는 하다. 이처럼, 우리말에서 단어의 첫소리로 오는 'ㄹㄹ'을 자연스럽지는 않아도 잘 발음할 수 있다. 그래서, 어떤 사람들은 쉽게 발음하는 요령으로 맨 앞에 '을'을 붙여 발음하라고 조언한다. 예를 들어, 'lady'의 경우 [을레이디]처럼... 이 때 맨 앞의 '으'를 들릴 듯 말 듯 발음하면, 단어의 첫소리 'ㄹㄹ'의 완벽한 발음이 된다.

　다음, 'R' 소리가 어떻게 나는지 알아보자. 'R'을 통상 권설음(捲舌音, Retroflex consonant), 우리말로는 혀말이소리라 부른다. '捲'은 '돌돌 말다'의 뜻으로, 중국어에서는 [ch], [sh], [zh]의 'h'가 그것을 의미한다. 권설음은 혀끝을 옆으로 눕힌 U자 모양으로, 입천장이 안쪽으로 둥그렇게 넓어지는 경계까지 말아 올리되, 입천장에 닿지 않게 조음해서 낸다. 'R'의 경우, 'ㄹ' 소리를 내면 된다. 우리말 '말'의 'ㄹ'이 권설음이라고 분류하는 사람도 있지만, 앞서 언급한 대로, '말'을 발음할 때 혀끝이 앞니 쪽 입천장에 닿으므로, 권설음의 조음원리와는 전혀 다르다. 같은 원리로, [사람]의 'ㄹ'도 'R'이 아니다.

　'R' 소리를 제대로 내는데 있어서, 또 하나의 중요한 원리는 꼭지 25에 언급한 바와 같이 약한 [ㅗ] 음가나 약한 [ㅜ] 음가를 내재한다는 점이다. 사실, 'R' 소리는 제대로 내기 무척 힘든 소리다. 미국 사람들도 말배우기 시작할 때부터 쉽게 내는 소리는 절대 아니다. 미국 어린아이들이 'R' 소리를 배우는 과정을 살펴보면, 10 살 정도, 그러니까, 초등학교 3, 4 학년 정도 되어서야 'R'의 소리를 정확히 낼 수 있다. 그 전까지, 'R' 대신 'W'를 집어넣고 발음한다. 자기는 'R' 소리를 흉내 낸다고 하는데, 나오는 소리는 'W' 소리다. 혀가 안 말아지기 때문이다. 그만큼, 'R' 소리는 부자연스러운 소리다. 나이가 어릴수록, 'W' 소리가 분명하게 들린다. 커가면서, 'W' 소리에 'ㄹ' 소리를 차근차근 입히고, 혀가 자기 의지대로 돌아가는 나이가 되어서야 완전한 'R' 소리를 낸다. 어린 아이의 경우, 하루 종일 영어만 듣고 말하는 환경에서도 대충 7-8 년 걸리는 작업이다. 어릴 때 이 과정을 거치지 않은 우리나라 사람이 'R' 소리를 제대로 내는 것은 당연히 힘들다. 혀를 자의로 말 수 있는 나이에서 미국 어린 아이처럼 따라하면, 그리고, 많은 연습으로 'R' 소리를 제대로 낼 수 있는 시간을 크게 줄일 수 있다.

'W'는 영어에서 자음으로 분류된다. 하지만, 소리는 모음가다. 'Y'와 'U'도 그런 경우다. 'W'는 약한 [ㅗ] 혹은 약한 [ㅜ] 음가를 가진다. [ㅗ] 인지 [ㅜ]인지는 뒤에 오는 모음에 의해 정해진다. [ㅗ]를 발음할 때, 아래턱은 내려가고 입술은 동그랗게 되며, 앞으로 나온다. 한편, [ㅜ]를 발음할 때, 아래턱은 덜 내려가고 입술은 동그랗게 되며 앞으로 더 나온다. 'W' 소리를 낼 때, [ㅗ]와 [ㅜ]를 약하게 발음하면서, 즉, 내재된 [ㅗ]와 [ㅜ]가 뒤에 오는 모음과 함께 복모음이 된다. 한편, 뒤에 오는 모음이 [ㅗ]와 [ㅜ]인 경우 내재된 [ㅗ]와 [ㅜ]가 묻히면서 완전하지 않지만, 단모음처럼 들린다. 'W'소리와 뒤에 오는 모음 소리를 함께 낸 상태에서 'ㄹ' 소리를 입히면 'R' 소리가 된다. 그 상태에서 'ㄹㄹ' 소리를 입혀 보면, 엄청나게 힘이 들고, 입술이 뒤틀린다는 느낌까지 받는다.

그만큼, 'ㄹㄹ' 소리를 복모음애 얹는 작업은 억지로 하라고 해도 하기 힘들다. 다만, 뒤에 오는 모음이 [ㅗ]와 [ㅜ]인 경우 단모음처럼 되면서, 'ㄹㄹ' 소리를 상대적으로 쉽게 입힐 수 있다.

이상의 'R' 소리 조음 원리를 염두에 두고, 다음의 단어들을 발음해보자. 음절 마지막에 오는 받침은 외래어 끝소리법칙에 의거하고, 'r'은 '~'로 표시한다. 발음은 자판에 있는 기호로만 적었기 때문에, rose의 경우처럼 미묘하게 차이가 있을 수 있다. 또, 한 가지 주의할 점은 입술을 원래 복모음 발음할 때보다 약간 덜 내민다. 입술을 너무 내밀면 이상하게 들린다. 부드럽고 편할 정도로 입술을 살짝 내민다. 이런 이유로 ''W'와 'R'는 약한 [ㅗ] 혹은 약한 [ㅜ] 음가를 가진다'라고 한 것이다.

```
rat - wat - 왯- 뢧
race - wace 외이스 - 뢰이스
rain  wain- 외인 - 뢰인
red - wed  윋 - 뢷
read - wead -위:ㄷ - 뤼:ㄷ
receive  weceive 위씨:ㅸ - 뤼씨:ㅸ
right - wight  와잇 - 롸잇
river  wiver  위버~ - 뤼버~
risk - wisk  위스크 - 뤼스크
rod  wod- 왓 - 뢋
road - woad  오우ㄷ - 로우ㄷ
rose - wose  - 오우즈 - 로우즈
rude -  wude 우:ㄷ - 루:ㄷ
ruin -  wuin  우인 - 루인
```

run - wun 원 륀
great - gweat - 그외잇 - 그뢰잇
write - wwite - 와잇- 롸잇
strike stwike 스트와익 스트롸익
retrieve wetwieve 위트위:녕 뤼트뤼:녕

　결론적으로, 한국말의 'ㄹㄹ'소리는 영어 'L' 소리와 같다. 'ㄹㄹ' 소리와는 조음 원리가 약간 다른 'ㄹ' 소리는 혀를 마는 영어 'R' 소리와 당연히 다르다. 하지만, 'ㄹㄹ' 소리와 'ㄹ'소리는 모두 'ㄹ'로 표기되기 때문에, 'light'나 'right'를 '라이트'로 표기한다. 따라서, 표기된 '라이트'가 'light'인지, 아니면, 'right'인지, 잠깐 동안이지만, 해석할 시간이 필요하다. 읽을 때야 잠깐 동안이 괜찮지만, 대화할 때는 곤란하다. 특히, 외국인과는 소통에 문제가 있기 때문에 더욱 그렇다. 이것은 스트레스다. 이제는 단어 맨 앞에 혹은 필요할 경우, 음절 맨 앞에 오는 'ㄹㄹ' 소리와 'ㄹ' 소리를, 적어도, 외래어를 표기할 때, 구별하여 적을 필요가 있다고 생각한다. 예를 들어, 'light'은 'ㄹㄹ' 을 'ㄲ'처럼 자판에 넣어 'ㄹㄹ라잇'으로, 'right'은 '롸잇'으로 하는 것도 한 방법이다. 또 다른 방법은 뢰, 롸, 뢔, 뤄 등의 'R' 소리 이외의 'ㄹ'은 무조건 'L' 소리를 가진다는 원칙을 세우는 것이다.

꼭지 30. 모음 음가가 들어있는 영어 자음

일본 야쿠자 자금이 유입된 것으로 의심받는 사채대부업체 '러시앤캐시'는 현재 한국 남자 프로 배구단 'OK 저축은행'을 운영하는 OK 저축은행의 전신이다. '러시앤캐시'는 'Rush and Cash'를 한글로 적은 것이다. 'Rush and Cash'를 영어 발음에 최대한 비슷하게 적으면, [뤄쉬앤캐쉬]가 된다. '쉬'가 '시'로 바뀌었다. 왜 이런 일이 일어났을까?

꼭지 25 에서 영어 외래어를 소리 나는 대로 적을 경우, 현행 『외래어표기법』과 어떻게 상충되는지 총론적으로 살펴보았다. 이 꼭지에서는 꼭지 25 에서 자세히 다루지 못한 자음의 음가에 대해 알아본다. 꼭지 25 에서 『외래어표기법』 제 1 원칙의 문제점을 지적하기 위해, 2 개 이상의 음가를 가진 단자음과 복자음만 언급했다. 그 가운데 대부분은 비록 이중 음가를 가졌더라도 그냥 소리 나는 대로 적으면 큰 문제가 없거나, 해당 한글 자음이 없는 경우다. 'c', 'l', 'q', 'r', 's', 'w', 'x', 'y'가 그것들이다. 그러면, 'g', 'j', 'ch', 'sh'가 남는다. 여기서는 이것들과 단음가를 가졌지만, 『외래어표기법』과 상충되는 복자음 'tch', 'sch'에 관해 기술한다.

먼저, 'g'와 'j'의 특성을 반복해 기술하면, 다음과 같다. '약한'

의 의미는 꼭지 29 'R'의 음가에서 기술된 바와 동일하다.

g: [ㄱ] game, get, give, go, guide. 단어 맨 앞. 다음에 'a', 'e', 'i', 'o',
'u'가 올 때.
[ㅈ] general, giant, gymnasium. 단어 맨 앞. 다음에 'e', 'i', 'y'가 올 때.
charge, technology. 끝음절. 다음에 'e', 'y'가 올 때.
약한 [ㅗ] 또는 약한 [ㅜ] 음가를 내재한다.

j: [ㅈ] 약한 [ㅗ] 또는 약한 [ㅜ] 음가를 내재한다.

이들 [ㅈ] 음가 자체는 이해가 되는데, '약한 [ㅗ] 또는 약한 [ㅜ] 음가를 내재한다'는 말에 고개를 갸우뚱할 것이다. 다음에, 'g'와 'j' 발음의 예들을 제시한다. 발음기호, 우리가 기존에 써왔던 표기, 그리고 발음기호에 충실하게 발음하여 한글로 옮긴 표기를 왼쪽에서 오른쪽 순서로 적었다.

general ['dʒenrəl]	제너럴	줴너럴
German ['dʒɜːrmən]	저:~먼	줘:~먼
giant ['dʒaɪənt]	자이언트	좌이언트
giraffe [dʒəlræf]	저래쁘	줘래쁘
gymnasium [dʒimnéiziəm]	짐네이지엄	쥠네이지엄
gyration [dʒaiəréiʃən]	자이어레이션	좌이어레이션
charge [tʃɑːrdʒ]	차:~지	촤:~쥐
technology [teklnɑːlədʒi]	테크놀러지	테크날러쥐
Jane [dʒéin]	제인	줴인
January [dʒænjuəri]	재뉴어뤼	줴뉴어뤼
jewel ['dʒuːəl]	쥬:얼	쥬:얼
Jesus [dʒíːzəs, -zəz]	지:저스	쥐:저스
jingle ['dʒɪŋgl]	징글	쥥글
jinx [dʒɪŋks]	징크스	쥥크스
joke [dʒoʊk]	조크	죠크

joy[dʒɔɪ]　　　　　　　　　조이　　　　　　　죠이
junior [ˈdʒuːniə(r)]　　　쥬:니어　　　　　쥬:니어
justice [ˈdʒʌstɪs]　　　　저스티스　　　　줘스티스

발음기호에 충실하게 발음한 표기들이 상당히 어색할 것이다. 기존에 써왔던 표기에 익숙해서 그런지, 썩 세련되어 보이지는 않는다. 하지만, 쥬:얼과 쥬:니어처럼 비슷한 것도 있으니, 전부 새롭지는 않다. 이상의 예에서, 혹시 'g'와 'j' 음가의 공통점이 [dʒ] 음가라는 것을, 그리고, 그것이 'R'의 경우와 유사하게 약한 [ㅗ] 또는 약한 [ㅜ] 음가를 가지고 있어, 뒤에 오는 모음과 어울려 복모음이 된다는 것을 발견하였다면, 더할 나위없다.

이와 같은 경우는 몇 개의 복자음에서도 나타난다. 영어에는 모두 16개의 복자음이 있다. 그 가운데, 다음의 복자음들의 발음을 살펴보자. 복자음이 단어 맨 앞에 오는 3개, 맨 뒤에 오는 3개의 예를 들었다. 'tch'는 'ch'와 같은 발음을 가지나, 단어 맨 앞에 오지 않는다. 'sch'는 'sh'와 같은 발음을 가지나, 단어 맨 뒤에 오지 않는다. 단어 맨 앞에 오는 경우라도 일반명사는 없고, 고유명사라도 그 예는 극히 드물다.

```
ch    [tʃ]    charge, check, choose, beach, much, teach
tch   [tʃ]    catch, match, pitch
sh    [ʃ]     share, she, shine, cash, dash, rush
sch   [ʃ]     Schiling
```

[ʃ] 발음은 조용히 하라는 표현을 할 때 '쉿'의 '쉬'와 유사한 발음이나, 'R'의 경우처럼 부드럽고 편할 정도로 입술을 살짝 내민다. '쉬'에서 'ㅅ' 대신 'ㅊ'을 얹으면 [tʃ] 발음이 된다. 이와 같이, [tʃ]와 [ʃ]는 약한 [ㅜ] 음가를 가진다. 다만, 'charge'와 'show'처럼, 뒤에 오는 모음에 따라서 약한 [ㅗ] 음가를 가지기도 한다. 'clamshell'을 우리말로 바꾸어 '크램셀'이라 하는 경우를 가끔 보는데, '크램'도 잘못 썼지만 '셀'도 '쉘'로 써야한다. 마찬가지로, 'shale gas'의 'shale'도 '셰일'이 아니라 '쉐일'로 써야 한다. 'sh'의 [ㅜ] 음가 때문이다. 한편, 'ch'는 [k] (character), 'sch'는 [sk] (school) 발음도 있으나, 이것들은 모음 음가가 전혀 없다.

[dʒ], [tʃ], [ʃ] 음가는 공식적으로 우리말에 없는 발음이다. 우리 이름을 영어 철자로 쓸 때, 'ㅈ'을 'j'로, 'ㅊ'을 'ch'로 쓰지만, 엄밀한 의미에서 같은 발음은 아니다. 물론, 합당한 영어 철자가 딱히 있지는 않다. 성씨 '조(Jo나 Joh)'씨와 '차(Cha)'씨는 미국사람들에게 각각 '죠'와 '촤'가 된다. 그러면, 성씨 '신'은 어떻게 쓰는 것이 좋을까? 아마도 'sin', 'shin', 'sheen' 중의 하나일 것이다. 'sin'은 죄악, 'shin'은 정강이, 'sheen'은 윤 또는 광택의 뜻이다. 'sin', 'shin', 'sheen'의 발음은 각각 '씬', '쉰', '쉬인'이다. '신'의 'ㅅ'과 'sun'의 's'의 음가는 같지 않다. 'ㅅ'의 음가는 오히려 'sh'에 가깝다. '생각'을 '생각'이라 발음하는 경상도에서는 이 발음의 흔적이 있다. '신'은 발음상 'shin'과 가장 가까운

듯 보이는데, 미국사람들이 듣고 웃을 지도 모른다. 그래도, 곽씨 성을 가진 의사(Dr. Kwak)보다 낫다. Kwak(쾈)은 quack과 같은 발음으로 '돌팔이'나 '오리 울음소리'의 뜻을 가진다.

  요즈음, 누리집을 비롯한 활자매체에 외래어가 그야말로 난무한다.『외래어표기법』에 의하면, 'George', 'judge', 'church'를 '조지', '저지', '처치'로 하는데, 특히, 머리기사로 이 말들이 나오면, 우선 한국말로 이해가 안 된 후에야 비로소 영어를 대입해 뜻을 이해하는 상황에 놓인 경우가 한 두 번 쯤 있을 법하다. 그것도 교육 수준이 상당히 높아야 이해 가능한 일이니, 차라리 영어를 쓰는 것이 이해하는데 시간이라도 줄일 수 있을 정도다.

  일전에, 배구 관련 머리기사 '치어리더가 볼리트리버….'를 본 적이 있다. 배구 기사에서 처음 본 외래어이기에, '이게 무슨 말이지?'라는 의문은 당연했다. 'ball retriever'가 축구의 볼보이에 상응하는 말인 줄 알아차리는데 시간이 조금 걸렸다. 'ball retriever'는 원래 골프 용어로서, 사람이 물리적으로 접근하기 어려운 곳에 놓인 골프공을 긴 막대기를 이용해 공을 회수하는 도구다. 치어리더가 졸지에 막대기가 되었다. 그 기사를 쓴 기자는 아무 생각 없거나, 그른 쪽으로 너무 지나쳤다. 기사 소비자로 하여금 스트레스를 덜 받게 신문사에서 기자들을 잘 교육시킬 필요가 있음을 다시 한 번 느꼈다.

하지만, 그보다 더 근본적인 해결이 필요하다. 민간기관이든, 공공기관이든, 해당기관에서 외래어를 도입하기 전에 합당한 우리말을 발굴하거나 만드는 것이 상책이고, 꼭 써야 한다면 많은 사람들이 동의하게끔 가장 알맞게 표기하는 것이 하책이다. 나아가 지어진 말들을 자료집 속에 처박아두지만 말고, 필요할 경우, 실질적으로 사용하게끔 활성화시키는 것도 중요하다. 전문적인 대중 매체 생산자가 그런 자료집이 있는지조차 모르면, 일반 사람들이야 오죽하겠는가. 자료집에 없는 외래어의 경우, 현장에서 도입의 필요성을 해당기관에 제기하고, 인정되면 알맞게 표기하고, 공표하면 받아들이는 절차가 필요하지 않을까? 늘 시간이 없어 보이는 현장에서 외래어 한 단어를 놓고 어느 세월에 번거로운 절차를 밟아 사용하느냐고 볼멘소리를 할지 모르겠다. 하지만, 사후에라도 함께 고민하는 성의가 우리말 어문 정책이 바람직한 방향으로 나아가는데 일조할 것이다.

맺는 말

　언어(言語)와 사고(思考)의 관계를 설명하는 대표적인 두 가지 가설이 있다. 하나는 언어가 사고를 지배한다는 소위 '언어결정론'이고, 다른 하나는 언어는 사고의 그릇이라는 '사고우위론'이다. '언어결정론'에 의하면, 한 집단의 언어 또는 언어습관은 의사전달이나 사고가 반영되는 특정한 문제를 해결해 주는 우연한 수단이 아니라, 현실 세계의 사고방식 형성에 상당한 정도로 영향을 끼친다. 한편, '사고우위론'은 말이 없어도 사고는 가능하다는 가설이다. 말을 못하는 어린 아이나 농아도 사고하며, 동일한 언어 사용자라도 여러 사고방식이 존재할 수 있고, 다른 언어 사용자라도 동일한 사고방식을 가질 수 있다는 것을 그 예로 든다. 오늘날, 우리는 어느 가설이 맞는지에 대해 결론을 내릴 수 없다.

　언어의 다양한 기능 중에 가장 중요한 것은 표현적 기능으로, 말하는 이의 감정이나 판단, 태도를 표현하는 기능이다. 간단히 말해 의사소통이다. 물론, 의사소통의 방법은 언어 이외에도 여러 가지가 있지만, 시간과 공간을 막론하고 언어가 가장 효과적인 수단이다. 당연하지만 언어를 포함한 여러 가지 방법으로 원활하게 의사를 소통하기 위해서는 같은 수단을 사용하는 집단의 사회적 공감이 필수다.

언어의 기본 단위는 단어다. 여러 단어가 모여서 그 언어가 허용하는 어법 안에서 문장이 만들어진다. 단어는 생명력이 있어 생로병사의 과정을 거치지만, 생명의 길고 짧음은 온전히 단어 탓이다. 문장을 이루는데 어떤 단어를 선택하느냐는 개개인에 달려 있으나, 어법이 견고할수록 단어의 선택은 크게 중요하지 않다. 하지만, 어법이 무르면, 즉, 어법에 대충 맞아 말이 통하면, 단어 선택의 폭이 넓어지며, 특정 단어의 잦은 선택은 말투가 된다. 이 말투는 사투리와 다르며, 억양과도 다르다.

말투로서 시대 혹은 세대를 구분할 수 있다. 그 이유는 사용되는 말투가 특정한 사람들의 특정한 문화와 밀접한 관계가 있기 때문이다. 특정한 말투는 그 속에 반영되어 있는 사회문화적 특징들을 가진 언어 공동체를 형성하기도 한다. 한국어에서 수십 년 전에는 쓰이지 않던 말투가 최근 20년 동안 많은 사람들의 언어습관이 되었다. 대표적인 예가 꼭지 18의 '도록 하'와 꼭지 19의 '같다'이다. 이런 말투에 들어있는 심리가 곧 우리 사회의 심리다. 이 심리가 어떤 심리인지 여기서 굳이 말하지 않겠다. 그렇다면, 말투를 고치면 사회심리가 바뀔까? 설사 안 바뀌더라도, 고치려는 시도는 언제나 좋은 것이다.

한 언어를 다른 언어와 비교해 어느 것이 더 좋다고 말하기는 어렵지만, 어느 것이 더 과학적이라고 말 할 수는 있다. 과학적인 언어라 함은 언어의 규칙을 적용함에 있어 발생하는 예외가 적어야 한다. 규칙이 복잡하더라도 하나를 가르쳐주면 열을 알 수 있는 언어가 과학적인 언어다. 예외가 많으면, 아주 극단적인 경우, 열을 모두 가르쳐 주어야 한다. 한국어의 경우, 어법에 예외가 너무 많다. 심지어, 예외의 예외도 흔하다. 이런 특징은 지문처럼 태생적이어서 고쳐 쓸 수 없다. 한국어 어법을 정리한 역사가 100 년 정도로 그 시간이 길지 않으나, 어법이 잘 정리되더라도 상황이 조금 나아지는 정도일 것이다. 그렇다면, 한국말을 가다듬기 위해, 정리는 정리대로 하되, 한국말이 더 이상 망가지지 않게 세심한 주의를 기울이는 수밖에 없다. 특히, 정부 차원에서 바른 글쓰기 동영상을 제작하여 초등학교 고학년 때쯤 글쓰기를 제대로 가르쳐야 한다. 더 바란다면, 글쓰기와 말하기를 직업으로 삼는 기자, 방송인, 유튜버 등을 대상으로 글쓰기 자격시험 같은 것도 만들어 봄직하다. 최상의 방법은 미국처럼 대학 입시 국어과목에 글쓰기를 포함시키는 방법이나, 현실을 고려하면, 실현 가능성이 거의 없을 거라 생각한다.

도움이 된 자료

용비어천가 (龍飛御天歌)
조선 세종 때 권제, 정인지, 안지 등이 왕의 명을 받아, 세종 선조인 목조(穆祖)에서 태종(太宗)에 이르는 여섯 용(龍)의 행적을 노래한 서사시다. 1445 년에 지어 1447 년에 간행하였다. 훈민정음 창제 후, 최초의 한글 문헌이며 악장이다. 모두 125 장으로 구성되었다.

석보상절 (釋譜詳節)
조선 세종이 정실인 소헌왕후의 명복을 빌기 위하여, 아들 수양대군으로 하여금 만들게 한 석가모니의 일대기다. 1447 년 금속 활자본으로 간행되었으며 산문형이다. 『석가보』(釋迦譜), 『석가씨보』(釋迦氏譜)를 저본으로 하여 정음으로 번역했다고 한다. 어학, 문학, 서지학, 불교학 등 여러 분야의 귀중한 자료다.

월인천강지곡 (月印千江之曲)
달빛에 비유한 부처의 은혜가 천 개의 강을 비출 정도로 넓다는 것을 노래한 악장이다. 아들인 수양대군이 엮은 『석보상절』을 보고, 세종이 그 대목 대목을 되도록이면 한글로써 가사를 지었다. 1447 년에 간행되었으며, 상·중·하 모두 3 권으로 노래 500여 수로 추정된다. 현존하는 것은 상권뿐이며, 나머지는 세조 때 『월인천강지곡』과 『석보상절』을 묶어 간행한 『월인석보』를 통해서 그 내용을 알 수 있다.

번역소학 (飜譯小學)
1518 년 조선 중종 때에 중국 송나라 유자징(劉子澄)이 편찬한 『소학집성』(小學集成)을 저본으로 하여, 김전, 최숙생 등이 언해하여 간행한 번역본이다. 10 권 10 책으로 목판본이다. 가장 큰 특징은 직역의 전통을 따르지 않고 의역을 한 점이다. 대체적으로, 16 세기 초의 언어 사실을 보여주므로, 당대 국어의 구체적인 현실을 볼 수 있다. 『한국민족문화대백과사전』 참조)

소학언해 (小學諺解)

1587년 선조 때에 『소학』에 토를 달고 풀이하여, 직역(直譯)을 원칙으로 간행한 언해서이다. 중종 때에 간행된 『번역소학』은 의역(意譯)되어 있음에, 이를 고쳐 직역하였다. 『번역소학』이 비교적 구어에 가까운 언어 현실을 보여준 반면, 『소학언해』는 유사한 내용을 직역하였기 때문에, 『번역소학』에 비하여 원문에 사용된 한자어를 그대로 사용한 경우가 많으며, 구문에서도 차이를 보인다. 따라,서 두 문헌을 비교하는 것은 다른 언해서의 해독과 연구에도 중요한 영향을 미친다. 그리고, 영조 때에 다시 한 번 번역되어, 『어제소학언해』(御製小學諺解)로 간행되었다. (한국민족문화대백과사전 참조)

고전 한글소설

고어 한글로 쓰인 『홍길동전』, 『구운몽』, 『사씨남정기』, 『춘향전』, 『심청전』, 『창선감의록』을 포함한다. 『홍길동전』은 1500년대 초 광해군 때 허균에 의해 지어진 것으로 추정된다. 『구운몽』과 『사씨남정기』는 김만중이 1692년 이전에 지은 작품이다. 특히, 『구운몽』은 고전 한글소설의 보석이라 할 만하다. 작자미상의 『춘향전』은 1720년부터 1740년 사이에 지어진 작품이다. 작자미상의 『심청전』은 지어진 연도 역시 알 수 없다. 『창선감의록』은 조성기가 지은 것으로 알려진 고전소설로서, 저작연대는 1830년 이전으로 보인다.

한글 고전성경

1882년, 스콧랜드 선교사인 John Ross는 이응찬 등의 도움을 받아, 『누가복음』을 한글로 번역하여 만주 선양에서 간행한다. 1887년, John Ross와 이응찬 등이 신약 전체를 한글로 번역해 발간했다. 그 후 1911년, 다른 사람들에 의해 신약 전체가 다시 번역되었으며, 1938년 신.구약을 개역한 성경이 출판되었다.

근대소설

아래 아(·)가 살아있는 『혈의누』, 『설중매』, 『장한몽』을 포함한다. 『혈의누』는 이인직이 1906년에 발표한 장편 소설이다. 한국 최초의 신소설로 평가받는다. 『설중매』는 1908년 구연학에 의해 번안된소설이다. 1886 년에 발표된 일본의 정치소설 『雪中梅』가 원작이다. 『장한몽』은 조중환이 번안하여 1913 년에 간행한 소설로서, 원작은 1897 년에 발표된 일본 소설 『金色夜叉』이다. 이수일과 심순애의 비련을 그린 작품이다.

현대소설

이광수의 『무정』 이후, 1939 년까지 발표된 소설을 포함한다. 그 수가 많아, 하나하나 적지 않는다. 대표적인 작가로, 이광수, 김동인, 현진건, 염상섭, 나도향, 김동리 등이 있다.

표준국어대사전

『표준국어대사전』이 나오기 전에는 민간 출판사나 대학 연구소가 한국어 사전 편찬 사업을 주도해 왔으나, 기존 한국어 사전들이 표제어 표기가 일치하지 않는 등, 일관되지 않은 면이 있어서 국민들에게 혼란을 주었다. 이를 개선하기 위해, 1992년 부터 6 년 동안 국어학자 500여 명이 참여하여, 1999 년 10 월 1 일 초판본이 출판된 국가 편찬 사전이다. (『위키백과』 참조)

교학 고어사전 (古語辭典)

1997 년, 남광우가 증보판으로 간행한 사전이다. 330 종의 우리 고문헌에서 사례를 수집해, 2만 개 표제어의 용례와 수록문헌을 실었다. 1960 년, 본격적인 사전형태를 갖춘 고어사전으로서는 처음이라 할 수 있는 초판을 동아출판사에서 간행한 후, 1971 년 일조각에서 보정판을 내고, 1997 년 교학사에서 증보판을 내놓았다.

한자의 뿌리

김언종이 지은 책으로서, 한자와 한문을 어려워하는 사람들을 위한 한자 해설서다. 2001년 문학동네에서 2권으로 간행되었다. 상대에 주로 쓰이던 갑골문, 주대에 주로 쓰이던 금문, 진대의 통일 문자인 소전의 순으로 수록하고 그 뜻을 자세히 서술했다. 책 후미에 한자의 개념·구조·부수·육서 자체의 변천 등에 관한 간단한 해설을 첨부했다.

도움이 된 누리집

국립국어원
www.korean.go.kr
국어의 발전과 국민의 언어생활 향상을 위한 사업의 추진과 연구활동을 관장하는 대한민국 문화체육관광부의 소속기관으로, 2004년에 발족하였다. 누리집에 들어가면, 『표준국어대백과사전』, 『온라인가나다』, 『한국어기초사전』에 연결할 수 있다.

온라인가나다
https://korean.go.kr/front/onlineQna/
국립국어원이 운영하는 누리집으로서 한국어 문법에 관한 질문에 『한국어 어문 규정』, 『준국어대사전』, 『국어원 발간 자료』를 기준으로 답변한다.

파파고
https://papago.naver.com/
네이버에서 운영하는 인공지능 번역기.

wordrow
https://wordrow.kr/
모든 단어의 시작과 끝을, 그리고 그 단어의 의미와 활용까지 알려 준다.

한국민족문화대백과사전
https://encykorea.aks.ac.kr/
한민족의 문화유산과 업적을 체계적으로 정리, 집대성하여 편찬한 백과사전이다. 1979년 한국정신문화연구원(현 한국학중앙연구원)에서 당시까지의 한국학 연구를 집대성한 편찬 작업을 시작하여 1991년 총 27권으로 완간하였다. 2017년 5월 현재, 총 76,238여 백과사전 항목, 114,565건의 멀티미디어(도판) 자료를 온라인으로 열람할 수 있다.

한국어기초사전
https://krdict.korean.go.kr

국립국어원이 만든 한국어 사전으로, 외국인 한국어 학습자를 위한 인터넷 한국어 학습용 기초 사전이다. 한국어 학습 수요가 많은 지역 또는 국가의 언어로 한국어-외국어 학습사전을 만들 때, 번역의 기반이 되는 사전이다.

Longman Dictionary of Contemporary English
https://www.ldoceonline.com/ko/dictionary

고급 학습자 사전으로 제한된 어휘를 사용하여 정의를 제공하며, 원어민이 아닌 사용자가 의미를 쉽게 이해할 수 있도록 돕는다. 공부, 교수, 시험, 문법을 위한 다양한 도구와 함께 8만 8천 개의 예시 문장에 대한 사운드 파일을 제공한다.

Merriam-Webster's Learner's Dictionary
https://www.merriam-webster.com/

미국식 영어 사전 중에서 가장 많이 쓰이는 메리엄-웹스터 사전의 영어 학습자용 사전으로, 학습자용 사전 중에 유일하게 미국에서 편찬되는 사전이다.

찾아보기

가스 232, 252-254, 267
가주 229
간접존대 90
감자 77
감탄사 83, 84, 269
강세 204, 252, 255, 256, 262
것 같다 177
겠 187
격식어, 관형어 104, 108
고린도후서 78, 79
고립어 103, 104, 175, 222
고유어 63-69, 219, 220, 239
고전성경 77, 296
고향의 봄 55
공영방송 187, 193, 194
교착어 4-6, 44, 103, 107, 175
과잉존대 87-89
관계대명사 6, 150
관습 64, 66, 80, 123, 221, 239
관촌수필 143
관형격 조사 56, 57, 59, 119
관형사 63, 65, 66, 148, 149
관형어 104, 107, 149, 152, 153
괄호 106, 134-137, 241
구라파 227, 229
구연학 76, 192, 296
구운몽 56, 57, 76, 95, 191, 193
굴절어 5, 186
권설음 281
그리스 229, 230

기독 92, 97, 230
기독교 92, 97
기본형 35, 40, 42, 43, 47, 48
김동리 77, 96, 297
김동인 77, 297
김만중 95, 296
김세환 21
꾸밈말 148-150
끝소리법칙 247, 248, 283

나무꾼과 선녀 165
나무위키 28, 29, 129
나성 229
나의 살던 고향 49, 55-58
낭만 231
낭만주의 231
낮춤말 75, 92
네덜랜드 231
노래말 19-22, 121
노서아 231
높임말 46, 71, 73, 74, 76
누가복음 77, 95, 134, 296
누리집 59, 86, 129, 146, 299
능동문 127
니르바나 230

다르다 25-32
단모음 282, 283
단어 4, 5, 10-12, 15, 16, 19
단위명사 7, 60, 63, 65, 66

찾아보기 301

단위명사구 69
단음 204, 207, 279, 285
단음가 285
단자음 285
단종애사 77, 79, 96
달라다 47
대동사 40, 41
대명사 6, 49, 85, 86, 106, 107
대중매체 2, 3, 177
도록 하 169
도이치란트 231
독립신문 56, 58, 134-137
독립어 104, 107
독일 154, 223, 230, 231
독일어 5, 240, 245
동사 9, 12, 25, 27, 28
    대칭 127
    수여 127
    수혜 127
    지각 127
동명사 145, 150
동사화보조어 36, 39
동음이의어 144, 185
된소리 116-118, 203-213
    한글 203-213
    한자 203-213
두음법칙 218-226, 228
두음문자 110
두문자어 112
둠 44, 45
드리다 73-81, 88, 127
띄어쓰기 133, 134, 136, 137

로스앤젤레스 229
러시아 228, 231
로망 231
리을 218, 219, 223, 227, 232

홑 219, 223, 227, 232,
겹 206, 218, 219, 279
마시다 9, 11-13
만능동사 7, 35, 36
만연체 106, 153, 154
말버릇 8, 19, 20, 167, 177, 178
말음법칙 246
맞춤법 116, 117, 121, 122, 125
매일신문 303
먹다 9-13, 35
멈춤 44, 45
명령형 171
명사 7, 6, 9, 15, 35-39, 44, 45
모국어 1, 3, 59, 106, 108, 147
모음 9, 6, 109, 110, 116, 117
모음 음가 285, 288
모음탈락 110
모음축약 110
목적어 6, 38, 50, 51, 85, 104
무녀도 77, 96-98
무영탑 97
무정 77, 95, 99, 192
무정명사 127-128
묶음 241, 242
문장부호 134
미래형 173, 190
미국 112, 125, 228, 240, 276, 277
미터법 138

박태현 163
반달 19
받다 81
받침 204-208, 211, 224, 227
받침법칙 245
발음기호 204, 241, 286, 287
발음 251, 273
    L 275-284   R 275-284

백림 230
번역소학 56, 58, 76, 80, 94
베를린 230
병기(倂記) 135
보조동사 7, 36, 43, 44, 46-48
보조형용사 36
복모음 282, 283, 287
복자음 204, 206, 247, 285, 287
복용 11, 12
본동사 43, 44, 46
본용언 197
부다 230
부사 151-153, 186, 239, 255
부사어 104, 107, 149
불란서 231
불타 230
불호응 106
비교언어학 303
비율빈 228

사동사 126, 127, 130
사물주어 105
사이시옷 8, 115-123, 205, 206
사씨남정기 76, 95, 296
사물존칭 87
사회 연결망(社會連結網) 175
산바람 강바람 163
산타루치아 22
샤카모니 230
생략형 36, 38-42
서반아 228
서술어 146, 151, 153, 154
서정주 21
석가모니 230, 295
석보상절 56, 58, 76, 91, 94, 97
선생님 19, 49, 74, 75, 90, 91
설중매 76, 95, 192, 296

섬 44, 45
성경 77, 134, 230, 240, 250
세조 93, 295
세종 56, 57, 74, 79, 80, 91, 94
소셜네트워크 175
소학언해 56, 58, 94, 296
손님 73, 92, 95-97, 104, 170
송창식 21
수사 7, 22, 49, 63, 65-69, 107
    기 65
    서 65
    양 65
수식어 6, 42, 69, 147-151,
    전치 9, 35, 85, 149, 150
    후치 149, 150
수퍼동사 9, 35, 36
숙영낭자전 2, 57, 76
숙향전 28, 29, 76
순경음 241, 242
순외래어 239
순우리말 42, 60, 116, 117, 122
쉐라톤 230
스님 91-92, 97, 99
스페인 228, 232, 249
시간명사 109
시제 185
    과거 185
    현재 185, 188-190
    미래 189, 192, 193
시제일치 187
신격화 93, 94, 96
신약성경 77, 134, 230, 296
신채호 59
싶다 195-199

아라비아 숫자 66, 67, 138, 139
아라사 228

아메리카 228
아언각비 5, 6
아편 231
알파벳 112, 113, 258
앞니 256, 278, 281
야소 230
약성어 112
어근 5, 40, 93, 115, 127, 130
어미 50, 60, 115, 127, 130, 134
　　　135, 170, 172, 187-189
　　　191-193, 206, 239
어법 38, 85, 90, 140, 222, 251
어효선 20
언문불일치 213
언어관습 123
언어심리학 31, 182
언어유전자 23
여보 83-85
여보세요 83-85
여요주서 143
연음현상 278
열반 230
영국 154, 228, 248, 257
영란 228
영어 35, 36, 112, 138, 120, 227
예수 95, 134, 230
예수성교젼셔 134
예정형 185
옛친구 31, 32
오른손 31, 32
오림말 111
오방색 15
오피움 231
온라인가나다 12, 53, 152, 157, 299
올리다 80
옹고집전 28, 29
와사등 232

완료형 185
외래어 235
외래어표기법 237, 239, 240
외래어 단위명사 68
왼손 31, 32
용비어천가 30, 56, 76, 94, 97, 295
용언 87, 88, 149, 175, 197
월인석보 30, 76, 94, 97, 295
월인천강지곡 56, 76, 94, 295
유감(有感) 158
유감(遺憾) 158, 159
유럽 186, 227, 229
유정명사 127
유튜브 61, 193, 258
윤극영 19, 20
윤석중 163
을지문덕전 59
음가 9, 209, 212, 219, 224, 229
음역어 16, 232
음운구조 237
음운변화 204, 208
음절 111, 203, 204, 208-211
이광수 2, 77, 79, 95, 96, 297
이문구 143, 145, 147, 149, 150
이순신전 59
이원수 55
이응찬 134, 296
이인직 155, 192, 296
이중 수식 285
이중 모음 246
이중 음가 285
이중 높임말 85
이중 피동 129-131
이탈리아 22, 228, 232
이태리 228
이탤리어 240
이희승 107, 136 인도 30, 229

인격화 93, 94, 96-98
인니 228
인도 30, 229
인도네시아 228, 242, 269
인도유럽어 6, 186
인디아 229
인칭대명사 106
인터넷 103, 175, 182, 252, 258
인현왕후전 57, 76
일반명사 86, 98, 106, 251, 287
일본어 5, 13, 39, 40, 57, 59
입천장 278, 281
잉글랜드 228
의존명사 65, 93, 97, 140, 153

자동사 39, 49, 51, 127
자모 204, 213, 239, 241, 242
자음 9, 109, 110, 112, 204, 206
자음탈락 110
자음축약 110
자장면 249, 250
장님 7, 86, 88, 91-93
장음 204, 206, 246
장한몽 76, 296, 297
전화어 83, 84
접미사 74, 79, 80, 83, 93-100
　　　 사동 126, 205
　　　 신분 99
　　　 직위 99
접속사 6, 190
정약용 5
조동사 7, 36, 43, 44, 46, 48, 73
조사 5, 10, 37, 39, 49, 50, 52
　　 관형격 56, 57, 59, 108
　　 동격 85, 119, 121, 123
　　 목적격 36, 37, 39, 79, 80
　　 부사격 56, 57, 108, 09

서술격 109
소유격 119
속격 119, 121
주격 56, 57, 108
조사 생략 105
조선어학회 134
조음원리 281
조중환 76, 297
존댓말 60, 118, 121
종성 245
주다 7, 43, 44, 46, 47, 52, 73
주어 6, 103, 104, 127, 146, 157
주어 생략 105
줄임말 110
중국어 13, 38, 160, 224, 229-232
줍님 91, 94, 99
중성 245
중세어 193
지시대명사 86
지나 229
진행형 185, 186
짜장면 249, 250
쪽말 44-46
차이나 148, 228

창공 22, 23
채만식 77, 106
체언 49, 52, 53, 135, 137, 149
청(靑) 307
청유형 171
초성 224, 225, 245
축약 110, 112, 113
춘향가 29

캘리포니아 229
콩글리쉬 253, 265
콩쥐팥쥐전 28, 29

크라이스트 230
클럽 231

타동사 37-39, 49, 51, 126, 127
타일랜드 229
탁류 77, 106
탈락 110
태 (態) 125
태국 59, 229
틀리다 25-32

파란 15, 17, 18, 20-23, 181
파란 마음 하얀 마음 20
파랗다 15-18, 23
파생어 27, 220
파열음 239, 249
표음문자 275
표준발음법 204, 205
표준어 27, 117, 120, 223, 229
푸른 15-21, 23, 166
푸르다 15-18, 23
푸르른 날 21
품사원어 239
프랑스 230, 231, 240, 249
프랑스어 240
피동 105, 125-131, 205
피동문 125-129
피동사 126, 127, 129, 130
피동태 125
피동형 105, 125, 128
필리핀 228

하느님 74, 75, 92, 95-98
하다 35
한국말 7, 33, 101, 141
한국어 4, 5, 144, 224, 297, 299
한글전용 215-218

한용희 20
한자어 201, 203, 215
합성어 112, 116, 117, 119-122
화란 231
허균 94, 296
혀끝 256, 278, 281
현재진행형 186
현진건 97, 297
혈의누 58, 76, 95
형용사 9, 25-28, 35, 36, 38, 42
형태소 6, 115, 116
혼종어 239
홍길동전 29, 56-58, 76, 80, 94
홍난파 55
홍백화전 56-58
훈민정음 30, 94, 118, 120, 219
흙 16, 77, 96
히브리서 78, 79
희랍 229
희래등 230

America 113, 228
abbreviation 112, 113
acronym 112
administration 11
auxiliary verb 44

Berlin 230
blue 18, 23
Buddha 230

California 229
China 228
Christ 230
club 231
comma 136, 261

Corean Primer 134

Deutchland 231
dexter 32
differ 27
different 27
do 5-6, 9, 35, 40, 43, 104, 107
drink 11-13, 143-145

eat 11-13, 196, 267-268, 284
England 228
Europe 229

fighting 252, 253, 269, 271
France 231

gas 232, 252-254
Greece 229
green 18

hat trick 248

India 228
Indonesia 228
initialism 112
Italy 228

Jesus 230, 286

left 32
Los Angeles 229

Netherland 231
nirvana 230

object 6, 146
opium 231

Phillipine 228

right 27, 32, 283, 284
roman 231
romance 308
Ross, John 133, 134, 196
Russia 228, 231

Shakamoni 230
Sheraton 230
sinister 32
sip 11
Spain 228
stress 256
subject 6, 146
swallow 12
syllable 246

tense 185
Thailand 229

verb 6, 40, 44, 146
voice 125

wrong 27

찾아보기 307

외국인이 본 한국말, 한국인이 본 한국말

어리둥절 한국말

펴낸날 · 2023. 05. 01 초판
지은이 · 김 완 (金 莞)
펴낸곳 · 도서출판 하얀책
  주   소 · 서울시 강남구 남부순환로 2921 지하 77 호
  E-mail · whitebooks21@naver.com
  블로그 · https://blog.naver.com/whitebooks21
인   쇄 · (주)애니프린팅

ISBN 979-11-975561-0-4 03700
값 · 18,000원